KB213925

시몬 베유
노동일지

시몬베유
노동일지

◆ 시몬베유 지음 ─ 박진희 옮김

**SIMONE
WEIL**

호메로스

차례

SIMONE WEIL

1부

시몬 베유의 삶과 현실

I. 왜 시몬 베유인가

사랑에는 실체가 필요하다.
육체라는 가상을 통해서
상상적인 존재를 사랑하고 있다가
어느 날 그것을 깨닫는다면
그보다 더 비참한 일이 있을까?
죽음보다 더 무서운 것이다.
왜냐하면 죽음조차도
사랑하는 사람이 존재하고 있었다는 사실을
바꿔 놓지는 못하기 때문이다.
이는 상상에 의해 사랑을 키워 온
죄에 대한 벌이다.

¨ 서문을 대신하여

– T.S. 엘리엇

    시몬 베유의 작품과 언제까지나 함께 있을 서문이 존재한다면, 그것은 단 하나 『중력과 은총』에 붙여진 규스타브 티봉 씨의 서문처럼 그녀를 직접 알고 있었던 사람에 의해 쓰인 것일 게다. 그녀의 작품을 접하는 독자는, 성미가 까다롭고 격렬하며 또한 복잡한 인격을 접하게 될 것이다. 다행히도 그녀와 오랫동안 논의 혹은 편지 교환 등을 했던 사람들을 통하여, 우리는 그녀를 이해할 수 있게 된다. 그중에서도 특수한 상황이었던 말년의 5년 동안 그녀를 알고 있었던 사람들의 입을 통해 나온 참고의 말은 앞으로도 변치 않는 가치를 지니게 될 것이다.

    아쉽게도 나는 그런 자격을 갖고 있지 않다. 때문에 이 글을 쓰면서 내가 목표로 한 것은 두 가지이다. 첫째는 시몬 베유와 그 독자적인 작품의 중요성에 관해 내 나름의 신념을 공표하는 일이고, 둘째는 독자들에게 성급한 판단이나 조작造作한 분류를 하지 않도록 경고하는 일이다. 즉 자신의 편견을 억제함과 동시에 시몬 베유의 편견에 대해서도 참아 달라고 설득하고자 함이다.

시몬 베유의 작품은 모두 그녀가 사망한 후에 출간되었다. 『중력과 은총』은 그녀의 방대한 노트에서 티봉 씨가 편집한 선문집이다. 프랑스에서 처음으로 세상에 나온 작품으로 감탄사가 절로 나오는 내용이지만, 그 형식은 어느 정도 오해를 불러일으킬 만한 종류의 것이다. 파스칼(이 작가에 대해 시몬 베유는 때로 신랄한 비판을 했다)과의 비교가 극단적으로 강조될지도 모른다. 이 발췌가 갖는 단편적인 성격은, 깊은 통찰력과 숨 막힐 듯한 독창성을 밝은 곳으로 끌어내는 데 있다. 그러나 이런 그녀의 독창성은, 이따금 보이는 영감의 번쩍임을 간직한 정신에 지나지 않는 것처럼 암시되어 있다.

『신을 기다리며』와 『뿌리박기』를 읽은 나는, 저자의 사람됨을 이해하기 위해 이쪽에서 먼저 노력해야 한다는 것을 알았다. 그리고 그녀의 모든 작품을 몇 번이나 되풀이하여 읽는 것만이 '이해한다'는 이 느린 과정에 유일하게 필요한 것임을 깨달았다. 처음 읽을 경우에는 거의 피하기 어려운 일이겠지만, 그녀를 이해하려고 할 때, 어느 정도까지 혹은 어떤 점에서 그녀에게 공감하느냐 또는 의견을 달리 하느냐를 생각하며 마음을 흐트러뜨려서는 안 된다. 우리는 오로지 한 천재가 성자의 영혼과도 닮은 한 여성의 인격에 자기 자신을 드러내는 것을 있는 그대로 받아들여야 한다.

아마 '천재'라는 말은 적합하지 않을지도 모르겠다. 이전에 그녀를 상대로 신앙과 회의에 대해 논의한 단 한 사람의 성직자는, "그녀의 영혼은 그녀의 천재성과는 비교도 안 될 만큼 숭고하다."라고 말하고 있다.

이 말은 처음으로 시몬 베유를 접한 우리의 체험이 찬성이라든가 반대라는 말로 표현되어서는 안 된다는 것을 다른 형태로 이야기하고 있다.

그녀의 견해에 전면적으로 찬성하는 사람, 혹은 그녀의 몇 개의 견해와 격렬하게 대립하지 않을 사람을 상상할 수는 없다. 그러나 동의나 거절은 이의적인 문제이다. 중요한 것은 하나의 위대한 영혼에 접촉하는 것이다.

시몬 베유는 성자도 될 수 있었던 여성이었다. 이 영역에

도달한 다른 사람들과 마찬가지로, 그녀도 역시 우리 일반인 이상으로 극복해야 할 커다란 장애를 가지고 있었으며, 또한 그것을 극복하는 힘도 가지고 있었다. 성자의 자질을 가진 사람은 성미가 매우 까다로운 인물일지도 모른다. 생각건대 시몬 베유는 때로는 오만하기 짝이 없는 사람이었을지도 모른다. 우리는 그녀에게서 인간을 초월한 겸양의 태도와 화가 치밀어 오르는 것을 느낄 만큼의 거만한 태도가 대조적으로 나타나는 것을 접하며 강한 충격을 받는다.

앞서 말한 프랑스인 성직자의 문장에는 다음과 같은 대목이 있다.

"시몬 베유는 객관적이고자 하는 고결한 소망을 지니고 있었으나, 그런 그녀가 논의의 도중에 양보한 기억은 없다."

이 논평은 이미 출판된 대부분의 그녀의 작품에 해명의 빛을 던져 준다. 나 역시 그녀가 자신의 논쟁 수완에 들떠 논쟁에서 상대방에게 이기는 힘을 과시하는 데 마음을 빼앗기고 있었다고는 생각지 않는다. 오히려 그녀의 사고가 모두 진지한 체험에서 나온 것이었기에 '어떠한 의견을 포기하는 데는 어느 정도 수정이 요구되었다'고 말해야 옳을 것이다. 이 변화는 고통 없이 일어날 수 없었다. 바꾸어 말하자면, 대화 가운데서 일어날 수는 없었을 것이다.

시몬 베유에 대한 표현, 즉 '영혼은 그녀의 천재성과는 비교가 안 될 만큼 숭고하다'라는 증언이 만약 그녀의 지성을 가볍게 보고 있는 것 같은 인상을 준다면 그것은 오해이다. 확실히 그녀에게는 불공평하고 기이한 측면이 있었다. 그녀는 놀랄 만한 착오나 과장의 죄를 몇 번이나 범했다. 독자에게 인내를 강요하는 이 극단적인 단정은, 그녀 지성의 어떤 결함 때문이 아니라 너무 격렬한 기질에서 유래하고 있는 것이다.

시몬 베유에게 지성이라는 것은, 특히 그녀를 괴롭힌 문제로 초점이 맞추어졌을 경우엔 더욱, 더딘 전진을 계속하여 처음으로 원숙의 영역에 도달한다. 우리는 시몬 베유가 34세의 나이로 세상을 등진 사실을 잊어서는 안 된다. 그녀의 사회·정치 사상이 원숙해진 것은, 특히 『뿌리박기』에서 매우 현저히 나타난다고 할 수 있다. 그러나 그녀는 어떤 것을 향해 성장해 가는 심원한 영혼의 소유자였다. 따라서 그녀의 34세 때의 철학을, 그보다 20세 또는 30세 연장자의 철학인 것처럼 논평해서는 안 된다.

시몬 베유 같은 작가의 작품은 처음부터 역설에 부딪칠 것을 예상하지 않으면 안 된다. 그녀는 하나이면서 동시에 세 개의 존재였다. 즉 프랑스인, 유대인, 그리고 그리스도적인 사람이었던 것이다.

그녀는 동포를 위해 고생하였으며, 죽기를 무릅쓰고 프랑스로 돌아가려고 한 애국자였다. 그녀는 1943년 켄트 주 아슈포드 사나토리움에서 숨을 거두었는데, 이는 그 당시 프랑스에서의 일반인 배급량 이상으로 음식물을 섭취하지 않은 금욕주의의 결과였다. 또한 『뿌리박기』에서 보여지는 것처럼 당시 프랑스의 과실과 정신적 약점을 뚜렷이 보고 있었다는 의미에서도 그녀는 애국자였다.

시몬 베유는 미사에서 열심히 기도드리는 그리스도적인 사람이었으나 세례를 거부했고, 그녀가 쓴 많은 글들은 무서운 교회 비판이 되었다. 또한 그녀는 열렬한 유대인이며, 독일에서의 유대인 박해 때문에 계속 고통을 받았다. 그러나 한편에서는 히브리의 예언자와 같은 준엄한 태도로 이스라엘을 나무랐다.

예언자들은 예루살렘에서 돌로 얻어맞았다고 전해진다. 바로 시몬 베유가 그 투석의 위험에 노출되어 있었다. 정치사상의 면에서 우익과 좌익 모두에게 가차 없는 비판자의 자세를 취하고 있었기 때문이다. 그녀는 보수주의자라고 자처하는 대부분의 사람들보다 훨씬 더 성실하게 질서와 계급제를 사랑했고, 사회

주의자라고 자청하는 대부분의 사람들보다 훨씬 더 진지하게 민중을 사랑했다.

　가톨릭 교회와 이스라엘에 대한 그녀의 태도에 관하여 지면이 허용하는 범위에서 한마디만 지적해 두고 싶다. 이 두 가지 태도는, 단지 양립할 수 있는 관계를 넘어 서로 밀접한 관계에 있음을 알아야 한다. 사실 그녀를 매우 이단적인 그리스도인으로 만든 것은 이스라엘에 대한 부정이었다. 그녀는 구약성서의 몇 부분을 제외하고는 다른 모든 것을 거부했다. 또한 이스라엘의 성스러운 사명을 거부함으로써 기독교회의 뿌리가 되는 것까지도 거부했다. 바로 여기서부터 그녀에게 그만큼의 정신적 고통을 안겨 준 불행이 생긴 것이다.

　확실히 단언하건대, 그녀의 정신 구조에는 프로테스탄트의 영향이 일체 나타나지 않는다. 그녀에게 기독교회라는 것은 가톨릭 교회 외에는 있을 수 없었다. 그녀는 교회에 관해서만은 이상하게 침묵하는 것이 많았다. 이를 테면, 성 토마스 아퀴나스(아마 충분히 알지 못했기 때문이겠으나, 그녀는 이 성인을 싫어했다)나 십자가의 성 요한(정신적 방법의 심원한 지식으로 인해 그녀는 이 성인을 존경하고 있었다)과 같이 그 작품에 의해 흥미를 일으킨 사람 외에는 상대하려고 하지 않았다.

얼핏 보기에 그녀는, 어떤 의미로는 동방의 신비주의를 통하지 않고는 신앙생활의 길을 발견할 수 없는 현대의 지식인들(대부분은 막연하지만 관대한 프로테스탄트의 배경을 갖고 있다)과 공통된 점이 있다. 모든 그리스도적인 것에 도취하는 그녀의 열광은 한도를 몰랐다. 그녀에게 이스라엘의 계시는 존재하지 않았다. 그녀의 눈에는 카르데아인, 이집트인 및 힌두교인에게 주어진 무수한 계시만이 존재했다.

궁극의 진리는 단 하나이며, 모든 종교는 그 진리의 그림자를 어떤 형태로든 나타내고 있기 때문에, 어떤 위대한 종교에 귀의하느냐 하는 것은 큰 문제가 아니라고 보는 것이 보편 구제론자들의 주장이다. 이런 사람들의 입장에서 본다면, 그녀의 접근 태도는 사실 위험해 보일 수 있다. 그러나 시몬 베유는 구세주의 인격에 완전히 도취함으로써 그런 오류에 빠져들지는 않았다.

그녀의 유대교 · 기독교 비판에 관하여 우리는 다음 세 가지 문제점을 식별하여 스스로에게 물어야 할 것이다.

첫째, 어느 정도까지 올바른 것인가?

둘째, 논파해야 할 중대한 이론이 어느 정도 있는 것인가?

셋째, 그녀의 열정적이고 뛰어난 인격이 미완성이었다는 것을 이유로 어느 정도까지 정상을 참작해 주어야 하는가?

우리의 분석은 각자 다를 것이지만, 우리는 스스로 이 문제들의 답을 찾아야 한다.

나는 그녀가 얼마만큼 뛰어난 학자였는지 알지 못한다. 또한 동지중해의 문화사에 얼마만큼이나 통달해 있었는지도 알지 못한다. 그녀는 산스크리트어로『우파니샤드』를 읽을 수 있었을까? 설령 읽을 수 있었다고 하더라도 그녀가 얼마만큼 잘 활용했는지는 알 수 없다. 산스크리트어는 매우 고도로 발달한 언어일 뿐 아니라, 그 사고방식의 난해성으로 인하여 유럽의 학습자에게는 부지런히 배우면 배울수록 점점 더 어려워지는 언어이기 때문이다. 어쨌든 나는 그녀가 이 분야에서 역사학자로서의 재능을 보이고 있다고는 생각지 않는다.

시몬 베유는 자기가 숭배할 수 있는 것만을 본다. 또 한편으로는 모조리 부인한다. 그녀는 로마제국을 싫어했기 때문에 벨기리우스(로마의 시인)를 싫어했던 것이다. 그녀의 상찬은, 혐오감에서 출발한 경우가 아니라고 하더라도, 적어도 혐오감에 의해 강화되어 있다. 유럽에서의 로마인이나 미국에서의 스페인인처럼, 지방 문명을 멸망시켜 팽창하는 제국주의적 국민의 잔인성을 증오한다는 점에서는 그녀에게 공감하는 사람들도 있을 것이다. 그러나 로마인에 대한 고발을 강화하기 위해 그녀가 드

루이드 교도들의 문화를 이야기할 때, 이 소멸한 교단에 관한 우리의 부족한 지식으로는 그녀의 억설에 어떤 수긍도 할 수가 없다. 물론 알비파의 이단 탄압 때 행해진 십자군의 잔학 행위에 대해 그녀가 보이는 격렬한 반발은 우리도 공감할 수 있다. 그럼에도 불구하고 프로방스 특유의 문명이 그 생산력을 고갈시키지 않을 수 있을지를 생각하게 된다.

시몬 베유는 처음에는 날카로운 눈으로 논의해 나가지만, 그녀의 감정 논리는 의미가 없어질 만큼 넓은 일반화로 그녀를 이끌어가고 만다. 만약 사태가 별개의 결과를 낳았다면, 현재의 세계가 어떻게 되어 있을지는 아무도 예상할 수 없다. 그러므로 로마의 정복에 의한 서유럽의 라틴화가 과연 좋았는지 나빴는지의 질문에는 답할 수 없다고 항의해도 좋을 것이다. 그러나 이 같은 그녀의 광범위한 경고가 무의미하다고 생각해서는 안 된다.

『뿌리박기』는 런던의 프랑스 사령부에 근무하고 있을 무렵, 즉 시몬 베유 생애의 대략 마지막에 가까운 해에 쓰인 것이다. 『뿌리박기』는 해방 후에 실시되는 정책에 관해 그녀가 제출한 문서로 이루어졌기 때문에 당시의 시사 문제가 고찰의 대부분을 차지하고 있다. 대전 중과 해방 직후, 자유 프랑스가 따라야 할 계획에 대해 논한 페이지 역시 훌륭한 선견지명과 원숙한 판단력이 보인다. 이미 출판된 그녀의 작품 가운데 그녀 스스로 공표하고자 결심한 작품이 있었다면 바로 이 작품이지 않았을까 싶다.

이상으로 나는 그녀의 과실과 과장을 다소 강조하면서, 주로 그녀의 어떤 작품에서도 마주치게 될 몇 개의 사상에 관해 논해 보았다. 내가 이 순서를 밟는 것은, 시몬 베유를 처음 접하는 독자들이 지적으로는 불신감을, 감정적으로는 적개심을 불러일으키기 쉬운 어떤 단정에 부딪쳐, 모처럼 위대한 영혼과 천재적 두뇌에 친근해질 기회가 왔음에도 불구하고 그 마주침을 활용하지 않을 우려가 있다고 믿기 때문이다.

시몬 베유는, 그녀를 다시없이 존경하고 높이 평가하는 친구들에게조차도 인내를 요구하는 것처럼, 독자들에게도 인내를 강요하고 있다. 그러나 좋고 나쁘고의 감정의 격렬함이나, 앞서 실례를 든 종류의 부당한 일반화에도 불구하고, 특히 『뿌리박기』는 균형 잡힌 판단과 그 젊음을 생각하면 놀라울 정도로 극단을 피하려는 지혜가 엿보인다.

그녀는 규스타브 티봉 씨와의 대화를 통해 그 현명하고 균형 잡힌 정신과 교류함으로써 스스로 의식한 이상의 것을 얻었는지도 모른다. 정치사상가로, 아니 그 어떤 분야의 사상가로든 시몬 베유를 분류할 수는 없다. 그녀의 연민에 대한 역설적인 성격은 균형을 이루는 유력한 원인이 되고 있다.

그녀는 일반 대중, 특히 억압되어 있는 사람들, 즉 어떤 사람들의 사악과 탐욕에 억압되어 있는 사람들이나 현대사회의 무명의 폭력에 억압되어 있는 사람들을 위한 열렬한 투사였다. 그녀는 도시나 농촌의 사람들과 생활을 함께하기 위해 루노 공장에서 일하기도 했으며, 농업 노동자로 일한 적도 있었다. 그렇지만 또 한편으로 그녀는 태어날 때부터의 은자隱子이며 개인주의자였다. 그녀가 '집단'이라고 부른, 근대의 전체주의가 낳은 이 괴물을 심히 혐오하는 개인주의자 말이다.

그녀가 신경을 쓴 것은 인간의 영혼이었다. 인간의 권리와 의무에 관한 그녀의 연구는 전쟁 중에 정신적 흥분제로 사용되었으며, 오늘날에도 여전히 행해지고 있는 어떤 종류의 다변의 기만성을 드러낸다. 군주정치의 원리를 검토하고 있는 부분도, 프랑스 대혁명의 단죄인 동시에 왕정복고의 가능성을 부인하는 강력한 논증이 되고 있다. 그렇다고 그녀를 반동 사상가 혹은 사회주의자로 분류할 수도 없다.

그녀의 『뿌리박기』는 정치가들이 거의 읽지 않는, 또 정치가들의 대부분에게는 이해되지도 않고 그 적용법을 알지도 못하는 정치학에 속해 있다. 이런 작품은 시대의 국정 운영에 영향을 미치지는 못한다. 이미 정계에 진출하여 정치라는 시장에 물러날 수 없을 정도로 묶여 있는 사람들에게, 이런 종류의 작품은 언제나 너무 늦게 나타난다.

이 작품은 여가가 없어지기 전에, 사고능력이 정계생활이나 국회 안에서 파괴되기 전의 청년들에 의해 연구되어야 할 것이다. 우리로서는 시몬 베유의 작품의 효과가 다른 세대의 정신적 태도에 뚜렷이 나타나게 되기를 바랄 뿐이다.

¨시몬 베유의 중요성

– 체슬라브 밀로슈

    프랑스는 현대세계에 시몬 베유라는 의지할 만한 사람을 선물로 제공했다. 20세기에 이런 작가가 출현한다는 것은 모든 확률의 법칙에 어긋나는 것이긴 하지만, 때론 불가능할 것 같은 일들도 가끔 일어나는 법이니까.

    시몬 베유의 생애는 너무 짧았다. 1909년 파리에서 태어난 그녀는 서른넷이라는 나이에 영국에서 죽었다. 그녀의 저서는 그녀가 살아 있는 동안에는 단 한 편도 빛을 보지 못했지만, 전쟁이 끝나고 여기저기 흩어진 글이나 원고들이 발표되며 여러 나라 말로 번역되었다. 그녀의 작품은 세계 각처에서 애독자들을 얻었지만, 그 검박儉朴함 때문에 독자의 수가 제한되어 있었다. 그녀에 대해 전혀 모르는 사람들에게 이 소개가 도움이 되길 바란다.

　아마도 우리는 표면적으로만 비신학적인 시대에 살고 있는지도 모른다. 수백만 명이 제1차 세계대전에서 죽었고, 혁명으로 인하여 수백만 명이 러시아에서 죽거나 고문으로 목숨을 잃었다. 또한 나치와 제2차 세계대전의 희생자들도 무수하다. 이 모든 것이 유럽의 사상에 강한 충격을 주었다. 유럽의 사상은 많은 사람들이 이름을 입에 올리기도 창피하다고 생각할 만큼 케케묵은 문제의 주위를 맴돌고 있었다. 때로는 인류의 케케묵은 신비들이 몇 세대에 걸쳐 베일에 가려 잠들어 있다가 나중에 활력을 얻어 새로운 언어를 통해 모습을 드러내는 듯싶기도 하다.

　문제는 죄 없는 자들의 고통을 누가 정당화할 수 있겠느냐는 것이다. 알베르 카뮈는 『페스트』에서 이미 「욥기」가 다루었던 주제를 채택했다. 한 아이의 눈물이 저울을 기울게 하기에는 충분하니까. 우리는 이반 카라마조프처럼 물러서야 하는가? 우리들은 반항을 해야 하는가? 누구에게? 만일 그에게 책임이 있고, 우리들의 가치관이 횡포하고 저주하는 바를 그가 용납한다면, 신은 존재할 수 있겠는가? 카뮈는 아니라고 말했다. 우리들은 우주에 홀로 있으며, 우리 인간의 운명이란 어디엔가 동조인이 있다는 다짐도 없이, 아무런 형이상학적 기초도 없이 눈이 멀어 비인간적인 힘에 몸을 던져 영원히 도전하는 것이라 했다.

하지만 만일 신이 없다면, 싸움터와 집단 수용소들을 돌아다니고 감옥들을 뚫고 들어가고, 모든 핏방울 하나하나를, 모든 저주를 거두어들이는 여신은 있지 않겠는가? 여신은, 불평을 하는 자들은 그저 이해를 하지 못한 것뿐이라는 걸 안다. 모든 것은 계산이 되고 모든 것은 출산의 아픔 중 한 부분이니 보상을 받을 터이다. 인간은 인간을 위한 신이 될 것이다. 그것을 성취하러 가는 길에 그는 골고다 언덕을 거쳐야 한다. 우리 시대에서도 여신의 이름을 얘기할 때는 목소리가 떨릴지니, 그 여신이 역사이기 때문이다.

묘한 일이지만, 기독교 신학자들은 그런 문제들에 직면하면 무기력해진다. 그들은 하나님을 '착한 통치자들은 돕고 악한 통치자들에게는 벌을 주는 대왕'이라고 얘기한 보쉬에(17세기 프랑스의 가톨릭 고위 성직자) 같은 성직자들이 전파한 섭리주의 철학을 부끄럽게 생각한다. 물론 그렇진 않지만, 만일 그것이 사실이었다면 개개인이 범한 모든 행동의 오묘한 이유들은 아직도 해결되지 않은 채 그대로 남아 있으리라. 적어도 한 명, 프랑스 신학자인 페사르 신부는 이것이야말로 현대 기독교인들이 지닌 기본적인 지적 나약함이라는 사실을 인정한다.

역사적인 문제들이 나오기만 하면 그들은 자신에게 생소한 철학의 타성에 순응해서 의식적이든 무의식적이든 헤겔이나 마르크스의 사상을 따르게 된다. 그들의 약점은 토미즘(성 토마스 아퀴나스의 신학·철학 사상) 사상의 공백을 반영한다. "성 토마스 아퀴나스의 사상에서는, 역사적 차원의 견해는 자취를 찾아볼 수도 없다."라고 페사르 신부는 말한다. 그는 '이성의 질서'와 '자연의 질서'에만 관심이 있었다. 페사르 신부는 또한 "역사성이 헤겔에서, 마르크스에서, 그리고 여러 실존주의 철학자들에게서 주된 역할을 하는 반면, 토미즘 사상에는 완전히 그것이 부재한다."라고도 한다. 따라서 기독교 변증가는 자신의 개념적 도구를 스스로 발명해 내야만 한다. 이것은 시몬 베유의 사상에서 어떤 중대한 관점들을 추출한다.

시몬 베유는 유대인계의 지성인 가문에서 태어났다. 아버지 집안은 알사스 출신이었고, 어머니 쪽은 러시아에서 프랑스로 이주했다. 그녀는 무엇보다도 학문을 존중하는 사람들 틈에서 자랐으며, 평생 그녀는 현대 물리학과 수학에 지대한 관심을 가지고 있었다. 그녀가 장차 발전하는 데는 그리스어에 대한 뛰어난 지식이 결정적인 역할을 했지만, 그녀는 외국어에 일찍이 통달해서 프랑스에서 배운 라틴어와 그리스어 외에도 독일어와 영어에 능통했다. 그녀는 어느 종교의 영향도 받지 않고 자랐으며, 젊은 시절에는 종교적인 문제에 관심이 없었다.

당시에는 가톨릭 신자였던 시몬 드 보부아르와 사귀게 된 에콜 노르말 쉬페리외르(고등사범학교)에서 교육을 마친 다음, 시몬 베유는 잠깐 동안 그리스어와 철학을 가르치는 교편생활을 했다. 우수한 선생이었던 그녀는 괴팍한 성격 때문에 자주 교육위원회과 말썽이 있었다.

그녀는 자기의 부르주아 환경에 대하여 점잖게 비꼬는 태도를 보였고, 무직자들이나 노동조합 같은 프랑스 중류층이 두려운 눈으로 주시하던 사람들의 편을 들었다. 그때는 경제적으로 위기를 맞은 시기였기에 그녀는 다른 사람들이 굶어 죽어가고 있다는 사실을 자각하고 돈을 벌 수 있는 권리를 거부했다. 그녀는 자신의 급료 중 일부만을 자신을 위해 쓰고, 나머지는 조합기금이나 노동자들의 간행물을 위해 사용했다.

압박을 받는 자들과 운명을 같이하려는 욕망은 그녀에게 중대한 결정을 내리게 했다. 건강이 좋지 않았음에도 불구하고 그녀는 1934년부터 1935년의 1년간을 파리의 야금공장에서 단순 노동자로 일했고, 그 체험을 통해 그녀는 노동에 관한 지식을 얻었다. 이 주제를 다룬 「노동 조건」이라는 그녀의 수필들은 야수성, 냉담함, 육체적·정신적 고통에 대한 무서운 고발이었다. 그녀가 고백한 바에 따르면, 공장에서 보낸 그 한 해는 그녀의 젊음을 파괴했으며, 고대 로마의 노예들처럼 영원히 지워지지 않는 노예의 낙인을 찍어 놓았다.

스페인 내란이 발발하자 시몬 베유는 1936년에 바르셀로나로 가서 무정부주의자들의 부대인 '콜로나 두루티'에 병사로 입대했다. 무정부주의자라는 말을 내가 강조하는 까닭은, 무정부주의자들의 이상이 유토피아적이었으므로 그녀가 그들을 선택했다는 사실을 밝혀 두기 위해서이다. 하지만 사고를 당하고, 그로 인해 병이 났기 때문에 그녀의 스페인 체류는 아주 짧았다.

1938년에 시몬 베유는 그녀의 표현대로 '그리스도의 포로'가 되었다. 그녀의 전기를 개종이라는 종교적인 얘기로 꾸며 놓을 권리는 누구에게도 없다. 우리들이 잘 알고 있는 그 과정은, 전향이 과격하면 과격할수록 그만큼 부정이 더욱 철저하고, 교육적인 목적을 위해서는 그만큼 더 좋다. 그녀의 경우에는 '개종'이라는 표현을 사용하면 안 된다. 그녀는 "신과의 직접적인 접촉 따위가 가능하다고는 믿어 본 적이 없었다."라고 말했다. 하지만 그녀는 또한 "의식이 살아 있는 삶의 모든 순간이 기독교적이었다."라는 얘기도 했다.

명령을 받아야만 사람은 신에게 복종할 수가 있다. 그런데 어째서 나는 무신론을 표방하던 젊은 시절에 일찍이 명령들을 받았을까?

위안의 노릇을 하는 한 종교는 참된 신앙에 장애물이 되고, 그런 의미에서 무신론을 순환시키는 매체이다. 나 자신에게서 신을 위한 부분이 아닌 면은 무신론자가 되어야만 한다. 초자연적인 부분이 아직 각성되지 않는 사람들 중에서는 무신론자들이 옳고, 신자들은 잘못이다.

현대세계에서 시몬 베유가 차지하는 위치는 그녀의 사상이 지닌 완벽한 일관성으로 다져진 것이다. 기독교인이 될 때 그들의 과거를 부정해야만 하는 사람들과는 달리, 그녀는 1938년 이전의 사상을 더욱 발전시켜 본디 사상에 더 훌륭한 질서를 부여했다. 그 사상들이란 사회, 역사, 마르크스주의, 과학에 관한 것들이었다.

시몬 베유는 신이 계시한 진리를 정당하게 수호하는 것은 오직 가톨릭뿐이라는 신념을 가지고 있었다. 그녀는 성체 속의 그리스도 존재를 상징적인 것이 아니라 실제적인 것으로 굳게 믿었다. 그녀는 교회에 소속한다는 것을 굉장한 행복으로 여겼지만, 그녀는 그 행복을 스스로 거부했다. 영세를 받지 않은 것이다. 그리스도에 대한 신앙은 간직하면서도 교회와의 거리를 지키기로 했던 그녀의 결정에서 우리들은 두 가지의 동기를 구분해야 한다. 하나는 자신의 개인적인 사명감으로, 모든 새로운 형태의 이교도들과 함께 평생 그녀가 '문간'에 머물기를 원하는 신에 대한 복종이다. 다른 하나는, 이단자들을 교회가 처벌하는 힘에 대한 반발이다.

　프랑스가 패배한 후 그녀는 얼마 동안 마르세유에서 살았으며, 1942년에는 카사블랑카로 갔다가 런던의 자유 프랑스인 위원회에 가입하려는 희망을 품고 다시 뉴욕으로 건너갔다. 그녀의 의도는 가능하면 무기를 손에 들고 프랑스의 이념을 위해 싸우겠다는 것이었다. 그녀는 뉴욕에서 몇 달을 보낸 다음 런던에 도착했다. 1943년 독일인들이 프랑스 주민들에게 할당했던 배급량 수준 외의 음식을 거부했기 때문에 그녀는 영양실조로 아슈포드의 요양소에서 죽음을 맞는다.

　시몬 베유의 삶은 고의적인 '어리석음'의 연속이었다.

글에 기교를 부리지 않고 유행에도 철저히 무관심했던 그녀는, 오늘날 많은 사람들의 관심을 끌고 있는 문제들의 핵심을 거침없이 파헤쳤다.

온 가족이 고문을 당해서 죽고, 자신도 오랫동안 집단수용소에서 고문을 당한 사람, 또는 종족이 아주 멸종된 다음에 혼자 살아남은 16세기의 인디언. 그런 사람은 만일 신의 은총을 전부터 믿었다면, 이제는 더 이상 믿지 않게 되거나 과거와는 상당히 다른 개념으로 그 은총을 이해하게 되리라.

시몬 베유가 제시한 해답은 역사의 여신을 섬기는 사람들의 취향에는 맞지 않았고, 토미즘의 관점에서도 이단으로 여겨졌다.

시몬 베유가 기독교를 알게 된 과정에 대하여 몇 마디 이야기해 두고 싶다. 그녀는 그리스 철학에 탐닉했다. 그녀가 좋아했던 대가는 플라톤이었고, 그녀는 플라톤을 원어로 읽고 또 읽었다. 때때로 '그리스의 모세'라고 불리던 플라톤이 많은 사람들에게 기독교 세계라는 약속된 땅으로 인도하는 길잡이 노릇을 했던 로마의 부패한 시절과 우리 시대의 역설적인 유사성을 사람들은 눈치 챌 수 있으리라.

시몬 베유는 그리스을 너무나 사랑해서 모든 그리스 철학을 훌륭한 기독교 사상이라고 생각했다. 하나의 예외가 있다면 그것은 아리스토텔레스였다. 그녀의 표현을 빌리자면 '나쁜 열매를 맺은 나쁜 나무'인 아리스토텔레스 말이다.

판단에 있어서 과격하고 타협을 몰랐던 시몬 베유는 적어도 기질에서는 알비가 사람, 카타르(기독교 사상을 이원론적인 마니교 관점에서 해석하고 엄격한 고행을 행하던 교파)였으며, 이것이 그녀의 사상에서 중요한 역할을 했다. 그녀는 기독교 사상에서 플라톤에 입각한 극단적인 결론들을 끌어내었다. 여기에서 우리는 그녀와 알베르 카뮈 사이의 숨은 유대를 발견할 수 있을지도 모른다.

내 생각에는 카뮈도 역시 순수한 카타르였다. 비록 그가 신을 거부했다고 해도, 그것은 신을 정당화할 수가 없었기 때문에 신에 대한 사랑에서 나온 행동이라고 할 수 있다.

선에 대한 우리들의 갈망과 어떤 가치에 대해서도 철저히 무관심한 차가운 우주 사이에는 인과의 필연성에 따라 모순이 존재하게 된다. 이 세계, 물질, 그리고 흔히 미래에 귀속시키는 여러 종류의 합리주의자들과 진보주의자들이 그 모순을 해결해 왔다. 헤겔과 그의 추종자들의 철학은 행동 속의 선, 즉 역사에서 점점 더 풍요한 달성을 향해 나아간다는 개념을 만들어냄으로써 그런 시도의 절정에 이르렀다.

　이런 면에서는 스피노자와 다를 바 없이 철두철미한 숙명론자였던 시몬 베유는 그런 해답을 터무니없는 것이라고 반박하며 나섰다. 그녀의 노력은 가능한 한 모순을 심하게 드러나도록 하는 데 기울여졌다. 그녀는 불가피한 모순을 얼렁뚱땅 넘기려는 자는 비겁하다고 말했다. 결국 그녀는 "너무 완고하고 변증법적인 바탕이 결여되어 있다."라는 비난을 받았다. 하지만 변증법을 타협 기술로 바꿔 놓고 상반성의 일치를 너무 쉽게 받아들이는 많은 사람들보다는 그녀가 훨씬 변증가답지 않느냐는 의문도 던져 볼 수 있다.

　그녀는, 전통적인 기독교 목사들이 얘기하는 신의 섭리나 진보사상을 부르짖는 사람들이 얘기하는 역사적 섭리를 용납하지 않는다. 이것은 우리들이 완전히 중력의 힘에 지배를 받아 우리 마음의 외침에는 아무런 대답도 없다는 것을 의미하는가? 아니다. 보편적인 숙명론에는 예외가 하나 있는데, 그것은 은총이다. 시몬 베유는 말한다.

　모순은 발전을 위한 지렛대이다.

불가능은 초자연적인 것으로 들어가는 문이다. 우리들은 그 문을 두드리기만 한다. 다른 사람이 열기 때문이다.

부재하는 신, 숨어 있는 신은 설득으로, 만일 우리들이 그의 선물을 거부하지 않는다면, 중력으로부터 우리들을 은총으로 끌어낸다. 필연성과 선의 모순이 신비가 아닌 다른 방법으로 해결될 수 있다고 믿는 것은 착각이다. 우리들은 사막에 있어야 한다. 이는 우리들이 사랑해야 하는 자가 부재하기 때문이다.

위안 없이, 트로이와 카르타고의 파괴를 겪으면서도 신을 사랑한다는 것. 사랑은 위안이 아니고 빛이다.

시몬 베유에게는 세상의 모든 현상과 마찬가지로 사회는 필연성의 법칙에 따른다. 하지만 자연이 만일 필연성에 지나지 않고, 선과 악의 밑 단계인 순진함에 머문다면, 사회는 양심을 타고난 존재들이 필연성의 친구나 하인과 마찬가지인 마왕의 발밑에 짓밟혀 시달리는 곳이 된다.

그 정치적 입장은 그녀가 자주 쓰던, 플라톤에서 인용한 비유로 요약할 수 있다. 플라톤은 사회를 거대한 짐승에다 비유한다. 모든 시민은 그 짐승과 관계가 있는 까닭에 '무엇이 선이었는가?'는 질문을 받자 모두들 저마다 자신의 기능에 알맞은 대답을 한다. 누구에게는 짐승의 털을 빗어 주는 것이 선이고, 또 누구에게는 살갗을 긁어 주는 것이 선이며, 또 누구에게는 손톱의 때를 긁어내는 것이 선이다. 이렇듯 사람들은 참된 선을 알게 될 가능성을 상실한다. 시몬 베유는 모든 부조리와 불의의 원천을 깨달았다. 사회적 숙명론의 손아귀에 붙잡힌 사람은, 거대한 짐승을 무의식적으로 섬기는 자에 지나지 않는다.

주어진 사회조직이 개개인들에게 행사하는 눈에 보이지 않는 압력들을 반영하는 것이기 때문에 그녀는 이상적 도덕 철학에 반대했다. 그녀의 말을 빌리자면, 프로테스탄트 사상도 국가나 계층의 이해관계를 반영하는 관습적인 윤리관과 불가피하게 연결된다. 또한 마르크스는 진리와 정의를 찾으려는 욕망 때문에 하나의 오류를 피하려다가 다른 오류에 빠졌다고 했다. 시몬 베유는 "인간이 획득할 가능성이 있는 유일한 기초인 승화를 거부할 때 항상 그런 현상이 생긴다."라고 말한다.

그녀의 관점으로는 변증법적 유물론이란 존재할 수가 없는데, 그 이유는 변증법적인 요소와 유물론적 요소를 합치면 그 개념이 파괴되기 때문이라고 했다. 그런 비판을 통해서 그녀는 공산당들의 내부에서만 일고 있었던 좋지 못한 비밀을 노출시켰다. 사회적 숙명론에 관한 명상은, 그녀로 하여금 기술 문명의 주요 문제들에 관련된 어떤 결론들을 이끌어냈다.

원시인은 자연의 가혹한 힘에 눌려 살았다. 자연에 대항해서 끊임없는 투쟁을 벌여 그는 점점 자유를 얻었고, 물과 불과 전기의 힘을 휘어잡아 사용하기에 이르렀다. 하지만 일의 분배와 생산의 조직화를 동원해야만 그들은 목적을 달성할 수가 있었다. 아주 원시적인 사회들은 평등하다. 그들은 '원시적 공동체'의 상태에서 산다. 그런 생활 공동체의 구성원들은 다른 구성원들로부터 압박을 받지 않는다. 공동체의 위협은 야생동물과 자연의 재난, 때로는 다른 인간 집단으로부터 오는 것이기 때문에 공포는 외부에 존재한다.

환경과의 투쟁에서 인간의 노력이 훨씬 생산적인 면으로 전환이 되자, 생활 공동체는 명령을 하는 자들과 복종을 하는 자들로 나뉜다. 인간에 의한 인간의 압력은 그의 행동 범위가 증가함에 따라 늘어나는데, 그것은 필연적인 대가처럼 여겨진다. 자연 앞에서는 기계문명 사회의 구성원이 신의 위치를 차지하지만, 그는 사회에서는 노예이다. 인간에 의한 인간의 지배가 이루어지는 사회에서는 궁극적인 법의 제재가 칼이나 총, 굶주림에 의한 죽음의 형벌이다.

집합적인 인류는 스스로 해방이 되었다. 하지만 이 집합적인 인류는, 개인에 대해서 이전에 자연스레 행사하던 압력의 기능을 취했다.

오늘날이라면 시몬 베유는 많은 새로운 예로 그녀의 사회 분석을 뒷받침할 수가 있었을 것이다. 원하든 원하지 않든 우리들은 참여를 하고 있다. 수단의 결여는 필연성의 철칙이 내재하는 운명으로부터 벌을 받아야 한다.

내 생각에, 시몬 베유의 중요성은 우리들에게 공통되는 결점의 견제에서 평가할 수 있을 듯싶다. 우리들은 나쁜 쪽으로 생각하기를 좋아하지 않는다. 우리들은 미리 나쁜 결과를 피한다. 고전적이고, 메마르고, 집약적인 그녀의 삶과 글에 드러난 혹독함을 통해 그녀는 건전한 수치심을 불러일으킨다. 왜 그녀는 오늘날 그토록 많은 지성인들을 매혹시키고 있는가?

내 가정은 이러하다. 만일 지금이 신학적인 시대라면, 이 시대는 마니 사상에 대해 두드러진 편견을 지니고 있을 터이다. 현대문학은, 더 이상 섬세한 시계공의 작품처럼 여겨지지 않는 세계에 대한 어떤 분노를 증언한다. 베케트, 이오네스코, 주네를 생각해 보면 알 수 있을 것이다. 그런 문학이 지닌 유머는, 만일 그것을 유머라고 할 수가 있다면, 우주의 면전에 던지는 냉소이다.

마이클 폴라니 교수는 지난 몇 십 년의 가장 독특한 양상은, 혁명 운동들이 그렇듯 "부조리 문학에서 폭발한 도덕적 이완이 아니라 도덕적인 광분이었다,"라는 내용의 논문을 제출했다. '역사는 신비한 축복'이라는 신념은, 산업화라는 바로 그 신념의 결과 때문에 무너져 가고 있다. 동유럽국가들도 마찬가지지만, 냉장고와 텔레비전 수상기들, 달로 쏘아 올리는 로켓까지도 인간을 신으로 바꿔 놓지는 못한다는 사실이 점점 더 분명해진다. 인간 단체들 사이의 옛 갈등은 사라졌지만, 어쩌면 훨씬 심할지도 모를 새로운 갈등들이 나타났다.

몇 년 전에 나는 뤽상부르 공원이 내려다보이는 시몬 베유의 부모님 아파트에서 여러 날 오후를 보냈다. 그녀의 펜에서 떨어진 잉크로 얼룩진 탁상보가 그대로 덮여 있는 그녀의 책상 앞에 앉아서 나는 팔순에 접어든 그녀의 어머니와 얘기를 나누었다. 시몬 베유는 자신 스스로를 에이리얼(셰익스피어의 희곡 『The Tempest』에 나오는 요정)의 깃털을 달기에는 너무 살이 찐 몸집이 큰 칼리반이라고 생각했다고 한다. 그러나 그녀는 에이리얼이었다.

시몬 베유는 사회적 또는 민족적 순응에 지나지 않는 형태의 종교를 공격했다. 그녀는 또한 이른바 진보주의자라는 사람들의 경박성도 공격했다.

표면적으로 나타난 것보다 훨씬 심각한 종교적인 위기로 갈기갈기 찢겨진 현재의 세계에서는, 추구하는 자로서 느끼는 자신들의 고통을 의식하고, 진리를 소유한 자랑스러운 사람들을 만날 때 방어의 조건반사를 일으키는 사람들은 흔히 가톨릭 작가들을 거부한다.

시몬 베유의 작품들은 가톨릭과 프로테스탄트, 무신론자들과 불가지론자들 모두에게 읽힌다. 그녀는 기존의 이탈된 견해에 오도되지 말아야 하고, 수많은 기독교인들이 마음속으로는 이교도이며, 수많은 이교도들이 실질적으로는 기독교인들이라는 사실을 증명함으로써 신자들이나 비신자들 모두의 삶에 새로운 발효소를 불어넣어 주었다. 아마도 그녀는 바로 그것을 위해 살았는지도 모른다. 그녀의 지성, 그녀의 문체가 지닌 명징성은 인류의 고통에 바친 아주 높은 수준의 관심일 따름이었다. 그리고 그녀의 말마따나 '철저히 순수한 관심은 기도'이다.

Ⅱ. 시몬 베유의 편지들

행복한 사람의 경우 사랑이란,
불행에 허덕이는 사랑하는 사람의
고통을 나누어 가지려는 것이다.
불행한 사람의 경우 사랑이란,
사랑하는 사람이 기쁨 속에 있는 것을
알기만 해도 만족하여
그 기쁨을 나누어 갖거나
나누어 갖고 싶다고 바라지도 않는다.

¨ 어느 여학생에게 보내는 편지

오랜만이구나.

오래전부터 편지를 쓰려고 했지만, 공장 일 때문에 전혀 편지 쓸 기분이 나질 않았단다. 내가 지금 하고 있는 일은 어떻게 알게 되었니? 아마도 데뤼 자매를 통해서겠지? 하긴 지금 그게 중요하진 않지. 어차피 네게 얘기할 참이었으니까. 노파심에 하는 얘기지만, 혹여 마리네트에게 내 얘길 하면 안 돼. 이미 말해 버린 게 아니라면 말이야.

이건 내가 전에 얘기했던 '현실 생활과의 접촉'이란다. 난 특별한 호의에 의해 이 일을 하게 되었어. 내 가장 친한 친구 중의 하나가 회사 전무를 알고 있어서, 그에게 내 희망을 설명해 주었지. 다행히도 그는 내 생각을 이해해 주었단다. 요즘은 노동 증명서 없이 공장에 들어간다는 건 거의 불가능해. 더구나 나처럼 동작이 느리고 서툰 데다 그다지 건강하지도 않은 사람의 경우에는 더욱 그렇지.

만일 네가 인생을 이런 식으로 전환시키려 하고 있다면, 나는 네게 꼭 이 말을 해야겠다. 공장에서 일하게 된 나의 행복이 어떤 것이든, 나는 이 노동에 얽매이지 않는 것을 다행으로 여기고 있다고 말이다. 난 다만 '개인적인 연구를 위해' 1년 동안의 휴가를 얻었을 뿐이야.

총명하고 건강하며 손재주도 있는 남자라면, 비록 현재의 프랑스 산업 속에서라도 공장 내에서 인간적으로 일할 수 있는 지위에 오르겠다는 희망을 가질 수도 있겠지. 그러나 이런 종류의 가능성은 합리화라는 방식이 발전함에 따라 날이 갈수록 줄어들고 있단다.

여성들은 속도만이 요구되는, 완전히 기계적인 노동에 얽매어 있어. 내가 기계적이라는 말을 사용했다고 해서 작업을 하면서 몽상을 하거나 반성까지 할 수 있다는 소리로 해석해서는 안 된다. 천만에! 이러한 상황의 비극이란, 노동이 너무 기계적이어서 사고思考의 소재를 제공할 수 없을 뿐 아니라, 일체의 사고까지 금지시켜 버린다는 데 있어. 생각한다는 것은 바로 속도를 늦춘다는 얘기니까.

인정머리 없는 간부에 의해 정해진 스피드 규범이라는 것이 있단다. 해고당하지 않고 먹고살 돈을 벌기 위해서는 해내지 않으면 안 되는 작업량이지. 임금은 작업량에 비례하거든. 난 아직 그것을 실현해 보지 못했어. 이유에는 여러 가지가 있지. 아직 습관이 되지 않았다든가, 천성적으로 손재주가 없다든가, 원래 행동이 느리다든가, 두통이 있다든가, 또는 아직도 없애지 못한 상당한 사고 습관이 남아 있다든가 하는 것들 말이야. 아마 윗자리에 있는 사람들이 감싸 주지 않았다면 나는 벌써 쫓겨나고 말았을 거야.

하루 여덟 시간씩 일한다면 이론적으로는 어느 정도의 여유를 가질 수도 있지만, 실제로 이 여유는 마치 사람을 바보로 만드는 것 같은 피로 속에 모두 흡수되어 버린단다. 더구나 노동자들은, 항상 주인들의 명령에 대한, 끊임없이 굴욕적인 종속 속에서 살고 있다는 것을 덧붙여 두고 싶구나. 공장의 풍경은 이렇게 해서 완성된단다. 물론 이러한 것은 성격이나 체격 등등에 따라 크고 작은 고통을 주긴 하지만, 뉘앙스의 차이가 있을 뿐 대체로 그렇지.

이 모든 것에 대해 괴로워하면서도 나는 지금 내가 여기 있다는 사실이 말할 수 없이 기쁘단다. 오래전부터 여기 오고 싶었거든. 하지만 이제야 오게 된 것을 후회하지는 않는다. 그것은 지금만이, 이 경험에서 내게 내포되어 있는 모든 것들을 끌어낼 수 있는 유일한 기회이기 때문이야. 난 추상의 세계에서 빠져 나와 현실의 사람들, 좋든 나쁘든 간에 진실한 선량함과 악의를 함께 갖춘 사람들 속에 섞여 있다는 기분이 든다.

특히 선량함이란 그것이 공장 내에 존재할 때는 현실적인 무언가가 되지. 약간의 상냥한 행위, 그저 미소 짓는 일에서 손을 내밀어 도와주는 것까지도 말이야. 그것은 피로나 노상 머리를 짓누르는 급료 생각, 사람을 답답하게 하고 무릎 꿇게 만드는 모든 것을 이겨내야만 할 수 있는 일이기 때문이야.

마찬가지로 자기의 생존 조건들을 극복하기 위해서는 거의 기적적인 사고의 노력을 요한단다. 이곳은 어떤 생각에 대해서 또는 적어도 그런 시늉에 대해서 급료가 지불되는 대학 같은 곳이 아니기 때문이지. 여기서는 차라리 생각하지 않게 하기 위해서 급료를 지불하는 경향이 있는 것 같아. 따라서 이곳에서 미미한 지성의 흔적이라도 감지할 수 있다면, 그 지성은 가짜가 아니라고 확신할 수 있겠지.

이런 것들을 제외한다면 기계 자체는 내게 꽤나 큰 흥미거리이긴 하단다. 사실 내가 지금 공장에 있는 것은, 내 관심을 끄는 명확한 몇 가지 의문을 알아보기 위해서라는 사실을 덧붙이고 싶구나. 그것을 일일이 네게 열거할 수는 없지만 말이야.

이제 내 얘기는 충분히 했으니 네 얘기를 하자꾸나. 네 편지를 받고 나는 꽤 놀랐단다. 앞으로의 네 목적이 가능한 모든 감각을 경험하는 데 있다면, 아마도 그건 네 나이에 일시적으로 생각할 수 있는 아주 정상적인 일일 테지. 하지만 넌 그 목적을 이룰 수 없을 거야. 네가 현실 생활에 접근하고 싶다고 말하던 때가 훨씬 좋았던 것 같다. 그게 그거라고 생각할지도 모르지만, 사실은 정반대란다.

감정으로만, 감정을 위해서만 살았던 사람들도 있다. 앙드레 지드가 그 한 본보기라 할 수 있지. 그들은 삶에 속아 넘어간 사람들이며, 그것을 막연히 느끼기 때문에 항상 깊은 슬픔에 빠지고 만단다. 이 슬픔 속에서는 자기 자신에게까지 비참하게 거짓말을 해서 자신을 망각하는 도리밖에 없단다. 삶의 진실이란 감정이 아니라 활동, 즉 사고와 행동에 있어서의 활동력이기 때문이지.

감정으로 살아가는 사람들은, 유일한 인간이라고 할 수 있는 노동하고 창조하는 사람들에 비해서 물질적으로나 정신적으로 한갓 기생충에 지나지 않는다. 노동하고 창조하는 사람들은 감정을 찾지는 않지만 감정을 찾는 사람들보다 훨씬 강렬하고 심오하며, 덜 부자연스러운 감정을 받아들인다는 것을 덧붙여 두마.

또 감정의 추구는 일종의 에고이즘을 의미하며, 이것은 내게 전율을 느끼게 한다. 물론 감정의 추구가 사랑하는 것을 방해하진 않는다. 그렇지만 결국은 사랑하는 존재를 그저 쾌락이나 고통의 원인으로만 생각해서, 그 존재가 스스로 존재한다는 사실을 완전히 잊게 된단다. 이렇게 되면 환상 속에서 살게 되는 거야. 사는 게 아니라 꿈을 꾸는 거지.

사랑에 관해서는 네게 충고할 만한 말이 없구나. 그저 알려줄 뿐이지. 사랑은 중대한 그 무엇이며, 거기에는 자칫하면 자신의 삶과 타인의 삶을 영원히 속박할 위험이 도사리고 있단다. 아니, 매일 위험에 노출되어 있다고 해도 좋아. 물론 둘 중의 하나가 상대방을 즐기는 경우는 다르겠지만, 이 경우 흔히 사랑은 추악한 그 무엇이 된단다. 알겠니?

사랑의 본질이란, 한 존재가 또 다른 존재를 목숨 걸 정도로 필요하다고 느끼는 데 있단다. 상호적인가 아닌가, 영원불변인가 아닌가는 경우에 따라 다르지만 말이야. 문제는 이런 욕구를 어떻게 자유와 조화시키는가에 있단다. 사람들은 이 문제로 그 옛날부터 논란을 거듭해 왔지. 너무도 지겨운 생활에 다소 활력을 불어넣자는 생각 때문에 사랑을 구한다는 것은 위험하고 유치한 일이기 때문이야.

난 네게 단언할 수 있단다. 내가 네 나이였을 때는, 또한 그 후에라도 내게 사랑을 알고자 하는 유혹이 찾아들었을 때면 생각했었지. 내가 인생에서 무엇을 구하고 있는지, 인생에서 무엇을 기대하고 있는지를 분명히 알 만큼 성숙해지기 전에 내 인생을 어림할 수 없는 방향으로 끌어들이는 위험은 저지르지 않는 것이 좋겠다고 말이야. 물론 이것이 본보기는 아니란다. 인생은 제각기 그 고유의 법칙대로 흘러가니까. 하지만 넌 여기서 반성의 구실을 찾아낼 수 있겠지.

사랑이란 스스로의 존재를 맹목적으로 속박하는 것보다 더 두려운 위험을 내포하고 있다는 생각이 든다. 깊이 사랑받을 경우, 또 한 사람의 존재를 좌우하게 된다는 위험 말이야. 내 결론은, 사랑을 피해서 달아나라는 것이 아니라 사랑을 열망해서는 안 된다는 거야. 특히 젊었을 때는 말이야. 오히려 사랑을 만나지 않는 편이 훨씬 낫다고 난 생각해.

넌 너의 환경에 반항할 수 있을 거야. 넌 무한정한 책의 왕국을 갖고 있지. 물론 그것만으로 모든 것이 이루어질 수는 없겠지만, 보다 구체적인 삶을 준비하는 데는 대단한 도움이 된단다. 네가 학교 공부에 흥미로워하는 모습이 보고 싶구나. 넌 거기서 네가 생각하고 있는 것보다 훨씬 많이 배울 수 있어. 우선 공부를 해야 한다. 공부를 계속하지 않는 한, 어느 분야에서도 아무 힘이 되지 않는단다. 공부를 해서 너의 정신을 형성해야 한다.

그렇다고 기하학을 찬양하는 건 아니야. 물리학에 관해 공부하라고 내가 제안한 적이 있었던가? 정당하게 논증되어 있는 것과 그렇지 않은 것을 구분함으로써 너의 교과서나 강의록을 비판하는 일은 중요하단다. 그렇게 함으로써 넌 의외로 많은 거짓 논증을 발견하게 될 거야. 대단히 유익한 이 게임을 즐기고 있노라면 교과목은 절로 기억된단다.

역사나 지리 과목에 관해서 넌 너무나 도식적이며 그릇된 생각을 갖고 있더구나. 만일 역사와 지리를 잘만 공부한다면 넌 아주 뜻밖의 수확을 얻게 될 거야. 사회문제에 깊은 관심을 가진 모든 사람이 필요로 하는 것, 즉 시간과 공간 내에서 파악된 인간 사회에 대한 현실적 개념을 스스로 획득할 수 있는 견고한 기초를 얻게 될 테니까. 국어에 대해서는 말하지 않겠어. 난 네 문체가 나름대로 잘 다듬어져 있다고 확신하니까.

언젠가 네게 에콜 노르만(고등사범학교) 시험을 준비하겠다
는 결심을 들었을 때 나는 무척 기뻤단다. 날 괴로운 불안에서
해방시켜 주었거든. 그것이 네 스스로의 생각이었던 것 같아 지
금은 더 안타까운 마음이 드는구나.

넌 스스로를 몹시 괴롭히는 성격이로구나. 사실 넌 지금의
사회생활에 적응하기에는 너무 열정적이고 과격해. 넌 홀로 사
는 게 아니거든. 하지만 고통이란 그다지 중요한 것은 아니란다.
격렬한 기쁨도 경험할 테니까. 중요한 것은 자기의 뜻을 이루는
거야. 그러기 위해서는 자신을 단련시키지 않으면 안 되지.

네가 운동을 할 수 없다는 것이 퍽 유감이구나. 네게 필요
한 건 바로 그것인데. 더 열심히 부모님을 설득해 보도록 하렴.
부모님께서는 적어도 네가 즐거운 마음으로 산을 타는 것쯤은
반대하지 않으실 거야. 그리고 나를 위해 너의 산에게 대신 인사
해 주렴.

생기와 솜씨, 눈썰미가 없다는 것이 얼마나 사람을 무력하
게 만들고 굴욕감을 주는지, 난 공장에서 깨달았단다. 나는 불행
하게도 이런 것들을 스무 살 전에 얻지 못했고, 이제 이를 메울
수도 없구나. 그래서 네게 할 수 있는 한 너의 근육을, 손을, 눈

을 단련하라고 거듭 이야기하는 거야. 그렇게 단련하지 않으면 자신이 비정상적이고 불완전하다고 느껴지거든.

편지를 보내다오. 하지만 답장은 너무 기대하지 마. 난 편지를 쓰는 데 퍽 고된 노력이 필요하거든.

파리 15구, 르꾸르브가 228번지로 편지를 보내 줘. 공장 근처에 작은 방을 하나 빌렸단다.

봄을 즐기기를, 공기와 풍부한 햇살을 호흡하기를, 또 많은 책을 읽기를 ….

안녕히!

1935년 시몬 베유

¨보리스 수바리느에게 보내는 편지

친애하는 보리스

지금 저는 당신에게 무엇인가 써 보내고자 애쓰고 있습니다. 그렇게라도 하지 않으면, 이 새로운 경험의 첫인상에 대해 무엇인가 기록을 남기겠다는 용기를 도무지 낼 수 없을 것 같기 때문입니다.

그저 자그마하고 기분 좋은 공장일 줄 알았는데, 실제로 들어가 보니 꽤 큰 공장임을 알게 되었습니다. 그리고 다음으로는 무척이나 더러운 공장이라는 것도 알게 되었습니다. 이 더러운 공장 안에 유별나게 속이 메스꺼운 불쾌한 작업장이 있는데, 그곳이 제 작업장입니다. 당신을 안심시키기 위해 덧붙이자면, 오전 작업이 끝나면 저는 조용한 구석에 변경 배치됩니다. 다행스럽게도 다음 주는 꼬박 거기 있을 수 있게 되었습니다. 게다가 거기에서는 기계에 붙어 있지 않아도 된답니다.

어제도 하루 종일 같은 작업을 했습니다. 트레스 기계로 형틀을 찍어내는 작업인데, 오후 네 시까지 한 시간에 100개꼴로 만들어내야 합니다. 시간당 3프랑의 임금으로 일을 하면서 저는 이것이 얼마나 고된 노동인가를 절실히 느꼈습니다. 오후 네 시에 십장이 800개를 해놓지 않았으면 해고하겠노라고 선언하러 왔습니다. "당신이 800개를 해낼 수 있다면 나도 당신을 가만 둘 텐데 말이야."라고 말입니다. 우리는 죽을힘을 다해 일하고 있는데, 저쪽에서는 은혜를 베풀고 있다는 식입니다. 그러니까 미안하다고 말하지 않으면 안 됩니다.

최선을 다했지만, 어제도 전 겨우 600개를 찍어내는 것이 고작이었습니다. 하지만 오늘 아침에도 일을 빼앗기지는 않았습니다. 요즘은 여공이 부족하거든요. 작업 환경이 너무 나빠 취업자가 안정되지도 않고, 군비 때문에 긴급 주문에 쫓기고 있기 때문입니다.

저는 죽을힘을 다해 오늘 650개 이상을 해냈습니다. 여러 가지 다른 일거리가 주어졌습니다. 명령은 언제나 그랬듯 최선을 다하라는 것입니다. 매일 아홉 시간 동안 여공들은 죽어라 일합니다. 말 그대로 1분의 여유도 없습니다. 일을 바꾸거나 다른 공장을 찾아봐도 일에 쫓기는 것은 달라지지 않습니다.

일관 작업 현장의 한 여공은 과거 4년 동안 작업의 리듬이 '배'가 되었다고 제게 말했습니다. 그런데도 오늘 십장은 그 여공을 대신하여 자기가 일관 작업에 붙어 10분간 전속력으로 일하는 것을 보여 주고 있습니다. 더 빨리 많은 일을 할 수 있다는 것을 그녀에게 보이기 위해서입니다.

어제 저녁 퇴근 준비를 하면서 저는 무척 당혹스러웠습니다. 여공들 몇이 탈의실에서 이야길 나누고 있었는데, 십장의 행위에 대해서 아무런 분노도 느끼지 않았기 때문입니다. 그들에게는 그런 분노를 마음속에 감추고 있는 기색도 느껴지지 않았습니다. 저는 그저 그것이 놀라울 뿐입니다.

물론 그중 몇은 분노와 같은 감정을 제게 호소했습니다. 병이 났는데도 쉬지 못하는 여성들입니다. 아시겠지만, 트레스 기계의 발디딤 동작은 여성에게 매우 좋지 않습니다. 어떤 여공은 그 때문에 난관염을 앓아 다른 작업장으로 옮겨 달라고 간청했으나 들어주지 않았다고 합니다. 지금은 겨우 다른 곳으로 옮겨 일할 수 있게 되었지만요. 그러나 이미 건강은 완전히 망가져 버리고 말았답니다.

　또 일관 작업의 한 여성은 제게 충격적인 이야기를 했습니다. 몇 해만 지나면, 혹은 1년만 더 지나면 자신이 바보가 될지도 모르지만, 이제 괴로워하지 않게 되었다고 말입니다. 제게는 이것이야말로 타락의 최종 단계처럼 여겨졌습니다. 그녀는 자신이나 자기 동료들이 어떻게 이런 예속을 감수하게 되었는지 설명해 주었습니다. 5~6년 전에는 하루 70프랑의 임금을 받았다고 합니다. "70프랑이나 받을 수 있다면 죽을 때까지 일해도 좋을 텐데 말예요." 지금도 일부 여공들은, 꼭 필요한 것도 아닌데 일관 작업에서 시간당 4프랑과 수당을 받으며 기뻐하고 있습니다.

　고임금시대에 노동운동 혹은 그렇게 자칭하는 운동의 지도자 중에서 대체 어느 누가 "노동자 계급은 타락하고 부패하였다!"라고 말할 용기를 가졌을까요? 확실히 노동자들이 스스로 자신들의 운명을 초래했다고 할 수도 있습니다. 이를테면 '책임은 집단적이지만 괴로움은 개인적'이라는 풍조가 생긴 것입니다. 성한 마음을 가진 사람이 이런 구조 속에 빠져든다면 피눈물을 흘릴 것이 분명합니다.

　무언가 필연성에 의해 이런 괴로움에 복종하고 있는 것이 아닌 이상, 도망치고 싶다는 유혹을 제가 어떻게 뿌리칠 수 있는지 당신은 의아해 할 것입니다. 이에 대해 설명해 보려고 합니다. 정말로 더는 견딜 수 없다고 여겨질 때까지도, 저는 거의 도망치고 싶다는 유혹을 느끼지 않습니다. 이 괴로움은 제게 그저 아무래도 좋은 사소한 일로 여겨지기 때문입니다. 알고 싶고 이해하고 싶은 소망은, 별다른 노력 없이 그런 유혹을 이겨낼 수 있게 합니다.

그렇지만 그 지옥 같은 처참한 작업장에만 계속 있었다면, 저도 아마 도저히 감당치 못했을 겁니다. 지금 있는 곳에서는 마음 거리낄 것이 없고, 노동자들과 함께 있습니다. 예전 같았으면 같은 공장에서 조금 장소가 달라진 것만으로 이만한 차이가 날 수 있다는 사실을 결코 믿을 수 없었을 겁니다.

자, 오늘은 이것으로 충분합니다.

당신에게 이 편지를 썼다는 걸 후회할지도 모르겠습니다. 내 비참한 일들에 대해 얘기하지 않더라도 당신은 충분히 힘이 드실 텐데 말입니다.

그럼 이만 줄입니다.

1935년 시몬 베유

·· 알베르틴느 테브논에게 보내는 편지

친애하는 알베르틴느

제가 편지 드리지 못한 것을 당신은 잘못 해석하고 계신 것 같습니다. 당신은 제가 자신을 솔직히 표현하는 데 두려움이 앞선 것으로 여기시는 것 같은데, 그렇지는 않습니다. 전혀요. 단지 쓴다고 하는 노력이 무척 버거워졌을 뿐입니다. 당신의 두꺼운 편지를 읽고 저의 내부에서는 "제 마음속 깊은 곳에는 당신과 늘 함께 있어요!"라는 마음이 안타깝게 소용돌이 치고 있었습니다. 또 우정의 절개를 지키겠노라는 제 외침도 들을 수 있길 바랐고요.

당신은 현재에 살고 있습니다.

자기 앞에 놓여 있는 자신의 생애를 생각하며, 이를 무언가로 만들기 위해 의지와 노동으로써 어떤 방향을 잡고자 결의를 다진다는 게 대체 어떤 것인지, 아마도 당신은 마음에 그려 본 적도 없을 것입니다. 이런 사람에게 세상이 할 수 있는 가장 악한 짓은, 생명력을 분쇄하는 것입니다. 즉 노동 능력을 분쇄당해 겪는 갖가지 괴로움을 그에게 주는 것이지요.

저는 예의 그 두통 때문에 이렇게 살아 있으면서도 죽음이 어떤 느낌일지 너무도 잘 알고 있습니다. 자신 앞에 널려 있는 세월을 바라보고, 그 세월에 채울 것들을 천 배나 만 배나 가지고 있으면서도 몸이 약한 탓으로 그 시간을 공백으로 흘려보내는 것은 가슴이 미어지는 일입니다. 그 마음을 저는 너무나 잘 알고 있습니다.

제 일에 대해 좀 얘기하고 싶었지만, 벌써 그럴 시간이 없네요. 저는 요 수개월의 노예 상태를 퍽이나 괴롭게 보냈지만, 그런 시간들을 후회하고 있지는 않습니다. 오히려 이 시간들 덕에 저는 스스로를 시험해 볼 수 있었으며, 상상밖에 할 수 없었던 것을 이 손가락으로 느낄 수 있었습니다. 처음 공장에 들어가던 때와 저는 전혀 다른 사람이 되어 나왔답니다. 육체적으로는 지쳐 있으나 정신적으로는 견고해졌다고 할 수 있지요. 어떤 뜻으로 이런 말을 하는지 당신은 아시겠지요?

파리로 편지를 주세요. 저는 부르쥐로 임명되었습니다. 먼 곳입니다. 다시 만날 가능성은 거의 없게 되었어요.

당신께 키스를 보냅니다.

1935년 시몬 베유

¨모리스 쉬망에게 보내는 편지

친애하는 벗에게!

들리는 바에 의하면, 당신은 프랑스에서의 비합법적인 활동과 연락을 회복하는 일에 종사하고 계신다지요? 최고 수뇌부에서 작성되는 전략사의 계획이 어떤 성질이든, 그것과 프랑스에서의 비합법적 활동 사이에 협조를 회복하고 유지하는 것은 절대적으로 필요합니다. 정신적인 에너지라는 견지에서도 연락은 극히 중요합니다. 대등한 호응 관계의 결여는, 정신적인 태도에 유감스러운 반작용을 미치고 있습니다. 프랑스 국민의 태도가 승리의 본질적인 근원이 될 때가 오겠지요.

이 목적을 위해 가끔 프랑스에 사람을 보낼 필요가 있습니다. 물론 이미 행해지고 있는 일이지만, 보다 많은 일이 이루어지면 좋겠다고 생각합니다. 연락의 다른 수단이 아무리 잘된다고 해도 사람보다 나을 수는 없습니다.

이러한 사명에는 남성과 같이 여성을 보낼 수 있습니다. 오히려 여성 쪽이 나을지도 모릅니다. 그 여성이 결단력과 냉정함, 그리고 희생심을 충분히 갖고 있다면 말이지요.

분명히 말하지만, 저는 그 점에서 도움이 될 수 있다고 믿고 있습니다. 저는 모든 종류의 위험을 맡을 것입니다. 충분히 중요한 목표라면 그 어떤 죽음의 위험도 감수할 것입니다. 그것을 이 이상 강조할 필요는 없겠지요. 당신은 저를 충분히 아시지요? 제가 이렇게 말할 때는 오랫동안 숙고하고, 모든 점을 고려해서 냉정한 결심에 도달했다는 것을 알아주실 거라고 믿습니다. 기회가 주어진다면 저의 뚜렷한 결의를 느끼실 수 있을 거예요.

저는 몇 번이나 직접적인 생명의 위험에 직면했고, 스스로의 냉정함을 시험할 기회를 가졌습니다. 그리하여 제 자신이 충분히 냉정하다는 사실을 확인했습니다. 당신은 저를 이미 알고 계실 테니, 진심이 아니라면 제가 이런 말을 하지 않는다는 것을 알아주시겠지요.

사보타주 행위의 명령을 기꺼이 맡겠습니다. 저는 5월 14일에 프랑스를 떠났으므로 지하운동과의 접촉은 뜻하는 대로 가능할 것입니다. 일반 지령의 전달은 저에게 맡기셔도 괜찮을 거예요.

진심으로 부탁드립니다. 저를 런던으로 불러 주십시오. 여기서 상심한 나머지 죽을 지경에 이르도록 버려두지 마십시오. 저는 당신에게 동지로서 호소하는 것입니다.

1942년 7월 30일
뉴욕에서 시몬 베유

¨양친에게 보내는 편지 · 1

셰익스피어의 극에서는 어릿광대가 진실을 말하는 유일한 인물입니다.

어젯밤 〈리어왕〉을 보았을 때, 이 어릿광대들의 견딜 수 없을 만큼 비극적인 성격이 어째서 좀 더 사람들의 주목을 끌지 않았던가 하고 이상하게 생각되었습니다. 어떤 부류의 학자들 주장처럼, 그들의 비극성은 센티멘털한 점에 있는 것이 아닙니다.

그 세계에서는 거지의 단계보다 훨씬 낮고 가장 지독한 굴욕의 단계에 있는 존재, 즉 사회적인 존경은 고사하고 인간의 근본적인 품위, 이성조차 갖고 있지 않은 인간만이 실제로 진실을 말할 수가 있습니다. 그 밖의 사람은 모두 거짓말을 하고 있습니다.

『리어왕』에서는 그것이 눈에 띕니다. 켄트 백작과 코델리아조차 진상을 완화시키고 약화하여 숨기고 흐리게 합니다. 진상을 발표하든가, 딱 잘라 거짓말을 하든가 어느 쪽을 정하지 않는 한은 말입니다.

가장 심한 비극은, 어릿광대들이 교수의 칭호도 갖지 않고 주교의 모자도 쓰지 않기 때문에 진상을 말해도 전혀 귀를 기울여 주지 않는다는 사실입니다. 아무도 그들 말의 의미에 주의를 기울이라는 지시를 받지 않습니다. 어릿광대의 말이라고, 누구나 처음부터 그 반대로 믿는 것입니다.

400년 동안 셰익스피어 독자와 구경꾼들 중 누구 하나 어릿광대들이 진실을 말하고 있다는 사실을 아는 사람은 없습니다. 풍자적이거나 유머러스한 진실이 아니라, 진실 바로 그 자체인데도 말입니다. 순수한, 다듬지 않은, 명백한, 깊은, 본질적인 진실인데도… 이 점에 베라스케스의 어릿광대들의 비밀도 있는 것일까요? 그들 눈의 슬픔은 진실을 갖고도 진실을 이야기할 수 없으며, 베라스케스를 제외하고는 누구도 들어주지 않는다는 불쾌감에 있는 것일까요? 이런 의문을 갖고 새삼 그들을 고찰해 보는 것은 그만한 가치가 있습니다.

가장 사랑하는 M(모친의 애칭)!

어머니는 저와 이런 어릿광대와의 친근성, 본질적인 유사를 느끼십니까? 학교 교육을 받고 교수 자격시험에 패스한 저의 '지성'이 칭찬받고 있음에도 불구하고 말입니다.

이것이 '나는 무엇을 줄 수 있는가'라는 질문에 한 걸음 나아간 대답입니다.

1943년 런던에서

¨양친에게 보내는 편지 · 2

오늘날의 엘리트는 가장 빈곤한 대중 속에 정신적인 가난의 덕을 일깨우지 않으면 안 됩니다. 그러기 위해서는 이 엘리트 속에 속하는 사람들에게 정신적인 가난뿐 아니라 현실적인 가난이 필요합니다. 그들이 직접 몸과 마음으로 빈곤의 고통과 굴욕을 참고 견디지 않으면 안 됩니다.

새로운 프란시스코회를 필요로 하는 것은 아닙니다. 수도복과 수도원은 고립을 의미합니다. 새로운 엘리트는 대중 속에서 살며, 아무것도 개입시키지 않고 대중에게 접촉해야 합니다. 빈곤보다 더욱 견디기 어려운 것이지만, 엘리트는 어떤 보상도 원해서는 안 됩니다. 엘리트는 자기를 둘러싼 대중과의 관계 속에서, 귀화한 사람이 자기를 받아들여 준 나라의 시민에게 갖는 것과 같은 겸허함을 지녀야 합니다.

이 전쟁이 종교적인 극劇이 되리라는 것을 이해하고 있다면, 어느 국민이 능동적인 희생이 되고 어느 국민이 수동적인 희생이 될지는 몇 해 전부터 예견되었겠지요. 종교에 의해 살지 않았던 국민은 수동적 희생 외의 어떤 것일 수도 없습니다. 그것은 거의 유럽 전체에 해당되는 일입니다.

그러나 독일은 우상숭배에 의해 살고 있습니다. 러시아는 또 다른 우상숭배에 의해 살고 있고요. 이 우상숭배 밑에는 부정당한 과거의 잔재가 어느 정도 꼬리를 잇고 있을지도 모릅니다.

영국도 우리 시대의 질병에 걸려 있다고들 합니다. 그래도 이 나라의 역사에는 지속성이, 전통에는 큰 생명력이 남아 있어 몇 개의 뿌리가 신비주의의 빛에 잠긴 과거에서 아직도 수분을 빨아올리고 있습니다.

영국이 독일에게 단독으로 맞서던 때가 있었습니다. 마치 양손에 권총을 휘두르고 있는 무법자에게 맨손으로 상대하고 있는 아이와 같은 상태로 말입니다. 그러한 상황에서 아이는 별 도리가 없습니다. 그러나 아이가 무법자의 눈을 차갑게 노려보면, 무법자는 분명 잠시 동안 손을 멈출 것입니다.

그렇습니다. 독일은 이 주저를 숨기고 부재 증명을 만들기 위해 러시아를 공격하고, 거기서 에너지의 많은 부분을 소모했습니다. 러시아 병사가 쏟은 피의 흐름은 앞서 일어난 일을 거의 잊게 했습니다. 그러나 영국이 조용히 숨을 죽이고 있던 저 한때는, 그 이상으로 언제까지고 기억에 남을 가치가 있습니다.

영불해협에서 독일군이 정지한 것은, 이 전쟁에 초자연적인 것이 관여하고 있었음을 보여 주고 있습니다. 언제나처럼 그것은 소극적인 눈에는 띄지 않을 만큼 작은 관여입니다. 바다는 멀리까지 이어져 있지만, 무언가가 그것을 저지하고 있습니다. 고대인은 신이 한계를 마련한다는 것을 알고 있었습니다.

프랑스의 벽이라는 벽이 모조리 '우리 편이 강하니까 우리는 이긴다!'라는 글로 덮였던 때가 있었습니다. 그것은 이 전쟁의 가장 어리석은 말이었습니다. 결정적인 순간에 우리의 힘은 거의 제로에 가까웠습니다. 적의 힘은 저지되었습니다. 신성하지 못한 힘은 한계에 지배당할 때가 있기 때문입니다.

전쟁은 다른 대륙에도 번졌습니다. 일본에 혼을 불어넣고 있는 우상숭배는 아마 다른 어떤 국민의 우상숭배보다도 야만적일 겁니다.

미국에서는 민주적인 확신이 아직 생생합니다. 이에 반해,

전쟁 전의 프랑스에서는 민주적인 확신은 거의 사라졌습니다. 뮌헨 회담 전에도 그랬습니다. 미국에게 전쟁은 아직 오래되지도 않았고, 먼 거리로 인한 완화도 있습니다. 그러나 전쟁으로 동요되고 전쟁이 계속되는 한, 미국에서도 반드시 심각한 변화가 일어나겠지요.

유럽은 여전히 극의 중심입니다. 그리스도가 지상에 던진 불, 아마도 프로메테우스의 불과 같은 불이 영국에서는 아직 꺼지지 않고 빨갛게 타는 숯이 되어 남아 있습니다. 최악의 일을 방지하기에는 그것으로 충분합니다. 이 숯이나 불꽃에서 유럽에 불을 붙일 수 있는 불길이 타오르지 않는다면 우리는 이길 수 없을 거예요.

만약 '미국의 돈'과 '공자의 힘'만으로 해방된다고 하면, 우리는 지금 인내하고 있는 노예 상태와 같은 의미의 다른 노예 상태에 빠집니다.

유럽은 다른 대륙이나 화성에서 온 군세軍勢에 굴복된 것이 아니라는 사실을 잊어서는 안 됩니다. 그런 군세는 쫓아 버리면 될 것입니다. 그러나 유럽은 내적인 병에 걸렸습니다. 그것을 치료할 필요가 있습니다.

유럽은 스스로 해방되는 경우에만 살 수 있습니다. 다행히

유럽은 승리자의 예배에 대항하기 위하여 우상숭배로 도피할 수는 없습니다. 굴종 당한 국민은 우상을 만드는 자가 되지는 않기 때문입니다.

만약 이 비참한 대륙에 신앙이 뻗어 온다면 승리는 빠르고 확실하게 영속되겠지요. 그것은 전략의 영역에서도 중요합니다. 우리들의 연락선은 바다 저쪽에 뻗어 있습니다. 이에 반해 적의 연락선은 제압된 여러 국민 속을 지나고 있습니다. 그러므로 잠수함을 지켜야 합니다. 참된 신앙의 불이 그 전역에 퍼진다면 적의 연락선은 단절될 거예요.

그러나 최신 폭격기에 대한 설명도, 생산의 통계도, 의료나 식료품의 전망도 새로운 신앙의 대두를 준비할 수는 없습니다. 불행한 사람에게는, 신앙으로 향하는 단 하나의 길이 있을 뿐입니다.

그것은 마음의 가난함입니다. 그러나 이 진실은 숨겨져 있습니다. 마음의 가난함은 얼핏 굴종의 감수와 비슷하기 때문입니다. 이 둘은 아주 작은 차별을 빼고는 동일하지만, 영원히 변하지 않으며 다른 모든 것보다 우월합니다.

불행만으로는 마음의 가난함을 배울 수 없습니다. 불행은 그저 마음의 가난함을 배우는 거의 유일한 기회일 뿐입니다. 불행은 행복만큼 일시적이지는 않지만, 역시 지나가 버립니다. 따라서 우리는 서둘러야만 합니다.

우리는 눈앞의 기회를 이용할 수 있을까요? 이 문제는 전략사의 계획보다 분명 군사적으로 더욱 중요합니다. 통계나 배분 계획보다 경제적으로 더욱 중요합니다. 우리에게 배울 수 있는 능력이 있다면, 히틀러는 '진실로 현실적인 정책은 무엇보다도 사상을 고려하는 것'이라는 사실을 가르쳤습니다. 히틀러는 악을 위해 헌신하고 있습니다. 그의 재료인 반죽가루는 대중입니다. 우리는 선을 위해 헌신해야 합니다. 우리들의 재료는 효모입니다. 방법은 결과에 따라 구별되어야 합니다.

시몬 베유

SIMONE WEIL

2부

시몬 베유의 이상과 작품

Ⅰ. 중력과 은총

나란히 독방에 갇힌 채
벽을 두드려 의사를 전달하는 두 죄수.
이 벽은 두 죄수를 격리시키고 있지만,
또한 그들에게 의사 전달을 가능케 한다.
우리들과 신 사이도 마찬가지다.
어떠한 분리도 결합이 된다.

¨무엇인가를 바라지 않는 소망

깨끗해진다는 것은 선과 욕심이 분리되는 것이다.

* * *

사람에게 애원하는 것은, 자신의 가치 체계를 타인의 정신에 강요하려는 절망적인 시도이다. 이와는 반대로 신에게 애원하는 것은, 신적인 가치를 자기의 영혼 속에 받아들이려는 시도이다. 이것은 집착하고 있는 가치를 필사적으로 생각하는 것과는 전혀 달라서, 자기 내부에 진공眞空을 갖고 이를 견뎌내는 것이다.

자기 자신의 내부를 들여다보면, 자기가 바라고 있는 것을 그대로 소유하고 있음을 알게 된다.

　이제는 죽고 없는 어떤 사람을 그리워할 때, 그것은 정해진 특정한 사람을 그리워하는 것이다. 따라서 그는 어쨌든 죽기 마련인 인간이어야 한다. 그 사람은 이러저러했다며 그리워하지만, 그것은 어느 날 어느 시간에 죽은 사람인 것이다. 죽은 자로서 그 사람을 소유하는 것이다.

　사람이 돈을 갖고 싶어 하는 것은 제도로써의 화폐를 갖고 싶어 하는 것이다. 즉 그것은 어떤 범위 내에서만 갖고 싶어 한다는 뜻이다. 그러므로 그 범위 내에서 그것을 소유하게 된다.

　괴로움이나 진공眞空도 이렇게 보면 욕망 대상의 존재 방식이다. 비현실성의 베일을 벗겨 버리면, 대상은 그 존재 방식으로써 우리들에게 주어져 있음을 알게 된다.

　이것을 알면, 아직 괴로워하고 있더라도 행복하다.

오랜 만에 만난 친구와 악수를 나눈다. 이 악수가 기쁨이었는지 아니면 고통이었는지 나는 마음에 두지 않는다. 장님이 지팡이 끝으로 대상을 알아차리듯 나도 친구가 그곳에 있다는 것을 알아차린다.

어떤 일이든 인생의 여러 가지 일들에 대해서도, 똑같은 말을 할 수 있다. 신에 대해서도 그렇다.

이 말에는 고통에서 위안을 구해서는 안 된다는 의미가 내포되어 있다. 모든 참된 행복은 위안이나 고통의 영역을 초월한 곳에 있다.

지팡이 끝이나 연장 끝으로 대상을 알아차리는 것이 고유한 의미의 촉각과는 다른 것처럼, 참된 행복도 별도의 감각에 의해서 알아차릴 수 있다. 그 별도의 감각은 전신전령을 다 바친 훈련의 결과로, 주의력이 변화함으로써 형성되는 것이다.

누구를 잃었다 하자. 죽은 사람, 없어진 사람이 실체가 없는 가공의 존재가 된 것은 괴롭고 슬프다. 그러나 그 사람을 그리워하는 심정은 가공이 아니다. 자기 자신의 내부를 들여다볼 것. 그곳에는 가공이 아닌 그리움이 깃들어 있다.

굶주렸을 때, 사람들은 갖가지 음식을 상상해 보지만 굶주림 그 자체는 현실로 존재한다. 이러한 굶주림을 파악할 것.

죽은 사람이 현존한다는 것은 상상에 불과하지만, 죽은 사람의 부재는 현실이다. 그 사람은, 죽은 후에는 부재라는 모습으로 나타나는 것이다.

성 베드로의 부인否認. 그리스도에게 "다 버릴지라도 나는 영원히 버리지 않겠나이다!"라고 한 말은 이미 그리스도를 부인한 것이다. 왜냐하면 충실함을 지키는 근거가 자기 안에 있다고 생각하고, 그것을 은총에서 구하지 않았기 때문이다. 다행히도 베드로는 선택된 사람이었기에 그 부정은 모든 사람에게, 그리고 스스로에게도 명백하게 제시되었다. 그 외에도 얼마나 많은 사람들이 베드로처럼 큰소리를 쳤던가. 그러면서도 마지막까지 이를 깨닫지 못하고 있다.

그리스도에게 충실하기는 어려운 일이었다. 그것은 진공에 대한 충실함이었다. 죽을 때까지 나폴레옹에게 충실하기가 훨씬 쉬운 일이다. 후세의 순교자들이 충실했던 것도 훨씬 쉬운 일이었다. 왜냐하면 이미 교회가 있었기 때문이다. 이 세상에서 이루어질 수 있는, 갖가지 약속할 수 있는 하나의 힘이 있었기 때문이다. 사람은 힘이 있는 자를 위해서는 죽지만, 힘없는 자를 위해서는 죽지 않는다. 가끔 일시적으로 힘이 없는 것처럼 보이더라도 아직 힘의 빛을 잃지 않고 있는 자를 위해서 죽는 수도 있다. 나폴레옹에 대한 세인트헬레나의 충실함은 진공眞空에 대한 충실함은 아니었다. 힘이 있는 자를 위해서 죽을 때는 고통이 없다. 동시에 보람된 죽음도 결코 될 수 없다.

나我

이 세상에서는 아무것도 소유하지 못한다. 우연히 모든 것을 빼앗아 가는 일도 있으므로. 다만, '나'라고 말할 수 있는 힘을 제외하고는 말이다. 이 힘이야말로 신에게 바쳐야 한다. 즉, 이 힘을 파괴해야 한다. 우리들에게 허락되어 있는 자유로운 행위는 하나도 없다. 다만 이 '나'를 파괴하는 것을 제외하고는.

* * *

제물祭物. '나' 이외에는 아무것도 바칠 것이 없다. 그리고 세상에서 제물이라고 일컬어지는 것은 모두 '나'라는 대용품에 붙여진 상표에 지나지 않는다.

이 세상에 '나'라고 말할 수 있는 힘을 우리들로부터 빼앗아 갈 수 있는 힘은 없다. 극단의 불행을 제외한 그 어떤 것도.

외부로부터 '나'를 파괴하려고 하는 극단의 불행보다 더 처리하기 힘든 것은 없다. 이때는 이미 자기 자신이 '나'를 파괴할 수 없기 때문이다. 불행 때문에 외부로부터 '나'를 파괴당한 사람들에게 어떤 일이 일어날까? 무신론적인, 또는 유물론적인 견지에서 본 완전한 소멸 외에 생각나는 것이 없다.

그런 사람들에게는, '나'를 상실했다고 하여 에고이즘이 없어졌다는 뜻은 아니다. 오히려 그 반대이다. 물론 개처럼 헌신적인 행위를 한 경우에는 때로 에고이즘도 없어질 것이다. 그러나 그런 경우를 제외하고, 사람들은 식물의 생장과도 흡사한 순전한 에고이즘에 빠지게 된다.

조금이라도 '나'를 파괴하는 과정에 들어서면, 어떠한 불행에 의해서도 고통 받지 않게 된다. 외부로부터의 압력으로 '나'를 파괴하려 하면, 언제든 반드시 거대한 반항이 생기게 된다. 신에 대한 사랑 때문에 이러한 반항에 휩쓸리는 것을 단념할 때 '나'의 파괴는 외부로부터가 아니라 내부로부터 이루어진다.

극단적인 불행이, 완전에 이른 이 영혼 안에 발생시키는 신의 부재란 어떤 것일까. 이와 관련하여 속죄의 고통이라고 불리는 가치는 무엇일까.

　　속죄의 고통은 불행을 통해 악이 아마도 가능한 한 완전한 모습으로 그 존재를 현실에 드러나도록 하는 것이다.

　　속죄의 고통을 통해서 신은 악의 극한 속에서도 존재한다. 신의 부재는 악에 상응하는 형태로 존재한다. 그것이 신의 존재 방식이기 때문이다. 오로지 자기 안에 신이 없는 사람만이 신의 부재를 감지할 수 없다.

　　이것이야말로 순수한 악, 완전한 악, 심연의 악이다. 이에 비하면 지옥은 모조품의 심연일 뿐이다. 지옥은 외관상의 것에 지나지 않는다. 지옥은 존재하는 것처럼 회자되고, 정말로 존재하는 듯한 착각을 주긴 하지만, 무無에 불과하다. '나'를 단지 외부로부터만 소멸시킬 수 있다는 것은 생지옥이라 할 만한 고통이다. 외부로부터의 파괴에 영혼이 사랑으로서 관여한다면, 그것은 속죄의 고통이 된다. 사랑에 의해서 완전히 자기 자신을 탈각脫却해 버린 영혼 안에 신의 부재가 생긴다면, 그것은 속죄의 고통이 된다.

불행할 때에는, 온갖 집착을 박탈당하더라도 생의 본능은 그대로 살아 있어서 식물이 덩굴을 감듯이 자기의 지주가 될 만한 것이면 무엇이든 맹목적으로 매달린다. 이런 상태에서는 도저히 감사하는 마음이나 공정함을 간직할 수 없다. 저급한 것은 별도로 하더라도 말이다.

예속 상태. 인간은 자유 의지의 지주인 에너지가 보충되어야만 비로소 여유를 갖고 판단도 할 수 있는데, 이미 이러한 에너지는 있지도 않다. 이런 면에서 보면, 불행은 노출당한 생이 항상 그렇듯이 반 토막 난 수족의 절단면이라든가 벌레들이 우글거리고 있는 모양처럼 추악하다.

일그러진 생. 여기서는 목숨을 유지하는 것만이 유일한 집착이 된다. 다시 말해서, 생의 집념이 다른 모든 집착을 압도할 때 극단적인 불행은 시작된다. 여기서는 집착이 노골적으로 드러난다. 자기 자신 속에는 아무런 대상도 없다. 지옥이다.

이런 이유로 불행한 사람들은, 살아 있는 것이 죽는 것보다 더 못할 때조차도 산다는 것이 무엇보다 즐거운 일처럼 생각하게 된다. 이런 상황에서 죽음을 받아들인다는 것은 완전히 집착을 버리는 것이다.

이 세상의 생지옥. 불행 속에서 완전히 뿌리 뽑히고 있는 것.

불행한 인간은 일반적으로 순교자가 되기보다는 살아 있는 채로 지옥의 괴로움을 당하는 편이 낫다고 생각한다. 그러나 생지옥에 떨어진 사람들은 도둑에게 옷을 전부 빼앗기고 상처 받은 사람과 같다. 그들은 인격이라는 옷을 잃어버린 것이다.

아무리 심한 괴로움이라도 아직 얼마쯤 뿌리를 남겨 두기만 한다면 그런 생지옥과는 거리가 멀어진다.

이렇게 뿌리 뽑힌 사람들을 위해 우리가 할 수 있는 일은 그 사람들의 불행을 아주 조금 함께하는 것이다. 비록 그 보답이 사악한 보복이나 망은, 배신인 경우도 있지만 말이다. 사람은 스스로 불행해질 권리가 있듯이, 한정된 범위 내에서이긴 하지만 타인의 불행도 함께 겪을 의무가 있다. 만약 타인의 불행을 함께 겪게 된다면 자신의 불행을 견딜 때처럼 이를 견뎌내야 하며, 정해진 몇 사람에게만 미루어서는 안 된다. 그것은 누구에게도 미룰 수 있는 일이 아니다. 생지옥이라 할 수 있는 불행 속에는 완전한 상태와 마찬가지로 개개의 인간을 떠난 무엇이 있다.

'나'가 죽어 버린 사람들에 대해서는 어쩔 도리가 없다. 정말 아무 도리도 없다. 그러나 진정 '나'가 완전히 죽어 버렸는지, 아니면 그저 움직이지 않게 되었을 뿐인지는 쉽게 가려낼 수가 없다. '나'가 완전히 죽지 않았다면 주사를 놓듯이 사랑을 기울여서 되살릴 수 있다. 다만 그것은 정말로 순수한 사랑이어야 하며, 조금이라도 동정심이 섞여 있어서는 안 된다. 아주 조금이라도 경멸이 엿보이면 곧 상대방을 죽음에 몰아넣게 된다.

'나'가 외부로부터 상처받았을 때, 처음에는 난폭한 동물처럼 한도를 넘은 과격한 반항을 한다. 그러나 '나'가 반쯤 죽으면, 빨리 죽여 달라는 심정이 되고 실신 상태에 빠져든다. 이때 문득 사랑의 손길이 닿아 눈을 뜨게 되면 그 고통은 심해지고 분노가 끓어오른다. 때로는 이런 고통을 일으킨 원인이 된 사람에게 증오심마저 갖게 된다. 실의에 빠진 사람들이 은혜를 베풀어 준 사람에게 복수심을 품는, 얼핏 봤을 때 이해하기 힘든 반응을 보이는 것은 이런 이유에서이다. 간혹 은혜를 베푸는 사람의 사랑이 순수하지 못한 경우도 있다. 이런 경우, 사랑에 의해 눈을 뜬 '나'는 곧 경멸에 의해 새로운 상처를 입고, 가장 격렬하며 당연한 증오심에 휩싸이게 된다.

‘나’가 완전히 죽어 버린 사람의 경우에는 다른 사람이 사랑을 표시해도 조금도 거북하지가 않다. 먹을 것을 받고, 따뜻한 잠자리를 받고, 보살핌을 받는 개나 고양이와 마찬가지로 해주는 대로 가만히 있고, 가능한 한 좀 더 보살펴 주기를 열렬히 갈구한다. 경우에 따라서는 개처럼 응석을 부리기도 하고, 고양이처럼 아주 태연하게 자기를 내맡기기도 한다. 자기 일을 걱정해 주는 사람이라면 누구에게서든 그의 에너지를 전부 흡수하며, 그것을 조금도 비굴하다고 생각하지 않는다.

불행하게도 어떠한 자선사업이든 대체로 몰염치한 패들, 특히 ‘나’가 죽어 버린 사람들을 상대로 해야 하는 경우가 많다.

불행에 빠진 사람의 성격이 약하면 약할수록 그 사람의 '나'가 죽는 것도 빠르다. 좀 더 정확하게 말하면, 성격이 단련되어 있는지 아닌지에 의해 불행의 경계가 정해지며, '나'를 파괴시키는 불행의 위치가 멀어지거나 가까워진다. 그 위치가 멀면 멀수록 성격이 강하다고 할 수 있다.

이처럼 경계의 위치에 원근의 차이가 생기는 것은, 아마도 수학적 재능과 마찬가지로 천성에 의한 것일 게다. 그러므로 특히 이렇다 할 신앙도 없으면서 인생의 난국을 맞아 '기력'을 일지 않았다고 자랑하는 사람은, 선천적으로 수학적 재능이 있다고 자랑하는 청년과 같아서 어쩔 도리가 없다.

신을 믿는 자는 더욱 심한 착각에 빠질 위험이 있다. 예컨대, 원래 기계적 자연 작용에 지나지 않는 일을 은총에 의한 것이라고 믿어 버리는 것이다.

극한적인 불행에 기인한 고통은 '나'가 외부로부터 파괴당하는 일이다.

난폭한 죽음이 덤벼들며 '나'를 외부로부터 죽이려고 엿보고 있을 때, 무릎 꿇고 비굴하게 애원하는 것은 당연한 일이다.

* * *

내 안에 있는 죄가 '나'라고 말하게 한다.

나는 모든 것이다. 그러나 그렇게 말하는 '나'는 신이다. 그것은 일개의 '나'가 아니다.

악이 구분을 만든다. 신이 모든 사물과 동등해지는 것을 방해하는 것이다.

내가 '나'라는 것은 나의 비참함 때문이다. 어떤 의미로는 신이 '나'라는, 즉 일개의 인격이라는 것은 우주의 비참함 때문이다.

바리세인은 자기 힘에만 의존해서 덕 높고 훌륭한 인간이 되려고 한 사람들이다.

겸손은, '나'라고 불리는 것 속에는 자기를 높여 주는 에너지의 원천이 전혀 없다는 것을 아는 일이다.

내 안에 있는 귀중한 것은 모두 하나의 예외도 없이 나 자신과는 다른 곳에서 온 것이다. 그것도 선물이 아니라 끊임없이 연장을 해야만 하는 빌린 것으로써.

내 속에 있는 모든 것은 예외 없이 전혀 가치가 없다.

* * *

완전한 기쁨이라면 기쁘다는 감정조차도 필요하지 않다. 이는 대상으로 가득 채워진 영혼 안에는 새삼스레 '나'라고 말할 여지가 없기 때문이다.

이러한 기쁨이 없는 사람은 '나'라고 말하는 것을 상상조차할 수 없다. 말하려고 해도 자극이 없는 것이다.

¨ 사라져 버리는 것

신이 나에게 존재를 준 것은 나 스스로 신에게 나를 되돌리도록 하기 위함이다. 옛날이야기나 비전비수祕傳祕受 이야기에 자주 등장하는 시험들처럼 말이다. 이 선물을 받으면, 그것은 해롭고 생명에 관계되는 것이 된다. 이 선물을 거절함으로써 이 선물의 고마움이 밝혀진다.

신은 내가 신 밖에 존재하도록 용서한다. 이 용서를 거절하는 것이 나의 임무이다. 겸손은 신 밖에서 존재하기를 거절하는 일이다. 이는 온갖 덕 가운데 최고이다.

'나'는 신의 빛을 가로막는 죄와 잘못의 그림자에 지나지 않는데도, 나는 이 그림자를 하나의 존재인 것처럼 생각한다. 설령 신처럼 될 수 있다 하더라도, 신에 복종하는 흙덩어리인 편이 훨씬 더 나을 것이다.

* * *

나는 이 창조된 세계를 다시는 느끼지 못하게 되기를 바라는 것이 아니다. 그저 지금 느끼고 있는 것처럼 느끼지 않게 되기를 바란다. 너무나 높은 그 비밀을 나에게 알려줄 수가 없다.

나는 사라져 버리고 싶다. 조물주와 피조물이 서로 비밀을 털어놓고 마주할 수 있도록. 나는 이미 존재함으로써, 호흡을 하고 심장을 고동치게 함으로써 이 넓은 하늘과 대지의 침묵을 더럽히고 있는 것이다.

'신은 어쨌든 나를 사랑하기 마련'이라는 이유를 나는 이해할 수가 없다. 사람들 사이에서도 그들이 내게 베풀어 주는 애정이 어쩌면 착각이 아닐까 하는 느낌이 무척 뚜렷하기 때문이다. 그러나 지금 내가 있는 지점에서만 볼 수 있는 창조의 풍경을 신도 꼭 보고 싶어 한다는 것은 쉽게 상상할 수 있다. 그런데 바로 내가 방해하고 있는 것이다. 나는 신이 이 풍경을 볼 수 있도록 물러서야만 한다.

신의 사랑을 받고 있는 사람들과 신이 접촉할 수 있도록 물러서야 한다. 우연히라도 내가 거기 있다는 것은 조심성이 없는 것이다. 마치 서로 사랑하는 연인이나 절친한 두 친구 사이에 끼어든 것과 같다.

내가 사라져 버리기만 한다면, 신과 지금 내가 밟고 있는 대지나 지금 내 귀에 파도 소리를 내고 있는 바다 등은 완전한 사랑으로 이어질 것이다.

내 안에 있는 에너지나 타고난 재능이 도대체 어느 정도로 소중한가. 그런 것에는 아주 넌더리가 나기에 나는 사라져 버리는 것이다.

¨필연과 복종

어떤 경우에 유혹에 대한 투쟁이 선과 관련된 에너지를 소모시키는 것일까? 또한 어떤 경우에 이 에너지가 질적으로 높은 단계에 올라서는 것일까?

이것은 의지와 주의력의 역할이 각기 어떤 중요성을 갖는ㅈ가에 달려 있다.

사랑에 의한 압박조차도 견딜 수 있는 사람이 되어야 한다.

그 일이 가능하다는 사실 때문에 어떤 일이 필연이 되는 경우가 가끔 있다. 배고플 때 먹는다든가, 물이 바로 옆에 있으면 갈증으로 죽어 가는 부상자에게 먹여 주는 것 등이 그런 경우이다. 강도이든 성인이든 그렇게 하지 않을 수 없는 것이다.

이런 예를 본보기로, 얼핏 보기에는 그다지 분명하지 않더라도 가능이 필연을 포함하고 있는 경우를 우리는 제대로 간파해야 한다. 그런 경우에만 행동하고, 그 밖의 경우에는 행동하지 말 것.

* * *

사람은 자기가 자진해서 신을 사랑한다고 약속하는 것이 아니다. 자기가 모르는 사이에 자기 내부에서 맺어진 약속에 동의하는 것이다.

행동의 결과에 사로잡히지 말 것. 이 숙명적인 굴레에서 벗어나 있을 것. 어떻게 해야 할까?

목표를 위해서가 아니라, 필연에 의해서 행동할 것. 그 밖의 일은 할 수 없다. 그것은 행동이 아니라 일종의 수동성이다. 능동적으로 행동하지 않는 행동이다. 노예는 어떤 의미에서 적합한 예이다. 물질도 역시 그렇다.

행동의 동기를 자기 외부로 옮겨 놓을 것. 절박하게 만들 것. 완전히 순수한 동기, 또는 완전히 비열한 동기는 외부에 있다.

* * *

일반적으로 신을 위해서라는 말은 옳지 않은 표현이다. 신은 여격에 놓여서는 안 된다.

신을 위해서 이웃에게로 갈 것이 아니라, 신에게 쫓겨서 이웃에게로 갈 것. 사수가 쏘아야 화살이 표적을 향해 날아가듯이.

어떤 행위든 그 목표의 측면이 아니라, 이동의 측면에서 바라볼 것. 어떤 목적인가가 아니라, 어디에서 나왔는가 하는 것을.

'내가 헐벗었을 때 입을 것을 주었고…'와 같은 자선은, 그렇게 행동한 사람들이 그때 어떤 상황에 있었는가 하는 표시에 불과하다. 그 사람들은 굶주린 사람에게 먹을 것을 주고, 헐벗은 사람에게 옷을 입혀 주지 않을 수 없는 상황에 있었다. 그리스도를 위해서 그렇게 한 것은 결코 아니다. 그리스도처럼 타인의 괴로움을 함께하려는 연민이 마음속에 있었기에 그렇게 할 수밖에 없었던 것이다. 성 니콜라우스가 성 카시아누스와 함께 신을 만나기 위해 러시아의 대초원을 횡단할 때, 진창 속에 처박힌 농부의 마차를 끌어내는 것을 도와주지 않을 수 없어서 결국 약속시간에 늦어진 것처럼.

이렇게 스스로는 별로 그럴 생각도 없이 반쯤은 부끄러워하면서 어색하게 이루어진 선이야말로 순수한 것이다. 절대적인 의미에서 순수한 선은 의지와는 전혀 관계가 없다. 선은 초월적이다. 신이야말로 '선'이다.

완전한 복종 상태에 이른 피조물은 각기 이 세상에서 신의 현존과 앎, 행위의 독자적이고 유일하며 대결할 수 없는 존재 방식을 나타낸다.

* * *

필연. 사물과 사물의 여러 가지 관계. 다음에는 자기 자신, 더 나아가서는 자기가 마음에 품고 있는 갖가지 목적조차도 이 관계의 한 요소로 포함시키면서 보고 확인할 것. 행동은 그 결과로써 저절로 나타난다.

* * *

복종은 최고의 덕이다. 필연을 사랑할 것. 우주의 필연은 압박, 압력, 필연의 괴로움 같은 것에서 우리를 해방시킨다.

외부로부터 대가 없이 불시에, 하늘의 은혜처럼 구하지 않았는데도 찾아오는 것, 그것만이 순수한 기쁨이다.

마찬가지로 진정한 선은 오로지 외부로부터 오는 것이며, 우리들의 노력에 의해 이루어지는 것이 절대 아니다. 우리들은 어떤 경우에도 자기보다 더 나은 것을 만들어낼 수 없다. 그러므로 실제로 선을 위해 노력을 다 기울인다 할지라도 그 결실을 기대할 수는 없다.

오래고 헛된 긴장 끝에 드디어 절망에 빠지고, 더 이상 아무것도 기대할 수 없게 되었을 때, 외부로부터 이상스럽다고 할 수도 있고 놀랍다고 할 수도 있는 선물이 주어진다.

이러한 노력에 의해 우리들 속에 있던 가짜 충실이 일부 무너져 버린다. 가짜 충실보다도 더욱 충실한, 신적인 공허가 우리들 속에 자리 잡는 것이다.

복종에는 두 가지가 있다. 중력에 복종할 수도 있고, 사물과 사물의 관계에 복종할 수도 있다. 앞의 경우는 진공眞空을 채우는 것으로서의 상상력에 따라서 행동한다. 이 경우에는 선이라든가 신이라든가 하는 온갖 상표를, 그것도 자칫하면 아주 진짜처럼 붙일 수가 있다.

진공을 채우는 것으로 상상력을 정지시키고, 사물과 사물의 관계에 주의를 기울이면 필연이 나타난다. 그러면 복종하지 않을 수 없게 된다. 그때까지는 필연에 대해서 아무것도 모르고, 복종할 마음도 없는 것이다. 그러나 그 후부터는 아무리 경이적인 일을 수행하더라도 자기가 이룬 일에 자만하지는 못한다.

* * *

복종은 유일하고 순수한 동기이다. 복종만이 자기가 한 일에 대한 보답을 바라지 않으며, 보답을 염려하는 일은 '보이지 않는 곳에 계시며 숨은 일도 보시는' 하늘에 계신 신에게 맡기려 한다. 다만 그것은 필연에 대한 복종이어야 한다. 노예들에게서 볼 수 있는 무서운 진공 상태 같은 압박에 의한 복종이어서는 안 된다.

2부 시몬 베유의 이상과 작품

아무리 타인 혹은 어떤 큰 목적을 위해 자신을 바쳤거나 고통을 견뎌냈다고 할지라도, 그것이 사물과 사물의 관계에 대한 명확한 인식과 필연에의 순수한 복종에 의한 것이라면, 이를 결심하는 데는 큰 노력이 필요하지 않을 것이다. 물론 그 실행에는 많은 노고가 따르겠지만 말이다.

이외에는 다른 길이 없기 때문이다. 그러므로 그 결과로서 어떠한 역행이나 채워야 할 진공, 보답에 대한 소망, 원한이나 타락은 일어날 수가 없다.

* * *

행동의 저울은 눈금바늘이다. 바늘을 건드려서는 안 된다. 건드리려면 저울추를 건드려야 한다. 여론에 대해서도 똑같은 말을 할 수 있다. 그것을 망각하면 혼란과 괴로움이 생긴다.

¨환상

어떤 것을 좋은 것으로 믿기에 그것을 향해 나아가는 것이다. 그것이 필요한 것이 된다면 그 속박에서 벗어나지 못한다.

* * *

감각으로 느끼는 것은, 감각이 느껴짐으로써 현존한다. 그러나 선으로서 실재하지는 않는다.

가상에도 지나치게 충분할 만큼 실재성이 있지만, 그것은 오직 가상으로서 뿐이다. 가상 외의 것으로서는 허망하다.

* * *

하늘 바깥쪽에 얼굴을 내민 영혼은 인간을 먹고 살아간다. 하늘 안쪽에 남아 있는 영혼은 사람의 의견을 먹고 살아간다.

* * *

항상 시간과의 관계가 문제다. 시간을 소유하고 있다는 환상을 버릴 것. 수육受肉할 것.

인간은 수육이라는 행위를 완수해야 한다. 인간은 상상으로 말미암아 영靈과 육肉이 분리되어 있기 때문이다. 우리들 속의 사탄으로부터 생겨난 것이 상상이다.

이 세상의 갖가지 사물에 대한 환상은 존재에 관한 것이 아니라 가치에 관한 것이다.

동물의 비유도 가치와 관계가 있다. 우리들이 소유하고 있는 것은 단지 선의 모조품이며 그림자일 뿐이다. 그러므로 선과의 관련에서 생각하면, 우리들은 갇힌 몸이며 쇠사슬에 묶여 있는 것이다.

우리들은 여기에 나타나는 가짜의 가치를 받아들인다. 그리고 스스로는 행동하고 있다고 생각하지만, 실은 꼼짝하지 않고 있다. 이는 결국 똑같은 가치 체계 안에 머물러 있기 때문이다.

실재로 이루어졌으나 상상에 불과한 행위.

한 남자가 자살한다. 마지막 순간에 구조 받는다. 자살 결행 이전보다도 그 이후가 집착에서 멀어졌다고는 할 수 없다. 그 자살은 상상적인 일에 불과하다. 자살은 아마도 항상 그럴 것이다. 그러므로 금지되어 있는 것이다.

* * *

도덕과 문학. 우리들 현실 인생은 4분의 3 이상이 상상과 허구로 성립되어 있다. 선이나 악과 접촉하는 일은 드물다.

시간은 정확히 말해서 존재하지 않는다. 현재에만 국한시켜 말하면 다르겠지만 말이다. 어쨌든 우리들은 시간에 종속되어 있다. 이것이 우리들의 조건인 것이다. 우리들은 존재하지도 않는 것에 종속되어 있다.

육체의 고통, 기다림, 후회, 양심의 가책, 공포 등의 수동적으로 견뎌야 하는 시간. 명령, 방법, 필연 등의 조작되는 시간. 그 어느 것이든 우리들이 종속되어야 할 것은 존재하지 않는다. 그러나 우리들의 종속은 존재하고 있다.

우리들은 실재하지 않는 쇠사슬에 의해 현실에 묶여 있다. 시간은 실재하지 않은 채 모든 것을, 또 우리들을 비실재성으로 덮고 있다.

자린고비의 재물은 선의 모조품이며 그림자이다. 그것은 이중의 의미로 비현실적인 것이다. 수단으로서의 금전은 이미 그 자체로 선과는 다른 것이기 때문이다. 이를 수단의 역할이 아니라 목적으로 승격시켜 보아도 마찬가지이다. 선과는 더욱 먼 것이 될 뿐이다.

가치 판단 면에서 감각은 비실재적이다. 가치로서만 보면, 모든 사물은 우리들에게 비실재적인 것이 된다. 어떤 대상에 거짓 가치를 부여해 보아도, 역시 그 대상의 지각에는 실재성이 없다. 거짓 가치는 상상 속으로 빠지게 만들기 때문이다. 그러므로 완전히 집착을 버려야만, 허위가 만든 안개 너머의 가치의 참모습을 볼 수 있다.

쓰레기 속을 뒹굴며 괴로움을 당하지 않고는 세계의 아름다움이 계시되지 않는다. 고통 없이는 집착을 버릴 수 없기 때문이다. 또한 집착을 버리지 않고서는 어떠한 고통도 혐오감이나 속임수 없이 견뎌낼 수 없기 때문이다.

실재적이며 꿈과 구별할 수 있는 것은 감각이 아니다. 감각에 감싸여 있는 필연이다.

"어째서 이렇게 되고, 다르게 되지는 않는가?"

"그것은 그렇게 있다."

영적 생활에서도 환상과 진실은 똑같은 방식으로 분간할 수 있다. 동굴 속에 머물며 눈을 감은 채 여행하는 공상을 즐기는 사람들과 실제로 여행을 다니는 사람들의 구별. 영적인 것 중에도 실재적인 것과 상상적인 것이 있고, 여기서도 또한 필연이 그 차이를 간파한다.

* * *

단순한 고통만으로는 안 된다. 고통에도 상상적인 것이 있기 때문이다. 인간의 감정은 사람을 가장 잘못된 길로 이끈다.

필연은 원래 상상적인 것과는 아무런 관련이 없다.

* * *

영적 영역에서 어떻게 실재적인 것과 상상적인 것을 구별할 수 있을까?

상상적인 천국보다는 실재하는 지옥이 더 바람직하다고 생각해야 한다.

* * *

낮은 곳과 높은 곳의 상태를 구별하는 법. 높은 곳은 여러 가지 면이 중첩되어 공존하고 있다.

겸손의 목적은, 영적인 진보에서 상상적인 것에 불과한 부분을 버리는 일이다. 자기가 실제보다도 훨씬 느리게 진보하고 있다고 생각하더라도 불편한 점이 있는 것은 아니다.

　　빛은 역시 그 효과를 미친다. 빛의 원천은 사람의 의견에 있는 것이 아니다. 많은 사람들이 실제보다 앞으로 나아가 있다고 생각하지만, 그것은 사람의 의견에 영향을 받았기 때문일 뿐이다.

상상을 섞지 말고 사랑하려고 노력할 것. 아무런 해석도 덧붙이지 말고 사랑할 것. 그때 자기가 사랑하고 있는 것은 정녕 신이다.

절대적인 선을 통과해 온 뒤에는 다시 환상적이고 부분적인 선을 발견할 때가 있다. 그러나 이번에는 어떤 선을 구한다 하더라도 또 다른 선에 대한 배려를 방해하지 않는 한도 내에서만 찾도록 한다. 이 질서는 그 밑에 관련되어 있는 개개의 선으로 보면, 초월적이며 절대적인 선을 반영하고 있다.

여러 관계의 지적 이해를 위한 논리적 추리에 의해서도 이미 개개의 선과 악은 한계가 있고, 엇갈리며, 상호 침투하고 있음을 알게 된다. 이는 우상 숭배를 해소시키는 데 도움이 되고 있다.

선이 악으로 비행하는 점, 즉 '~인 한', '~의 범위 안에서', '~에 관하여' 등을 잘 분별할 것. 비례법보다 더 앞으로 나아갈 것.

상상적인 사랑을 치료하는 법. 최소한의 것, 신에 대하여 더 이상 거부할 수 없는 것을 신 자신의 것으로서 인정할 것. 그리고 언젠가는, 가능한 한 빨리 이 최소한의 것이 모든 것으로 확대되기를 기원할 것.

* * *

자리 바꾸기, 여전히 낮은 마음의 경향, 예를 들어 타인에게 이기고 싶다는 욕망 따위를 가지고 있으면서 여기에 높은 목적을 부여했다고 해서 자기가 높아진 듯이 생각하는 것. 반대로 낮은 목적에 높은 마음의 성향을 연관시킨다면 자기를 높일 수 있으리라.

* * *

가치가 없는 것은 모두 빛을 피한다. 이 세상에서는 육체에 자기를 숨길 수 있다. 죽을 때는 이미 그럴 수 없다. 적나라하게 빛에 드러나야 한다. 이것이 감각의 경우에 따라 지옥도 되고, 연옥도 되고, 천국도 된다.

문명을 위해서는 몇 세기 동안, 개인이라면 몇 해 혹은 몇 십 년 동안인 시간의 지속은 '적응하지 못한 것은 제거 당한다'는 다윈설과 같은 작용을 한다. 모든 것에 대한 적응이 영원히 계속되는 것이다.

경험이라고 일컬어지는 것이 이 점에서는 진가를 발휘한다. 그러나 인간은 가끔 거짓이라는 갑옷으로 몸을 감싸고, 적응하지 못한 것을 온갖 풍운을 넘어서 지속시키려 하고 있다. 거짓의 갑옷이 없었다면 죽어 버렸을지도 모를 것들을 말이다(그러므로 오만만 있으면 온갖 치욕을 참으며 살아간다). 이 갑옷은 적응하지 못한 것이 위험에 대처하기 위해 스스로 분비分泌한 것이다(치욕을 당하면 오만은 내면을 거짓으로 두껍게 도배질한다).

영혼 속에는 식세포 같은 것이 있는 듯하다. 시간의 위협을 받고 있는 것은 모두 죽지 않기 위해서 죽음에 대한 위험 정도에 따라서 거짓을 분비하고 있다. 그러므로 아무 유보도 없이, 죽음을 받아들일 생각이 없는 곳에는 진리에 대한 사랑을 발견할 수 없다. 그리스도의 십자가는 진리에 이르는 유일한 문이다.

편견과 싸우려는 의지가 편견이 배어 있다는 확실한 표시인 것은 왜일까?

그런 의지는 반드시 어떤 편협 관념에서 생긴다. 이 관념에서 벗어나려고 하지만, 이 노력도 전혀 열매를 맺지 못한 채 끝난다. 이런 일에는 단지 주의력의 빛만이 효과가 있다. 그것은 논쟁적인 의도와는 양립하지 않는다.

프로이트의 설에는 온통 편견이 배어 있다. 편견과 싸우는 것을 사명으로 여기면서도 성性적인 것은 비천하다는 편견이 스며들어 있다.

성의 에너지를 생리적인 기초로 하는 사랑과 욕망의 능력을 신으로 돌리는 신비 사상은, 그 능력을 자연에 맡겨 두고 여기에 상상적인 목표를 부여하여 그 목표에 신이라는 이름의 상표를 붙이는 사이비 신비 사상과는 본질적인 차이가 있다. 이 두 가지 작용을 명확히 구분하기는 쉽지 않지만, 그렇다고 불가능한 것은 아니다.

모든 정열에서는 특이하다고 할 만한 것이 발견된다.

내기 노름에 열중하는 사람은 거의 성인처럼 밤샘을 한다든가 단식을 한다. 예감을 느낄 때도 있다. 노름꾼이 노름을 즐기듯 신을 사랑하는 것은 매우 위험한 일이다.

* * *

내 내면의 낮은 부분도 신을 사랑해야 한다. 그러나 지나치게 사랑해서는 안 된다. 그러면 신이 아니게 된다.

목이 마를 때나 배가 고플 때처럼 사랑하면 된다. 더욱 높은 것만이 충분히 만족시켜 줄 수 있는 권리를 갖고 있다.

* * *

자연이 나의 내부에서 기계적으로 행하는 일을 두고 내가 그 주동자라고 믿는 것은 좋지 않다. 그러나 성령聖靈이 주동자라고 믿는 것은 더욱더 좋지 않다. 그것은 진리에서 더욱 멀어지는 일이다.

우리들이 선에 접근하려는 노력을 주저하는 것은 육체의 혐오 때문이다. 그러나 육체가 혐오하는 것은 노력이 아니다. 선을 혐오하는 것이다. 올바르지 않은 것을 위해서라도, 자극만 충분하다면 육체는 무엇이든 받아들일 것이다. 그렇게 해도 죽지 않는다는 것을 알기 때문이다.

올바르지 않은 것을 위해 죽는다고 하여도, 영혼의 육적肉的인 부분으로 보면 그것은 진정한 죽음이 아니다. 영혼의 육적인 부분이 죽는다는 것은 정면으로 신을 보는 일이다.

우리들이 내면의 진공을 피하려고 하는 것도 이 때문이다. 그곳에 신이 숨어 들어올 위험이 있기 때문이다.

쾌락의 추구나 노력을 꺼리는 마음이 죄를 낳게 하는 것이 아니다. 신에 대한 두려움이 죄를 낳는 것이다.

정면으로 신을 본다면 반드시 죽는다는 것을 우리들은 알고 있다. 죽음을 바라는 자는 없을 것이다. 그러나 죄를 지음으로써 정면으로 신을 보는 일을 매우 효과적으로 피할 수는 있다. 우리들은 그 사실을 알고 있다.

쾌락이나 고통은 우리들이 죄를 저지르는 데 꼭 필요한 추진력을 제공하며, 게다가 필요한 핑계나 알리바이도 제공해 준다. 옳지 못한 전쟁에도 여러 가지 핑계가 필요하듯이, 죄를 위해서도 여러 종류의 가짜 선을 제시할 필요가 있다. 대부분은 자신이 악을 행하고 있다는 사실을 참을 수 없기 때문이다.

육체가 우리들을 신으로부터 멀어지게 하는 것이 아니다. 우리들이 신과 자신의 사이를 가로막기 위해, 육체를 자신 앞에 둘러치는 엷은 장막으로 이용하는 것이다.

¨우상숭배

우상숭배는, 절대적인 선을 갈망하면서도 초자연적인 주의력이 없거나, 그 주의력이 자라나기를 끈기 있게 기다리지 못하는 데서 생긴다.

* * *

인간의 사고思考는 정념이나 환상, 피로 따위에 이끌리기 쉽고, 변하기 쉬운 것이다. 그러나 실제의 활동은 매일, 그리고 오랫동안 똑같은 식으로 계속되어야 한다. 그러므로 사고와 관련이 없고, 여러 가지 관련성을 갖지 않은 활동의 동기가 필요하다. 이것이 우상이다.

우리는 겸손해지려고 할 필요가 없다. 겸손은 우리 안에 있다. 단지 우리는 거짓 신 앞에서 겸손할 뿐이다.

* * *

모든 사람은 자기가 사랑하는 것을 위해서라면 죽을 각오가 되어 있다. 다만 사랑하는 것의 수준과 사랑의 집중도 내지 분산도의 차이가 있을 뿐이다.

자기 자신을 사랑하는 자는 아무도 없다.

* * *

인간은 이기주의자가 되길 바라지만 그럴 수가 없다. 이것이야말로 인간의 비참함이 갖는 가장 큰 특성이며, 인간의 위대함의 원천이다.

인간은 항상 어떤 질서를 위해 헌신한다. 초자연적인 계시가 아니라면, 어떤 질서의 중심이 되는 것은 자기 자신이거나 또는 자신을 이입한 특정의 것, 아마도 추상적인 것이다. 나폴레옹의 병사들에게 나폴레옹, 또는 과학, 또는 당黨 등 투시화법透視畫法과 같은 질서.

¨사랑

신이 우리를 사랑하기 때문에 우리가 신을 사랑해야 하는 것이 아니다. 신이 우리들을 사랑하기 때문에 우리는 우리 자신을 사랑해야 한다. 이러한 동기가 없다면 어떻게 자기 자신을 사랑할 수 있는가? 이러한 우회가 없는 한, 인간은 자신을 사랑할 수 없다.

* * *

기쁨과 고통이 똑같은 감사의 마음을 불러일으킨다면, 신에 대한 사랑은 순수한 것이다.

정신이 원칙이 되기를 중단하였을 때는 역시 목적이 되는 것도 그만둔다. 그래서 모든 형태의 집단적 사고와 의미의 소실, 영혼 존중의 소실이 밀접히 관련되어 발생한다.

영혼이란, 그 자체가 가치 있다고 간주되는 인간 존재를 말한다. 한 여인의 영혼을 사랑한다는 것은, 자신의 순수한 쾌락 등과 상관없이 그 여인을 생각하는 것이다.

사랑은 조용히 주시할 수 없게 되면 소유하기를 원한다.

* * *

행복한 사람의 경우 사랑이란, 불행에 허덕이는 사랑하는 사람의 고통을 나누어 가지려는 것이다.

불행한 사람들의 경우 사랑이란, 사랑하는 사람이 기쁨 속에 있는 것을 알기만 해도 만족하여 그 기쁨을 나누어 갖거나 나누어 갖고 싶다고 바라지도 않는 것이다.

내 눈을 가리고 쇠사슬로 두 손을 지팡이에 묶어 놓는다면, 이 지팡이는 나를 주위의 것으로부터 분리시킨다고 할 수 있을 것이다. 그러나 나는 이 지팡이 덕분에 주위의 것을 더듬어 볼 수 있다. 내가 느끼는 것은 지팡이뿐이고, 인지하는 것은 벽뿐이다. 피조물의 사랑 능력 또한 마찬가지이다.

초자연적인 사랑은 피조물만이 느낄 수 있고, 신을 지향할 뿐이다. 신은 피조물만을 사랑한다. 신은 중개자라는 명목으로 자신을 포함한 모든 피조물을 동등하게 사랑하는 것이다.

남을 자기 자신처럼 사랑한다는 말에는 상대적으로 자신을 남처럼 사랑한다는 의미가 포함되어 있다.

사랑에는 항상 더욱 멀리 가려는 경향이 있다. 그러나 한계가 있다. 그 한계를 넘으면 사랑은 증오로 변한다. 이 변화를 피하려고 하면 사랑은 다른 것이 되어야 한다.

* * *

인간들 사이에서는, 자기가 사랑하고 있는 존재만을 완전히 인식한다.

* * *

인간의 존재를 그대로 믿는 것이 사랑이다.

페드로의 사랑은 힘을 행사하지도 않고 힘에 압도당하지도 않는다. 그야말로 보기 드물게 순수한 것이다. 칼자루를 잡든 칼날을 잡든, 칼을 잡아 더럽혀지기는 마찬가지이며, 다 똑같이 더럽혀지는 것이다. 사랑하고 있는 사람들의 경우, 금속의 차가움으로 사랑을 빼앗아갈 수는 없다. 그러나 신으로부터 버림받았다고 느끼게 할 수는 있으리라.

초자연적인 사랑은 힘과 아무런 관계가 없을 뿐 아니라 힘의 냉정함, 쇠의 냉정함으로부터 영혼을 보호해 주지 못한다. 다만 이 세상에서의 인연 중 충분한 에너지를 감추고 있는 것이 있다면, 쇠의 냉정함으로부터 지켜 줄 수도 있으리라. 갑옷도 검과 마찬가지로 금속으로 되어 있다. 순수한 사랑을 하는 사람의 영혼은 살인에 의해서 얼어붙는다.

또 죽음에까지 이르지는 않는다 하더라도 폭력에 속하는 모든 것에 의해서도 그 사람의 영혼이 상처 입지 않는 사랑을 열망한다면, 신이 아닌 다른 것을 사랑해야 한다.

정신은 어떤 것의 존재를 믿도록 강요받아서는 안 된다. 주관주의, 절대적 이상주의, 유아론, 회의론, 우파니샤드, 도가道家, 플라톤을 보아라. 순수해지기 위해서 이 모든 철학적 태도를 취하는 것이다.

우리는 받아들이기를 통해, 사랑을 통해 존재와 접촉할 수 있다. 아름다움과 실재는 동일하다. 그러므로 기쁨과 실재감도 동일하다.

* * *

사랑에는 실체가 필요하다. 육체라는 가상을 통해서 상상적인 존재를 사랑하고 있다가, 어느 날 그것을 깨닫는다면 그보다 더 비참한 일이 있을까? 죽음보다 더 무서운 일이다. 죽음조차도 사랑하는 사람이 존재하고 있었다는 사실을 바꿔 놓지는 못하기 때문이다. 이는 상상에 의해 사랑을 키워 온 죄에 대한 벌이다.

예술 작품은 그 존재만으로도 우리들에게 힘을 북돋아 준다. 이 예술 작품이 주는 위안과 다른 위안을 사랑하는 사람에게 요구하는 것, 또는 주기를 원하는 것은 비열한 짓이다.

사랑하고 사랑받는다는 것은 서로 존재한다는 사실을 더욱 구체화하고, 항상 마음의 눈에 선명하게 보이도록 하는 것에 지나지 않는다. 물론 마음의 눈에 선명하게 보인다 할지라도 사고 思考의 원천이 되어야지 사고의 목표가 되어서는 안 된다.

이해받기를 열망하는 기분은 자신을 위한 것이 아니라 다른 사람을 위한 것이며, 남을 위해서 존재하고자 하는 소원에서 생긴 것이다.

우리들 내부의 비천하고 보잘것없는 모든 것은 순수성에 저항한다. 자기의 생명을 잃지 않기 위해 순수성을 더럽혀야 하기 때문이다. 더럽히는 것은 변화시키는 것이며, 접촉하는 것이다. 아름다운 것에 힘을 사용하면 곧 더러워진다. 무언가를 소유한다는 것은 더럽히는 일이다.

* * *

순수하게 사랑한다는 것은 거리를 두는 데 동의하는 것이다. 자신과 사랑하는 사람 사이의 간격을 무엇보다도 존중하는 것이다.

상상력은 항상 어떤 욕망, 즉 어떤 가치와 관련되어 있다. 대상 없는 욕망에는 상상력이 없다. 상상력에 의해 가려지지 않은 모든 것에는 어디에나 신의 실체가 역력히 눈앞에 나타난다.

아름다운 것은 우리들의 욕망을 사로잡고 그 대상을 제거하고, 그 대신 현존하는 대상을 준다. 이렇게 해서 욕망이 미래를 향해 날아가는 것을 막으려고 한다.

이는 순수한 사랑에 의해서 얻어진다. 모든 쾌락에의 욕망은 미래에 속하고, 환상의 세계에 속한다. 한 인간이 존재하기를 원하기만 하면 그가 존재하게 된다. 더 이상 무엇을 원할 것인가? 이때 사랑받는 사람은 상상의 미래에 휩쓸리지 않고 적나라하게 현실에 존재한다. 자린고비는 자기의 재물을 생각할 때 언제나 n배의 크기로 늘어났다고 상상한다. 이처럼 욕망이 미래를 지향하고 있는지 아닌지에 따라 사랑은 순결한지 아닌지가 정해진다.

이런 의미에서 미래를 모범으로 상상해 낸 허위의 불사성不死性을 지향하지 않는 한, 죽은 이에게 바친 사랑은 완전히 순수하다. 그것은 이미 새로운 일을 전혀 야기시킬 수 없는 종료된 생을 바라고, 구하기 때문이다. 이 죽은 이가 전에 존재한 적이 있기를 우리는 바란다. 그러면 그 죽은 이는 존재하는 것이 된다.

자신의 눈으로 자신을 명료하게 보기도 전에 남이 이해해 주기를 바라는 것은 잘못이다. 이것은 우정에서 쾌락을, 그것도 가치가 없는 쾌락을 추구하는 것이다. 이는 사랑보다도 더 부패하고 타락한 것이다. 그대는 우정을 위해 그대의 영혼을 팔려고 하는가?

우정을, 아니 우정에 대한 공상을 명백하게 배척하는 법을 배우자. 우정을 열망하는 것은 큰 잘못이다. 우리는 예술이나 인생이 주는 기쁨과 마찬가지로 무보수의 기쁨이 되어야 한다. 이러한 우정을 받을 만한 가치가 있는 사람이 되기 위해서는 우정을 거절해야 한다. 즉, 우정은 은총의 차원에 속하는 것이다.

우정은 여분으로 주어지는 것에 속한다. 우정에 대한 모든 꿈은 짓부숴 버려야 한다. 그대가 지금껏 한 번도 사랑받지 못한 것은 우연이 아니다. 고독에서 빠져 나오려고 하는 것은 비겁한 짓이다.

우정은 구해서 얻는 것도 아니고, 꿈꿀 수 있는 것도 아니고, 바랄 수 있는 것도 아니다. 우정은 행해지는 것이다. 우정은 덕의 하나이다. 불순하고 어수선한 여분의 감정을 없애자. 그것뿐이다.

어떠한 애정에도 사로잡혀서는 안 된다. 그대의 고독을 지켜라. 언젠가 진실한 애정을 받는 날이 온다면, 그때는 내면의 고독과 우정 사이에 아무런 대립도 없을 것이다. 아니, 이 틀림없는 표식에 의해 그대는 우정을 명확하게 확인할 것이다. 그 밖의 애정은 엄격한 규율에 의해 다스려야 한다.

* * *

똑같은 말, 예를 들어 남편이 아내에게 하는 '사랑하오'라는 단순한 말도 어떻게 하는가에 따라 저속하게 들리기도 하고, 고상하게 들리기도 한다. 이는 말하는 당사자가 어느 정도의 깊이로 말하느냐에 달려 있으며, 이 경우에 의지는 어떠한 영향력도 미치지 못한다.

가끔, 아주 가끔 훌륭한 하모니가 이루어져서 말하는 사람과 듣는 사람이 똑같이 깊은 곳에 이르는 때가 있다. 이때 듣는 사람에게 분별력이 있다면, 그 말이 얼마나 가치 있는가를 식별할 수 있다.

은혜를 베푸는 일이 허용되는 것은, 이 행위에 의해 고통보다는 은밀하게 그러나 부정할 수 없는 형태로 종속 관계를 시도하기 때문이다. 그리고 이러한 이유에서 감사해야 한다. 감사는 은혜를 입은 것에 대하여 그 은혜를 활용하는 일이기 때문이다. 물론 종속 관계도 문명에 대한 것이어야지, 특정한 인간에 대한 것이어서는 안 된다.

그러므로 은혜를 베푸는 사람은 그 행위의 그늘에 숨어 있어야 한다. 그리고 감사하는 마음에 조금이라도 집착이 섞여 있어서는 안 된다. 그것은 개의 감사가 되기 때문이다.

우정의 경우에는 다르지만, 순수하게 감사하는 마음을 느끼기 위해서는 다음과 같이 생각할 필요가 있다.

즉 나를 따뜻하게 대해 주는 것은 동정이나 연민, 변덕 때문이 아니며, 또한 본래 마음이 고운 사람이기 때문도 아니고, 다만 정의가 명하는 바를 행하고 싶다고 바라기 때문이라고. 그러므로 나를 따뜻하게 대해 주는 사람은, 나와 똑같은 처지에 있는 모든 사람들이 그 사람과 같은 위치에 있는 모든 사람들로부터 같은 대우를 받기 바라고 있다고.

악惡

창조, 산산조각이 나 악 속에 흩어져 있는 선.

악은 무한한 것이지만 영원한 것은 아니다. 영원만이 무한을 제한시킨다.

* * *

악은 제멋대로 한다. 그렇기 때문에 단조롭다. 여기서는 모든 것을 자시 자신으로부터 *끄*집어내야 한다.

인간에게 창조는 허용되지 않는다. 그것은 신을 모방하려는 악랄한 시도이다. 창조할 수 없다는 것을 알려고 하지도 않고, 인정하지도 않는 것이 수많은 잘못의 원인이다. 우리들은 창조 행위를 모방해야만 한다. 그 모방에는 두 가지 방식이 가능하다. 하나는 참된 모방이고, 또 하나는 표면적 모방이다. 즉 보존하는 일과 파괴하는 일이다.

보존하는 '나'의 흔적은 전혀 없다. 파괴는 약간 있다. '나'는 파괴에 의해서 이 세상에 흔적을 남긴다.

* * *

정도가 낮은 덕은 타락된 선의 한 모습이다. 이러한 덕을 실행하게 되면 뉘우치기 마련인데, 이것은 악을 뉘우치는 것보다 훨씬 더 어렵다.

* * *

악의 대립으로서의 선은, 어떤 의미에서는 대립하는 모든 것이 그러하듯 악과 동일하다.

문학과 도덕.

상상적인 악은 낭만적이며 다양하지만, 실제의 악은 음산하며 단조롭고 삭막하며 지루하다. 상상적인 선은 지루하지만, 실제의 선은 항상 새롭고 경탄할 만한 것이어서 사람을 도취시킨다. 그러므로 '상상력의 문학'은 지루하거나 그렇지 않을 때는 비도덕적이다. 혹은 두 가지가 섞여 있거나.

문학이 어느 정도 예술의 힘을 빌려 실재 속에 들어가지 않는 한, 이러한 양자택일에서 벗어난다는 것은 불가능하다. 이것은 오로지 천재만이 할 수 있는 일이다.

* * *

남을 상처 입히는 행위는 자신의 타락을 남에게 전가시키는 일이다. 사람들은 이런 행위를 서두르는 경향이 있다. 마치 그렇게 하면 자기가 구원받는 것처럼.

악이 침범하는 것은 선이 아니다. 선은 침범할 수 없는 것이기 때문이다. 오로지 타락한 선만이 침범 당한다.

* * *

선은 근본적으로 악과 다르다. 악은 복잡하고 단편적이지만, 선은 무한의 깊이를 갖고 있다. 악은 행동에 있지만, 선은 비행동 또는 행동하지 않는 행동에 있다.

악과 같은 수준에서 서로 대립하는 것으로 간주되는 선은 형법상의 선에 지나지 않는다. 그 너머에 있는 선은 이런 저급한 선보다는 차라리 악과 비슷하다. 그리하여 수많은 폭민정치나 지겨운 사건이 들끓는 것이다.

악을 정의하는 것과 같은 방식으로 정의된 선을 부정해야 한다. 악도 그러한 선은 부정한다.

선은 그것을 체험하지 않는 한 체험이 될 수 없다. 악은 그 실행을 스스로 단념하지 않으면, 또는 이미 실행하였다고 해도 이를 뉘우치지 않으면 체험이 될 수 없다.

사람이 악을 행할 때에는 악이 무엇인지 인식하지 못한다. 악은 빛을 피하기 때문이다.

* * *

실행하지 않고 상상만 해도 악은 존재하는 것인가? 악은 스스로 그것을 실행할 때 뭔가 단순한 것, 저절로 그렇게 되는 자연스러운 것은 아닐까? 악은 환상과 유사한 것이 아닐까? 환상은 환상에 사로잡힌 사람에게는 환상으로 느껴지지 않고 현실처럼 느껴지니 말이다. 아마 악도 마찬가지일 것이다. 악은 자신이 그 속에 빠져 있으면 악이라고 느껴지지 않고 필연 또는 의무로 느껴지는 것이다.

모든 범죄는 가해자로부터 피해자에게 악이 전가된다. 간통에서 살인에 이르기까지 다 그러하다.

처형을 위한 기구는 몇 세기에 걸쳐 악인들과 접촉해 왔기 때문에 완전히 악에 물들어 있다. 게다가 그것을 씻어 내거나 정화한 일도 없었기 때문에 대부분 처형에 의해 처형 도구에 스며든 악이 수형자受刑者에게 전달되는 결과를 낳는다. 이것은 수형자가 실제로 죄를 범했고, 형刑이 알맞은 경우에도 그러하다. 오로지 진정한 악인만이 처형 도구에서 어떠한 해도 입지 않는다. 죄 없는 자는 끔찍스런 해를 입는다.

물론 악을 전가한다고 악을 행한 자의 악이 감소되는 것도 아니다. 오히려 더 늘어난다. 늘면 늘수록 증가되는 현상이다. 사물에 악을 전가하는 경우도 마찬가지이다.

그러면 악은 어디에 두어야 하는가? 자기의 불순한 부분으로부터 순수한 부분으로 악을 옮겨야 한다. 그럼으로써 악을 순수한 고통으로 바꾸어야 한다. 자기 죄의 해악은 스스로 감당해야 한다. 그러나 이렇게만 하면 자기 내부의 순수한 '한 점'도 바로 더럽혀질 것이다. 어떠한 공격도 미치지 못하는 곳에 있는 불변의 순수성과 접촉하여 끊임없이 이 '한 점'을 새롭게 소생시키지 않는 한.

성령에 대한 죄악은, 어떤 일이 선善인 줄 알면서도 선이기에 오히려 증오하는 것을 말한다. 마찬가지로 선을 지향할 때마다 무언가 저항이 있다고 느껴진다. 선과 접촉하기 시작하면 악과 선의 거리를 의식하게 되고, 동화하려는 고통스러운 노력이 시작되기 때문이다. 그것은 고통이기도 하며 무서운 일이기도 하다. 이 두려움은 아마도 선과의 접촉이 현실이 된 조짐일 것이다.

이때 죄가 생기는 것은, 단지 희망을 발견하지 못하기 때문에 선과의 거리가 참을 수 없는 것처럼 느껴지고, 고통이 증오로 바뀌는 것일 뿐이다. 여기에서도 희망만이 구원이다. 그러나 좀 더 효과적인 구원은, 자신에 대해 무관심해지는 것이다. 선에서 멀리 떨어져 있을 뿐 아니라 무한히 거기에서 멀어져 갈 숙명이라고 느껴질 때조차도, 선이 선인 것은 다행스런 일이라고 생각하는 것이다.

순수한 선이 조금이라도 영혼 속에 침투한다면 제아무리 크고 죄 많은 약점이라도 가장 사소한 배신보다 훨씬 덜 위험하다. 설사 그 배신이 단지 사고思考의 순수한 내적 움직임에 지나지 않을 만큼 사소한 것일지라도. 또한 그것이 한순간의 움직임에 지나지 않더라도 스스로 동의한 것이라면 지옥에 가담하는 일이 될 것이다.

영혼은 순수한 선을 알지 못할 때에는 천국이라고 해도 격리되어 있는 것이고, 지옥이라고 해도 멀리 떨어져 있는 것이다.

지옥의 선택이 가능한 것은 오직 구원에의 집착이 있기 때문이다. 신의 기쁨을 구하지 않고, 단지 신의 품안에서 실제로 기쁨이 있음을 아는 것만으로 만족하는 자는 쓰러지기는 하지만 배신하지는 않는다.

* * *

죽음의 고뇌는 마지막으로 오는 어두운 밤이다. 완전무결한 사람들조차도 절대적인 순수성에 이르기 위해서는 죽음이 고뇌가 필요하다. 이때 고뇌는 쓰라리고 냉혹한 것이어야 한다.

언제까지나 좋지 않은 일만을 상상하는 것은 일종의 비겁함이다. 인간은 비현실적인 것을 즐기고, 이해하고, 성장해 가기를 바라기 때문이다.

덕을 위해서 가능성의 파악은 반드시 필요하지만, 상징하는 것뿐이라면 그 일의 가능성을 명확하게 파악하는 것과는 다른 일이다. 어떤 일이 가능할지도 모른다는 생각으로 얼마 동안 상상에 잠겨 보는 것도 이미 말려든 것이다. 호기심이 그 원인이다.

어떤 생각은 물리칠 것. 그런 생각을 단념하라는 뜻이 아니라, 언제까지나 그 생각에 사로잡혀 있지 말라는 뜻이다. 골몰해서는 안 된다. 사람들은 생각하는 것만으로는 말려들지 않으리라고 믿지만, 사실은 생각하기 때문에 스스로 말려들게 된다. 사고의 변덕에는 모든 변덕이 들어 있다. 생각하지 않는 것만이 최고의 능력이다.

인간은 선善 속에 빠지지 않는다. '낮음'이라는 단어는 악의 이런 특성을 잘 나타내고 있다.

타인이 우리에게 더 이상 해를 끼칠 수 없는 경지에 이르렀을 때, 비로소 타인에게 해를 끼치는 일이 끔찍해진다. 그때 사람들은, 과거에 자기 자신을 사랑하듯 타인을 극도로 사랑할 수 있다.

* * *

인간의 비참함을 주시하노라면 신에게로 이끌려 간다. 타인을 자기 자신처럼 사랑할 때 비로소 인간은 이 비참함을 볼 수 있다. 자기 혼자서는, 또는 타인만으로는 이 비참함을 보지 못한다.

* * *

어떻게 하면 이 세상에서 악이 없어질까? 이 세상이 우리의 욕망과는 관계가 없는 것이 되어야 할 것이다. 그러나 만일 세계가 다시는 악을 갖지 않는다면, 우리의 욕망은 완전히 '악' 그 자체가 될 것이다. 그렇게 되어서는 안 된다.

사람들이 겪는 극도의 불행이 인간의 비참함을 만들어내는 것은 아니다. 단지 비참함을 드러낼 뿐이다.

힘이라는 죄악과 그 위력. 우리는 사람들에게 차이가 있다고 믿고, 자신과 타인을 구별하거나 타인 중에서 몇 사람을 특별 취급하여 공평성을 잃는다. 이는 영혼을 모두 기울였으나 인간의 비참함을 알지 못했고, 인정하지도 못했기 때문이다.

우리 인간의 비참함은, 각각의 인간에게는 가능한 한 최대의 양이 더 이상 줄일 수 없는 일정량으로 들어 있다는 것을 모르기 때문에 생긴다. 인간의 위대함은 오직 신의 것으로, 한 인간과 다른 인간 사이에는 동등한 성질이 있다는 것을 모르기 때문에 인간의 비참함이 드러나는 것이다.

순수함을 지니는 한 어떠한 폭력도 그 순수성을 해칠 수 없다는 의미에서, 순수성은 절대로 상처 입힐 수 없다. 그러나 악이 가해졌을 때 고통을 당하고, 어떠한 죄와 접촉하든 죄가 스스로 고통으로 변한다는 의미에서는, 순수성은 무엇보다도 상처 입기 쉬운 것이다.

* * *

불행에 의해서 인간이 고귀해지지 않는다는 것은 놀라운 일이다. 아마도 그것은 우리가 불행한 사람을 생각할 때 그 사람의 불행만을 생각하기 때문이다. 그러나 불행한 사람은 자신의 불행에 대해서는 생각하지 않는다. 제발 조금이라도 좋으니 자신의 불행을 덜어 줄 무언가를 갈망하며, 마음은 이러한 갈망으로 가득 차 있을 뿐이다.

¨불행

괴로움이 유익하기 때문에 사랑해서는 안 된다. 괴로움이
존재하기 때문에 사랑해야 하는 것이다.

* * *

지옥에 대한 두 가지 사고방식.

일반적 사고방식 위안이 없는 고통.

나의 사고방식 가짜의 완전한 행복,

스스로 천국에 있다고 믿는 것.

괴로움을 받아들일 것. 받아들인 괴로움이 고통에 반발하여 고통을 감소시켜서는 안 된다. 고통이 감소하면 받아들이는 힘과 순수성이 이에 비례하여 줄어든다. 받아들이는 목적은 가혹한 것을 가혹한 것으로서 받아들이는 데 있고, 그 밖의 다른 것이 아니기 때문이다.

이반 카라마조프를 본받아 말할 것. 어린아이가 흘린 한 방울의 눈물을 보상할 수 있는 것은 아무것도 없다고.

그럼에도 불구하고, 모든 눈물과 그 눈물보다도 훨씬 무서운 수많은 일을 받아들일 것. 이러한 일에는 뭔가 보상이 될 만한 것이 포함되어 있기 때문에 받아들이는 것이 아니라, 그 일 자체를 받아들일 것. 이러한 일들이 존재한다는 이유만으로 이러한 일이 존재한다는 것을 인정할 것.

육체적 고통은 순수성이 더욱 높다. 따라서 민중의 고귀함도 더욱 높아진다.

* * *

고통이 없어지거나 고통이 적어지기를 바라지 말 것. 오히려 고통에 의해 변하지 않기를 바랄 것.

* * *

기쁨은 실재감이 넘쳐 있는 상태지만, 이 실재감을 그대로 간직하면서 괴로워하는 것이 더욱 좋다. 악몽에 빠지지 말고 괴로워할 것. 어떤 의미에서 고통은 순수하게 외면적인 것이어야 한다. 이를 위해서 고통은 감각의 범위 내에 머물러 있어야 한다.

그때의 고통은 영혼의 영적 부분 밖에 있다는 점에서 외면적이기도 하고, 우리 자신에게 전적으로 집중되어 있어서 우주로 되돌아가도 우주를 변질시키지는 않기 때문에 내면적이기도 하다.

이 세상에 불행이 없었더라면 우리는 천국에 있다고 믿을 지도 모른다.

* * *

불행은 도저히 불가능하다고 생각하고 있는 일을 억지로 현실로 인정하게 만드는 것이다.

* * *

불행. 시간은 생각하는 존재로서의 인간을, 어쩔 수도 없고 감당해 낼 수도 없으나 반드시 닥쳐 올 일로 끌고 가는 것. 1초 1초가 지날 때마다 시간은, 이 세상에 있는 한 인간을 감당할 수 없는 어떤 일로 끌고 간다.

괴로움은 과거 및 미래와의 관계가 제거되면 아무것도 아니다. 그러나 인간에게 이 관계보다 더 생생한 현실이 있을까? 그것은 현실 그 자체이다.

미래. 우리들은 미래가 내일 찾아오리라고 생각한다. 미래가 결코 찾아오지 않으리라고 생각하게 되기까지는.

두 가지 생각에 의해 불행은 조금 가벼워진다. 그중 하나는 드디어 곧 불행이 끝나리라는 생각, 또 하나는 불행이 결코 끝나지 않으리라는 생각이다. 불행을 잊을 수 없다고 생각하거나 필연적必然的이라고 생각하는 것이다. 그러나 불행이 그저 존재한다고 생각할 수만은 없다. 그런 생각은 견딜 수 없다.

불가능한 일은, 불행이 계속될 미래를 상상하는 것이다. 미래를 향한 사고의 자연스러운 비약이 방해를 받아, 우리의 시간 감각은 분열 상태에 빠진다. 한 달이 가고 한 해가 가면, 우리는 얼마나 괴로워할 것인가.

지식의 근원으로서의 고통과 쾌락. 뱀은 아담과 이브에게 지식을 얻게 하려고 했다. 바다의 요정은 율리시스에게 지식을 주었다. 이러한 이야기는 영혼이 쾌락에서 지식을 구하다가 자신을 파멸시키는 것을 알려 준다.

지식은 오직 고통 속에서만 찾을 수 있다.

* * *

불행이 그대로 계속되는 것. 불행으로부터 해방되는 것. 그 어느 쪽도 견딜 수 없게 되는, 바로 그러한 부분이 불행에게는 있다.

* * *

기쁨과 고통이 대립하고 있는 것이 아니라, 기쁨과 고통 속에서 여러 종류의 것들이 서로 대립하고 있는 것이다. 지옥과 같은 기쁨과 고통이 있으며, 영혼을 고치는 기쁨과 고통이 있고, 천상의 기쁨과 고통이 있는 것이다.

본래 우리는 고통을 피하고 쾌락을 찾기 마련이다. 단지 이 때문에 기쁨은 선의 다름 아니고, 악은 고통의 다름 아니다. 천국과 지옥의 그림도 여기에 근거를 두고 그려진다. 그러나 사실상 즐거움과 고통은 불가분의 짝이다.

* * *

고통, 교육 그리고 변화. 입문자에게 필요한 것은 무엇을 배워서 아는 것이 아니라, 자기 자신에게 어떤 변화가 생겨서 교육을 받기에 알맞은 상태가 되는 것이다.

파토스Pathos는 고통, 특히 죽음에 이르는 고통과 함께 불멸하는 존재에의 변화를 의미한다.

세계는 아무런 가치도 없고, 인생 또한 아무런 가치가 없다고 입버릇처럼 말하며, 그 증거로 악을 내세우는 것은 부조리한 일이다. 도대체 아무런 가치도 없다면, 악이라 할지라도 무엇을 앗아갈 수 있으랴.

그러므로 기쁨의 충실감을 깊이 맛보면 맛볼수록 불행할 때의 괴로움도, 타인에 대한 연민도 더욱 순수하고 강렬해진다. 기쁨이 없는 사람에게서 고통은 대체 무엇을 빼앗을 수 있을 것인가? 우리가 기쁨의 충실감을 맛보고 있을 때, 고통과 기쁨의 관계는 배고픔과 음식의 관계와도 같다.

고통 속에서 확실한 실재를 발견하기 위해서는, 기쁨을 통해서 그러한 실재가 미리 계시되어 있어야 한다. 그렇지 않는 한 인생은, 다소의 차이는 있어도 결국 악몽에 지나지 않는다.

허망하고 진공眞空인 고통 속에서 더욱 충실한 실재를 발견할 수 있어야 한다. 마찬가지로 더욱더 죽음을 사랑하기 위해서는 삶을 깊이 사랑해야만 한다.

폭력

죽음은 지금까지 인간에게 주어진 가장 값진 것이다. 그러므로 무엇보다도 경건하지 못한 행위는, 죽음을 온전히 바르게 쓰지 않는 것이다. 그릇된 방식으로 죽는 것, 그릇된 살인을 하는 것. 사랑도 같은 문제에 부딪히게 된다. 마찬가지로 그릇된 향락과 그릇된 금욕도.

전쟁과 에로스는 인간을 환상과 착각으로 유혹하는 두 가지 근원이다. 이 두 가지가 섞여 있는 것이 가장 불순하다.

이 세상에서 효과적인 비폭력에 의해 폭력을 차츰 대체해 가도록 노력할 것.

* * *

비폭력은 그것이 효과적일 때만 훌륭한 것이다.

어떤 젊은이가 간디에게 자신의 누이동생을 어떻게 지키면 되느냐고 물었다. 그 대답은 다음과 같았다.

"네가 폭력을 쓰지 않고 동일한 성공률로 누이동생을 지킬 수 있는 인간이 될 수 없다면, 힘을 사용하라. 네 근육에 포함된 것과 동일한 에너지, 즉 가장 육체적인 의미에서 어느 정도 효과를 올릴 수 있는 빛을 발산할 수 없다면."

비폭력을 관철할 수 있는 인간이 되도록 노력하라. 이것도 역시 상대방에게 달려 있다.

전쟁의 원인.

당연한 일이지만, 각각의 인간 집단은 자신이 합법적인 우주의 지배자이며 소유자라고 느끼고 있다. 다만 이 소유라는 것을 충분히 이해하지 못하고 있다. 만약 소유의 의미를 충분히 이해하고 있다면, 지상의 인간이 우주에 이르기 위해서는, 각자 자신의 육체를 받아들여야 한다는 사실을 알지 못해서 생겨난 오해이다.

알렉산드로 대왕과 자기의 토지를 소유한 농부의 관계는 돈 쥐앙과 한 여자의 행복한 남편의 관계와 같다.

¨모순

우리가 부딪치고 있는 여러 가지 모순. 이 모순만이 현실의 모습이고, 현실성의 기준이다. 상상적인 것에는 모순이 없다. 모순은 필연인지 아닌지를 알아보기 위한 시련이다.

* * *

상반되는 것의 상관관계를 드러낼 수만 있다면, 그것은 서로 모순되는 것의 초월적 상관관계를 비치는 영상이 된다.

진실한 선은 어느 것이나 모순되는 여러 조건들을 포함하고 있다. 따라서 그것은 불가능하다. 이같이 불가능한 것에 확고한 주의력을 기울이며 행동하는 자는 선을 행할 수 있다.

마찬가지로 모든 진리에는 모순이 포함되어 있다. 모순은 피라미드의 정상이다.

* * *

서로 모순되는 것의 일치는 분열을 낳는다. 그것은 격심한 고통 없이는 있을 수 없다.

* * *

서로 모순되는 것이 관계를 맺는다는 건 집착을 버리는 일이다. 어떤 특정한 것에의 집착은, 오직 정반대되는 집착에 의해서만 분쇄될 수 있다.

사람은 둘 중 하나이다. 상반되는 것을 자기에게 복종시키거나 자기가 상반되는 것에 복종하거나.

실험을 통한 존재론적 증명. 나는 나 자신 속에 상승의 원동력을 갖고 있지 않다. 오로지 나보다 더 뛰어난 분을 염두에 두고 사고하려고 노력할 때, 이러한 사고는 나를 높은 곳으로 이끌어 간다. 만일 내가 실재로 끌어올려졌다면 그것은 실재하는 것이다. 상상적인 것은, 아무리 완전할지라도 나를 단 1밀리미터도 끌어올리지 못한다. 상상적으로 완전한 것은 상상하는 나와 같은 수준에 있으며, 나보다 높지도 낮지도 않기 때문이다.

이렇게 사고함으로서 생기는 결과는 암시와는 비교할 수도 없다. 내가 매일 아침 '나는 용감하다! 나는 두렵지 않다!'라고 스스로에게 타이른다면 나는 정말로 용감해질지 모르지만, 이 용기는 현재의 불완전한 내가 용기라는 이름 밑에서 상상하고 있는 것에 지나지 않는다. 나의 불완전함을 초월하지 못하는 '용기'이다. 이것은 동일한 차원으로 변화하는 것에 지나지 않으며, 차원 자체가 바뀐 것은 아니다.

모순이 있다는 것이 기준이다. 암시에 의해서는 서로 모순되는 것을 자신 속에 간직할 수 없다. 은총만이 그렇게 할 수 있다. 아무리 다정한 사람이라도 암시에 의해서 용감해지면 냉혹해진다. 자칫 잔인한 쾌락에 빠져 스스로 자신의 다정함을 버리는 경우도 많다. 은총만이 다정함을 그대로 놓아 둔 채 용기를 주고, 또는 용기를 그대로 놓아 둔 채 다정함을 줄 수 있다.

어떤 것에 깊이 주의를 기울이면 모순이 뚜렷해지며, 그때 마치 뭔가 벗겨내는 듯한 작용이 생긴다. 이러한 작용을 견뎌낼 수 있으면, 이윽고 인간은 집착에서 벗어날 수 있다.

악은 선의 그림자이다. 부피와 두께를 갖춘, 실재하는 모든 선은 악을 투사한다. 다만 상상적인 선은 악을 투사하지 않는다.

모든 선은 반드시 어떤 악과 연결되어 있다. 선을 열망하며, 그 선과 통하는 악이 주위에 흩어져 있기를 원치 않는다면, 피할 수 없는 이상은 그 악이 자기 자신에게 집중되게 하는 수밖에 없다. 따라서 완전히 순수한 선을 바란다는 것은, 최소한의 악을 자기가 인수하는 길뿐이다.

오직 선만을 열망하는 것은, 빛을 받은 물체와 그 그림자가 결합되어 있는 것처럼 실재하는 악과 선이 결합해 있는 법칙에 어긋난다. 이 세계의 보편적 법칙을 어기면 반드시 불행해진다.

¨필연과 선의 거리

필연과 선의 거리는 피조물과 창조주의 거리와 같다.

* * *

필연과 선의 거리. 끝없는 숙고를 요구하는 것. 그리스의 위대한 발견. 아마도 트로이의 함락이 그들에게 이를 가르쳐 주었으리라. '있기 때문에 있는 것이다'라는 것 외의 다른 이유로 악을 정당화하려는 모든 시도는 이 진리를 위반하는 죄이다.

우리는 아담과 이브가 짊어진 무거운 짐, 선과 악이라는 견딜 수 없는 한 쌍의 짐을 내던지고만 싶어 한다. 이를 위해서는 '필연의 본질과 선의 본질'을 혼동하거나, 아니면 이 세상에서 탈출해야 한다.

악을 정화시킬 수 있는 것은 신이나 사회라는 야수뿐이다. 순수성도 악을 정화시킨다. 힘도 악을 정화시키지만, 그 방식은 아주 다르다. 무슨 일이든 할 수 있는 자에게는 모든 것이 가능하다. 힘은 선과 악이라는 두 가지 대립으로부터 해방되어야 한다. 힘은 그것을 휘두르는 자와 마찬가지로 그 영향을 받는 자도 해방시킬 수 있다. 주인은 제멋대로 행동해도 좋고, 노예도 마찬가지이다. 칼은 그 손잡이든 칼날이든 견딜 수 없는 의무에서 해방시켜 준다. 은총도 해방시켜 주지만, 의무를 통하지 않고 은총에 도달할 수는 없다.

한계에서 벗어나려고 한다면, 단일성을 향해 올라가거나 무한성을 향해 내려가야 한다.

한계가 있는 것은 신이 우리를 사랑한다는 증거다.

* * *

신의 부재는 완전한 사랑을 무엇보다도 훌륭하게 증명하고 있다. 그러므로 순수한 필연, 선과는 분명히 다른 필연은 그렇게 아름다운 것이다.

* * *

무한은 사람을 시험하는 시험지이다. 시간은 영원한 시험지이다. 가능성은 필연성의 시험지이다. 변화는 불변하는 것의 시험지이다.

어떤 학문, 어떤 예술 작품, 어떤 도덕, 어떤 영혼의 가치는 이 시험지에 어느 정도의 반응이 나오는가에 따라 측정할 수 있다.

¨우연

내가 사랑하는 존재는 피조물이다. 그들은 우연히 태어났다. 내가 그들과 만난 것 또한 우연이다. 그들은 언젠가는 죽을 것이다. 그들이 생각하고 느끼고 행하는 것은 제한되어 있고, 선과 악이 혼재되어 있다. 이러한 점을 영혼 깊이 느끼면서도 그들을 더욱 사랑할 것. 유한한 것을 유한한 것으로써 무한히 사랑하는 신을 본받을 것.

반짝이는 별과 꽃이 만발한 과일나무.

언제나 변함없이 영원히 계속되는 것과 더할 나위 없이 덧없는 것은 다 영원하게 느껴진다.

* * *

우리는 어떤 것이든 가치 있는 것이 영원하기를 바란다. 가치란 만남에 의해 생기고, 만남에 의해 존속하며, 만남과 헤어질 때 없어진다. 이것이 헤라클레이토스의 사상이다. 이 사상이야말로 곧바로 신에게 닿는 길이다.

나의 어버이를 만나게 한 우연에 대하여 깊이 생각해 보는 것은, 죽음에 대한 명상에 잠기는 것보다 더 유익하다. 나에게 이런 만남으로 비롯되지 않은 것이 단 하나라도 있는가? 오직 신뿐이다. 물론 신에 대해 내가 생각하는 것도 이러한 만남에서 비롯된다.

소중한 것이 상처 입기 쉽다는 건 좋은 일이 아니다. 그러나 어찌하겠는가. 상처 입는 그것만이 존재한다는 표시인 것을.

* * *

이 세상에서 가장 소중한 것이 우연에 맡겨져 있다고 상상하는 것을 견딜 수 없기 때문에 사람들은 진보라든가 '항상 시대를 넘어서서 이름을 남기는 천재' 같은 말을 하기 시작했다. 하지만 견딜 수 없는 일이기 때문에 더욱 숙고해야만 한다. 창조는 바로 이것을 말한다. 우연에 복종하지 않는 단 하나의 선은, 이 세상 밖에 있는 선이다.

* * *

트로이의 멸망. 만개한 과일나무에서 떨어지는 꽃잎. 가장 중요한 것은, 생존에 집착하지 않아야 함을 깨닫는 일. 그것은 아름답다. 영혼을 시간 밖으로 내던져라.

사랑해야 할 자는 부재

악과 신의 순결.

선과 악이 관련 없다는 것을 알기 위해서는 신이 무한히 먼 곳에 있다고 보아야 한다. 뒤집어 말하면, 악이 있는 곳으로부터 신이 무한한 저편에 있음을 알게 된다는 뜻이다.

* * *

신은 부재의 형식으로 천지만물 속에 존재할 수 있다.

신이 완전히 결여되어 있다는 점에서 이 세계는 신 자체이다. 선과는 전혀 다르다는 점에서 필연은 선 자체이다.

그러므로 불행한 경우에는, 어떠한 위로든 사람들에게 사랑이나 진리를 멀리하도록 한다. 그야말로 신비 중의 신비이다. 이러한 신비와 접해야 비로소 사람들은 편안해진다.

* * *

존재하는 것은 모두, 절대적인 의미에서 사랑할 만한 것이 아니다. 그러므로 존재하지 않는 것을 사랑해야 한다.

사랑의 대상은 존재하지 않는다고 해서 꾸며낸 것은 아니다. 우리들이 꾸며낸 것이라면, 사랑할 만한 가치가 없는 우리 자신과 마찬가지로 사랑할 가치가 없기 때문이다.

선에의 동의. 스스로 파악할 수 있고 제시할 수 있는 선이 아니라, 절대적 선에 대한 무조건적인 동의.

우리가 선이라고 제멋대로 상상하고 있는 것에 동의하더라도, 그것은 선과 악의 혼재를 동의하는 것에 지나지 않는다. 이런 동의에서 선과 악이 생긴다. 우리들의 선과 악의 비율은 변하지 않는다. 반대로 우리가 임의의 상상을 통해 현재도 미래에도 결코 행할 수 없는 선에 무조건 동의하는 것은, 그야말로 순수하게 선에 속한다. 오직 선만이 생기고, 그것이 계속 되기만 하면 결국 영혼 전체가 선이 된다.

* * *

영성체嶺聖體는 선인에게는 복이지만, 악인에게는 화가 날 일이다. 영성체로 인하여 지옥에 떨어질 자가 천국에 들어가기도 하지만, 그들에게 천국은 지옥이다.

선인에게도 악인에게도 비를 내리고 태양이 떠오르게 하듯, 신은 불행 또한 구별 없이 나누어 준다. 신은 그리스도만을 위해 고난의 십자가를 마련해 둔 것이 아니다. 신은 자신을 향해 있는 시선에 응답하여 순수하게 영적인 은총을 준다. 오직 이러한 은총을 통해서만 있는 그대로의 개인으로 존재하는 인간과 사귄다. 무슨 일이 일어나도 그것은 신의 혜택이 아니다. 오로지 은총만이 신의 혜택이다.

* * *

고통을 겪고 있을 때는, 고통에 대해 심한 혐오를 느낀다는 것이 고통의 가장 큰 특징이다. 거기에는 의지의 작용을 멈추려는 목적이 있다. 마치 부조리에 부딪쳐 지성이 활동을 멈추고, 부재가 사랑을 멈추게 하는 것과 같다. 결국 인간적인 능력의 한계에 이르러, 팔을 뻗고 멈춰 서서 응시하며 오직 기다리게 하는 것이다.

¨지성과 은총

지성에 의해 파악할 수 없는 것이 지성에 의해 파악할 수 있는 것보다 훨씬 실재적임을, 우리는 지성에 의해 알고 있다.

* * *

지성의 영역에서 겸손의 덕은 주의력에 지나지 않는다.

그릇된 겸손은 자기 일을, 개인으로서의 자기를 무無라고 생각하게 한다.

참된 겸손은, 자기가 인간으로서, 더 넓게 말하면 피조물로서 무라는 것을 아는 데 있다. 여기서는 지성이 큰 역할을 한다. 보편적인 것을 염두에 둘 필요가 있다.

* * *

바흐의 곡이나 그레고리 성가의 멜로디를 들을 때, 영혼의 온갖 능력은 완전한 아름다움을 이해하기 위해 제각기 긴장하고 숨을 죽인다. 특히 지성이 그렇다. 음악을 통해서는 아무것도 긍정하지 못하고 아무것도 부정하지 못하지만, 음악을 마음의 양식으로 삼는다.

신앙도 이와 같이 한결 같은 몰두여야 하지 않을까? 신앙은 관상觀想의 대상이어야 함에도 불구하고, 그것을 긍정하거나 부정할 수 있는 대상으로 취급됨으로써 타락한다.

진실한 사랑에서 특히 지성이 중요한 역할을 하는 것은, 지성은 바로 자신을 없애는 성질을 지니기 때문이다. 우리는 여러 진리에 도달하기 위해 노력했으나, 그 진리가 일단 눈앞에 나타나면 오직 진리만이 존재하고 나는 없어져 버린다.

　　지성만큼 참된 겸손에 가까운 것은 없다. 실제로 지성이 작용하는 순간에는 자기의 지성을 자랑할 수 없다. 또한 지성이 작용할 때 우리는 지성에 얽매이지 않는다. 다음 순간 자신이 백치가 되고 남은 생애도 그렇다고 할지라도, 진리는 여전히 존재한다는 것을 알기 때문이다.

* * *

　　우리가 탐구하는 대상은 초자연적인 것이 아니라 이 세상이어야 한다. 초자연적인 것은 빛이다. 초자연을 한낱 대상으로 만드는 것은, 그것을 낮추는 일이다.

세계는 여러 가지 의미를 지닌 한 문장이다. 우리들은 공을 들여 그 의미를 하나씩 하나씩 풀어 가는 것이다. 이 노고에는 언제나 육체도 참여한다. 외국어의 알파벳을 배울 때처럼.

알파벳은 글자를 많이 써 보면서 익혀야 한다. 이러한 노고가 없다면, 단순히 사고의 방법을 바꾸더라도 그것은 환상에 지나지 않는다.

* * *

여러 가지 가치 판단 중에서 무엇을 선택할까 망설일 필요는 없다. 모든 가치 판단을 받아들여야 한다. 단, 이 가치 판단을 수직으로 늘어놓고 각기 알맞은 위치를 정해 주어야 한다. 우연, 운명, 신의 섭리와 같은 식으로.

데카르트적 의미에서 합리적인 것, 즉 기계론이나 인간이 제시할 수 없는 필연성 같은 것은, 해당될 것 같은 경우에는 언제나 일단 적용시켜 보아야 한다. 그리하여 합리적인 것에 귀착시킬 수 없다는 사실을 분명히 밝혀내야만 한다.

우리는 사물을 투명하게 보기 위하여 이성을 사용한다. 그러나 투명한 것 자체는 보이지 않는다. 우리는 투명한 것을 통해 불투명한 것, 곧 투명한 것이 투명하지 않았을 때 감추어져 있던 불투명한 것을 보는 것이다. 우리는 유리창에 붙은 먼지나 유리창 밖의 경치는 보지만, 결코 유리 자체를 보지는 못한다. 먼지를 닦아도 경치가 더 잘 보일 뿐이다.

이성은 참된 신비, 참으로 증명이 불가능한 것, 즉 실재 자체에 이르려고 할 때만 그 역할을 수행해야 한다. 이해되지 않은 것이 남아 있으면, 있는 것을 보지 못하게 된다. 따라서 이해되지 않는 것이 남지 않도록 해야 한다.

·· 우주의 의미

우리들은 전체의 일부분이며, 전체를 본받아야 한다.

* * *

나는 나의 비참함으로 우주를 더럽힐 수도 있다. 그 뒤로는 자기의 비참함을 느끼지 않거나 자신에게 집중시키거나, 둘 중의 하나이다.

인간의 영혼이 우주를 자기 몸처럼 여기게 되기를! 영혼과 우주의 관계가 수집가와 수집품, 또 '황제 만세'를 외치며 죽은 한 병사와 나폴레옹의 관계와 같기를! 영혼은 자신의 육체를 떠나서 다른 것 속으로 옮겨 간다. 그렇다면 우주 속으로 옮겨 가기를!

우주 그 자체와 동화할 것. 우주보다 작은 것은 모두 고통에 얽매어 있다. 내가 죽어도 변화는 없다. 우주는 계속된다. 내가 우주와 별개의 것이라고 하더라도 그것이 나에게 무슨 위로가 될 것인가? 그러나 우주가 내 영혼에게 또 하나의 육체와 같은 것이라면, 나의 죽음은 나에게 타인의 죽음과 마찬가지로 아무런 중요성도 갖지 못한다. 나의 고통 또한 마찬가지다.

두 개의 극단의 경향. 우주를 위해 자신을 멸망시키는 것, 또는 자아를 위해서 우주를 멸망시키는 것.

무無가 되지 않으면, 자기 이외의 어떤 것도 존재하지 않게 되는 순간에 처할 위험이 있다.

* * *

이웃을 내 몸처럼 사랑하라는 말은, 모든 인간을 똑같이 사랑하라는 뜻은 아니다. 나 자신도 자신의 존재 방식 전체를 모두 똑같이 사랑하지는 않기 때문이다. 또한 결코 모든 사람들을 괴롭히지 말라는 뜻도 아니다. 나는 내 자신을 괴롭히는 것에 주저하지 않기 때문이다.

그것은 우주에 대한 각자의 생각이 다른 것처럼, 한 사람 한 사람의 인간관계도 다를 수 있으며, 단순히 우주의 일부와만 관계를 맺고 있는 것은 아니라는 뜻이다.

우주 전체와 내 육체의 관계가 장님의 지팡이와 지팡이를 쥔 손의 관계와 같은 것이었으면 한다. 이제 장님의 현실은 자기 손의 감각에 있지 않고, 지팡이 끝에 있다. 이렇게 되려면 수양이 필요하다. 자기의 사랑을 순수한 대상에 국한시키는 것과 모든 우주로 확대시키는 것은 똑같은 일이다.

자신과 세상의 관계를 변화시킬 것. 마치 훈련을 통해 직공이 자신과 도구의 관계를 바꾸어 가듯이. 상처를 입는 것은 직업이 몸에 배는 것이다. 모든 고통을 겪을 때마다 우주가 육체 안으로 들어가듯이. 습관, 숙련, 의식을 지금 가지고 있는 몸과는 다른 대상 속으로 옮기기. 그 대상이 우주, 계절, 태양, 별들이기를.

육체와 도구의 관계는 훈련을 통해 변경된다. 육체와 세계의 관계를 바꾸어야 한다.

집착에서 벗어나는 것이 아니다. 집착의 내용이 변하는 것이다. 모든 것에 집착할 것. 모든 감각을 통해서 우주를 느낄 것. 그것이 쾌락이든 고통이든 아무래도 좋다. 오랫동안 만나지 못한 연인을 만나 손을 잡았을 때, 너무 꼭 쥐어 아픈들 무슨 상관이 있겠는가?

고통도 어느 단계에 도달하면 세계가 탈락된다. 그러나 그 후에는 안식이 찾아온다. 그리고 또다시 격동이 일어난다 할지라도 뒤이어 다시 안정이 찾아온다. 만일 이러한 사실을 알고 있다면, 고통의 단계는 오히려 다음에 올 안식을 예의 기대하게 된다. 그 결과, 세계와의 접촉을 끊지 않아도 된다.

* * *

외면적인 필연, 혹은 호흡하는 일처럼 꼭 있어야 하는 내적인 필요. 비록 가슴이 아파서 호흡하는 것이 몹시 괴롭더라도 역시 호흡은 계속되며, 그 외의 다른 방도는 없다.

세상에 일어나는 한 사건을 승인할 수 없다는 것은, 바로 세계가 존재하지 않기를 바라는 것이다. 이렇게 바라는 것은 나의 권한에 속하는 일이다. 내가 그렇게 원하면 그대로 된다. 그러면 나는 세상의 종기와 같은 것이 된다.

옛이야기에 나오는 소망. 그 소망은 이루어질지도 모른다는 위험이 있다. 세계가 존재하지 않기를 바라는 것은, 내가 알고 있는 그대로 전체가 되기를 바라는 것이다.

* * *

상상과 사실의 불일치를 견뎌낼 것. '나는 괴롭다'라고 하는 것이 '이 경치는 추하다'라고 하는 것보다 낫다.

자기의 구원을 갈망하는 것은 잘못이다. 이기주의적이기 때문은 아니다. 이기주의자가 되는 것은 인간의 힘으로 할 수 있는 일이 아니다.

구원의 갈망이 잘못인 까닭은, 영혼이 존재의 충실감이나 조건 없이 존재하는 선을 지향하지 않고, 개별적이고 우발적인 단순한 가능성을 지향하게 되기 때문이다.

* * *

내가 바라는 모든 것은 현재·과거·미래에 걸쳐 어디선가 존재한다. 내가 전부를 스스로 만들어 낼 수는 없기 때문이다. 이 소망이 어떻게 이루어지지 않겠는가?

¨중간적인 것

피조물이 모두 나의 목표가 되는 것은 아니다. 이것이 나에게는 신의 가장 큰 자비이다. 그리고 바로 이것이 악이다. 이 세상에서 신의 자비는 악의 모습으로 나타난다.

* * *

권력, 그리고 권력의 열쇠인 돈은 단순한 수단에 불과하다. 그러나 바로 그 때문에, 그것을 깨닫지 못하는 모든 사람들에게는 최고의 목표가 된다.

이 세상은 닫힌 문이고 장애물이다. 그러나 동시에 통로이다.

* * *

나란히 독방에 갇혀서 벽을 두드려 의사를 전달하는 두 죄수. 그 벽은 두 죄수를 격리시키고 있지만, 또한 그들에게 의사 전달을 가능케 한다. 우리들과 신의 사이도 마찬가지이다. 어떠한 분리도 결합이 된다.

* * *

선을 바라는 자신의 소망을 한 가지 일에 집중시킴으로써 우리는 그것을 사는 보람의 하나로 삼는다. 그러나 그것이 선을 만드는 것은 아니다. 우리는 언제나 단순히 산다는 것만으로는 만족하지 않는다.

* * *

초자연주의적인 사랑으로 신을 사랑하는 사람만이 수단을 단지 수단으로 간주할 수 있다.

이 세상은 필연의 수단 외에는 아무것도 주어지지 않았다. 우리의 의지는 마치 당구공과도 같이 끊임없이 한 수단에서 다른 수단으로 굴러간다.

모든 욕망에는 식욕과 마찬가지로 모순이 내포되어 있다.

나는, 내가 사랑하는 사람이 나를 사랑해 주기 바란다. 그러나 그 사람이 나에게 완전히 헌신하게 되면 그 사람은 이미 존재하지 않게 되고, 나 또한 그를 사랑하지 않게 된다. 그렇다고 나에게 헌신적이지 않으면 그는 나를 충분히 사랑하지 않는 것이 된다. 굶주림과 포식.

* * *

그리스의 문명. 힘의 숭배는 전혀 없었다. 현세적인 것은 그저 가교架橋에 지나지 않는다. 어떤 상황에서도 영혼의 강함보다는 순수함이 추구되었다.

욕망은 악하고 거짓된 것이다. 하지만 욕망이 없으면, 우리는 절대적 진리나 무한함을 추구하지 못할 것이다. 일단은 욕망을 거쳐야만 한다.

욕망의 원천이 되는 여분의 에너지를 피로로 인하여 잃어버린 사람들의 불행. 반면 욕망으로 인하여 눈이 먼 사람들의 불행. 우리는 자기의 욕망을 이 양극의 중심에 머물게 해야 한다.

* * *

지상의 진정한 행복은 중간적인 것이다. 인간은 자기가 소유하는 행복을 중간적인 것으로 여길 줄 알 때, 비로소 타인의 행복을 존중할 수 있다. 여기에는 사람들이 모두 이러한 행복 없이도 살 수 있는 지점을 향해 걸음을 내디뎠다는 의미가 포함되어 있다. 예를 들면, 다른 나라들을 존중하기 위해서는 자기 나라를 우상으로 삼을 것이 아니라 신에 이르는 하나의 발판으로 삼아야 한다.

¨아름다움

아름다움은 바로 우연과 선의 조화이다.

* * *

아름다운 것은 필연적이다. 그것은 그 자체의 고유한 법칙, 오직 그 법칙에만 부합된다. 또한 선에 복종한다.

* * *

아름다움은 영혼에 숨어들기 위한 허락을 얻고자 육체를 유혹한다.

과학의 대상, 초감각적이고 필연적인 것으로서의 아름다움. 즉 질서, 균형, 조화.

예술의 대상, 우연과 악의 그물을 통하여 느끼는 감각적이고 우발적인 아름다움.

＊ ＊ ＊

아름다움에는 여러 가지 상반되는 것의 일치가 포함되어 있지만, 특히 순간적인 것과 영원한 것의 조화가 간직되어 있다.

＊ ＊ ＊

바라보는 것과 기다리는 것. 그것이 아름다움에 어울리는 태도이다. 스스로 생각할 수 있고, 요구할 수 있고, 바랄 수 있는 한, 아름다운 것은 출현하지 않는다. 그러므로 어떤 아름다움 속에서도 제거할 수 없는 모순, 고통과 결여를 볼 수 있다.

아름다움은 우리가 줄곧 주시할 수 있는 것이다. 여러 시간 동안 바라볼 수 있는 하나의 동상이며 하나의 그림이다. 아름다움은 무엇인가, 거기에 주의를 기울일 수 있는 것이다.

그레고리의 성가. 사람들이 같은 노래를 매일 여러 시간에 걸쳐 부를 때, 작품에 대한 아주 작은 의심이라도 품게 된다면 곡목에서 제외해 버릴 것이다.

그리스인들은 그들의 신전을 응시했다. 우리가 룩상부르그 공원의 조각을 참고 견딜 수 있는 것은, 그것을 응시하려고 하지 않기 때문이다.

무기징역을 받은 죄수의 독방에 걸어 놓아도 보기 싫은 생각이 들지 않을, 그런 한 장의 그림.

아름다움에는 관능에 호소하여 대상을 체념시키는 힘이 있다. 마음의 가장 깊은 곳에서의 체념, 상상력조차도 버리게 하는 힘이 내포되어 있는 것이다. 그 힘이 욕망의 다른 대상이라면 어떠한 것이든 집어삼키려고 할 것이다. 그러나 아름다움은 욕망의 대상이기는 하지만 집어삼키려고 하지는 않는다. 우리는 그 힘이 그대로 있기를 바란다.

* * *

가만히 있는 것, 자기가 원하면서도 접근할 수 없는 것에 하나로 연결되는 것. 이리하여 인간은 신과도 하나로 연결된다. 그러나 인간은 신에 가까워질 수가 없다. 이 거리는 아름다움의 중추이다.

시詩. 있을 수도 없는 듯한 고통과 환희. 가슴을 찌르는 듯한 자극과 향수, 프로방스와 영국의 시는 그런 것이다. 순수하고 어떠한 불순물도 없기에 고통이 되는 기쁨. 순수하고 불순물이 없기에 마음을 가라앉혀 주는 고통.

* * *

아름다움. 물끄러미 바라볼 뿐, 손을 내밀지 않는 과일. 마찬가지로 물끄러미 바라볼 뿐, 뒤로 물러나지 않아도 되는 불행.

* * *

우리는 틀림없이 여러 가지 죄를 진 탓에 신으로부터 버림받은 인간이 되었을 것이다. 우주의 시를 모두 잃어버렸으므로.

Ⅱ. 뿌리박기

완전한 기쁨이라면
기쁘다는 감정조차 필요하지 않다.
대상으로 가득 채워진 영혼 안에는
새삼스레 '나'라고 말할 여지는 전혀 없기 때문이다.
 이러한 기쁨이 없는 사람은
'나'라고 말하는 것을 상상조차 할 수 없다.
그렇게 말하려고 해도 자극이 없는 것이다.

¨영혼이 요구하는 것

의무의 관념은 권리의 관념에 우선한다. 권리의 관념은 의무의 관념에 종속하고, 의존한다. 하나의 권리는 그 자체로서 유효한 것이 아니라, 권리와 대응하는 의무에 의해서만 유효해진다. 권리는 소유한 사람에 의해서 행사되는 것이 아니라, 어떤 이에게 주어진 의무가 있음을 인정한 다른 이에 의해서만 행사된다. 의무는 그것이 인정되었을 때 즉시 유효하다.

누군가에게 인정받지 못한다 해도, 의무는 조금도 그 존재의 완전성을 잃지 않는다. 그러나 인정받지 못한 권리는 대수로운 것이 아니다.

인간이 한쪽으로는 권리를, 다른 한쪽으로는 의무를 갖는다는 건 의미가 없다. 이 두 개의 단어는 관점의 차이를 표현하는 것에 지나지 않는다. 이 둘은 객체와 주체의 관계이다. 한 인간을 '개인'으로만 보면, 자기 자신에 대한 의무까지도 포함한 오직 의무만을 갖는다. 이에 반해, 그 '개인'의 관점에서 본 다른 사람들은 오직 권리만을 갖는다. 그러나 그 '개인'도 그 의무를 인정한 다른 사람들의 관점으로 보면 이번에는 권리를 소유하게 된다. 우주에 오직 한 사람만이 있다고 가정한다면, 그 인간은 어떠한 권리도 갖지 않으며 오직 의무만을 지니게 될 것이다.

권리의 관념은 객체적 범주에 속하는 것이기 때문에 외재성外在性(사물의 안에 있지 않고 밖에 있는 성질)과 현실성의 관념과 분리될 수 없다. 권리의 관념은 의무가 사실의 영역으로 내려올 때 출현한다. 따라서 권리의 관념은 반드시 사실로서의 사태와 상황에 의한 고려를 포함하며, 반드시 어떤 종류의 조건과 결부된 형태로 나타난다. 의무만이 무조건적일 수 있다. 의무는 모든 조건을 뛰어넘는 영역에 존재한다. 의무는 이 세상을 초월한 곳에 있기 때문이다.

1789년의 사람들은 그러한 영역이 실재하는 것을 인정하지 않았다. 그들이 인정한 것은 인간적 사상의 실재성뿐이다. 이 때문에 그들은 권리의 관념에서 출발했으며, 그와 동시에 절대적 원리까지도 조정하려고 했다. 이 모순이 그들을 언어와 사상의 혼란 속으로 빠트렸다. 그 혼란은 현재의 정치적·사회적 혼란 속에도 다분히 꼬리를 드러내고 있다. 영원한 것, 보편적인 것, 무조건적인 것의 영역은 모든 조건의 영역과는 별개의 영역이며, 거기에는 인간 영혼의 깊은 곳에 있는 부분과 결부되는 갖가지 관념이 머물고 있다.

의무는 개개의 인간만을 구속한다. 따라서 집단으로서의 집단에 대한 의무라는 것은 존재하지 않는다. 그러나 하나의 집단을 구성하고, 그것에 봉사하고, 그것을 지도하고, 혹은 그것을 대표로 하는 모든 인간은 다르다. 그들에게는 집단과 관계된 생활의 부분에서도, 집단에서 독립한 생활의 부분에서도 의무가 존재한다.

동일한 의무가 모든 인간을 구속하고 있다. 이 의무가 상황에 따라 갖가지 행위와 관계를 맺는 것이다. 어떤 사람인가를 불문하고, 어떠한 사정에 의한 것일지라도, 이 의무에서 탈출하고자 하면 반드시 죄를 짓게 된다. 그러나 현실에 부과된 두 개의 의무는, 실제로는 양립할 수 없는 것이다.

의무의 대상은, 사상의 영역에서는 항상 인간으로서의 인간 그 자체이다. 상대하는 인간이 그저 인간이라는 단 하나의 사실에 의해서도 모든 인간에 대한 의무가 생기는 것이다. 다른 어떠한 조건도 개입시켜서는 안 된다. 이는 상대가 어떠한 의미도 인정하지 않는 경우에도 마찬가지이다.

이러한 의무는 어떠한 상황에도, 법규에도, 관습에도, 사회구조에도, 힘 관계에도, 과거의 유산에도, 역사의 가정된 방향에도 의거하지 않는다. 어떠한 사실로서의 상황도 의무를 낳게 하는 일은 없기 때문이다.

또한 이러한 의무는 어떠한 계약에도 의거하지 않는다. 일체의 계약은 계약 당사자의 의지에 의해 수정이 가능한 데 비해, 의무는 인간의 의지에 어떠한 변화가 생기더라도 무엇 하나 수정할 수 없기 때문이다.

이런 의무는 영원한 것이며, 인간의 영원한 운명에 대응하는 것이다. 인간이란 존재만이 영원한 운명을 갖는다. 인간 외의 모든 집단은 그렇지 못하다. 따라서 이들 집단에서는 영원함으로 규정된 직접적인 의무는 존재하지 않는다. 인간으로서의 인간 그 자체에 대한 의무만이 영원하다.

의무가 이 세상에 기초를 두지 않았다고는 하나, 보편적인 의식의 동의 가운데서 확인된다. 또한 우리에게 전해진 가장 오래된 몇 종의 문헌에도 그 표현은 남아 있다. 이해利害나 정념情念에 넘어가지 않았던 몇몇 경우를 통해 모두에게 인정받은 것이다. 진보의 정도는 이러한 의무와의 관계를 통해 측정할 수 있다.

이 같은 의무의 인식은 실정법이라는 이름을 통해 혼란하고 불완전한 형태로 표현되고 있다. 실정법이 의무와 모순되면 될수록 그 실정법은 부당성의 각인을 받는다.

비록 영원한 의무가 인간의 영원한 운명에 조응하는 것이라 할지라도 그 운명을 직접 대상으로 하지는 않는다. 인간의 영원한 운명은 어떠한 의무의 대상이 되지 않는다. 의무는 외적 행동에 종속하지 않기 때문이다.

인간이 영원한 운명을 짊어지고 있다는 사실에서는 단 한 가지의 의무만이 생겨난다. 그것은 경의이다. 이 의무가 성취될 때는, 허구가 아니라 실제적인 형태로 경의가 효과적으로 표현되는 경우뿐이다. 경의는 인간의 지상적인 요구를 매개로서만 표현한다.

이 점에 관해 사람의 의식은 결코 변화한 적이 없다. 수천 년 전 이집트인들은 하나의 영혼이 죽은 뒤에 정의가 될 수 있는 것은, 그 영혼이 '나는 누구도 굶주림의 고통에 방치한 적이 없다'고 말할 수 있는 경우뿐이라고 했다. 모든 기독교는, 어느 날엔가 그리스도 자신이 그들을 향해 '내가 굶주릴 때 너희는 먹을 것을 주지 않았다'라는 말을 들을 위험에 직면해 있음을 알고 있다.

모든 인간은 '진보'라는 것을 '사람들이 굶주림에 고통 받지 않는 사회로의 이행'이라고 상상한다. 만일 어떤 인간이 남아돌아가는 식량을 갖고도 눈앞에서 굶주림으로 죽어 가는 사람을 내버려 둔다면, 그 사람을 어떻게 생각할까? 누구에게 물어보든, 아마도 그에게 죄가 없다고 말하는 사람은 아무도 없을 것이다.

이처럼 상대방을 구해 줄 기회가 있을 때, 그를 굶주림의 고통에 내버려 두지 않는 것은 인간에 대한 영원한 의무의 하나이다. 이 의무는 지극히 자명한 일이기에 모든 인간에 대한 의무 리스트 작성의 범례가 되어야 한다. 그 리스트가 엄정한 형태로 확립되기 위해서는, 이 최초의 실례에서 유추를 통해 이루어져야만 할 것이다. 따라서 사람에 대한 의무 리스트는 굶주림에 유사한, 인간의 생명적 요구 리스트에 당연히 대응하는 것이 될 터이다.

이들 요구 중에 어떤 종류의 것은 굶주림 자체와 같이 육체적인 것이다. 그것들을 열거하는 건 그리 어렵지 않다. 바로 폭력, 주거, 의복, 난방, 위생, 질환 같은 것들에 대한 보호이다.

이들 요구 외의 것은 육체적 생활이 아니라 정신적 생활과 관계를 갖는다. 정신적 요구들도 육체적 요구와 마찬가지로 이 세상 생활에 필요한 것들이다. 즉 이 정신적 요구가 충족되지 않으면 인간은 차츰 죽음에 유사한 상태, 많든 적든 식물적 생활에 가까운 상태로 전락하고 만다. 다만, 정신적 요구는 육체적 요구보다 훨씬 열거하기가 곤란하다. 그러나 그 요구가 존재한다는 사실은 모두가 인정하고 있다.

정복자가 굴종을 강요당한 주민들에게 가하는 모든 악행, 즉 잔혹함, 학살, 상해, 조직화된 기아, 노예화, 집단적인 강제 이송 등은 일반적으로 모두 같은 종류의 수난이다. 자유나 조국이 육체적 요구에 속해 있지 않다고 해도 말이다. 이처럼 신체적 침해 없이 인간의 생명을 침해하는 잔혹함도 존재한다는 사실을 우리는 모두 알고 있다. 그것은 인간에게서 영혼의 생활에 필요한 어떤 종류의 양식을 빼앗는 잔혹함이다.

무조건적인 것이든, 상대적인 것이든, 영원한 것이든, 변화하는 것이든, 직접적인 것이든, 간접적인 것이든, 인간적 사상에 관한 일체의 의무는 예외 없이 인간의 생명적 요구에서 생기는 것이다. 특정한 한 인간과 전혀 상관없는 의무조차 그 모든 것이 인간의 양식과 유사한 역할을 지닌 사물을 대상으로 하고 있다.

사람들이 보리밭에 경의를 표해야 하는 이유는, 보리밭이 인간에게 양식을 주기 때문이다. 마찬가지로 조국이나 가족, 그 밖의 무엇이든 어떤 집단에게 경의를 표하는 것은, 어떤 인간에게는 그것이 영혼의 양식이기 때문이다. 보리밭 자체, 집단 그 자체에 경의를 표하는 것이 아니라는 말이다.

이 의무는 실제로 여러 종류의 상황에 따라 여러 가지 태도와 행위를 부과한다. 그러나 그 자체로 생각할 경우, 이 의무는 만인에게 절대적으로 동일하다. 특히 상황의 바깥에 있는 인간들에게는 절대적으로 동일하다.

인간의 집단에게 표해야 할 경의는 극히 높은 단계에 있다. 그것은 다음의 고찰로 명백해진다.

첫째, 각 집단은 독창적인 존재이며, 만일 그것이 파괴된다 해도 다른 집단으로 바꿀 수는 없다. 하나의 보릿자루는 언제든지 다른 보릿자루로 바꿀 수 있다. 그러나 어떤 집단이 그 구성원의 영혼에 주는 양식은, 우주 전체를 통틀어도 같은 가치를 발견할 수 없다.

둘째, 이러한 집단은 그 지속을 통하여 이미 미래 속에 들어가 있다. 따라서 그것은 현재 살아 있는 인간들의 영혼뿐만 아니라 다음으로 이어지는, 앞으로 여러 세기에 걸쳐 태어나게 될 영혼에 대한 양식까지도 포함하고 있는 것이다.

셋째, 이 같은 지속을 통하여 집단은 과거에 그 뿌리를 내리고 있다. 따라서 죽은 이들에 의해 수집된 정신적인 재물을 보존하는 유일한 기관, 죽은 이들이 그것을 통하여 살아 있는 자들과 대화할 수 있는 유일한 전달 기관을 마련해 놓았다. 이 지상에서 인간의 영원한 운명과 직접적인 연관을 유지할 수 있는 유일무이의 것. 그것은 세대에서 세대로 전해지는, 이 운명에 관하여 완전한 의식을 가질 수 있었던 사람들의 영광이다.

이와 같은 이유로 아주 위태로워진 집단에 대한 의무는 전면적인 희생 행위에까지 도달하기도 한다. 물론 그렇다고 해서 그 집단이 인간 존재의 상위에 있다는 말은 아니다. 간혹 비탄의 우물에 빠진 한 개인을 구한다는 의무가 전면적인 희생 행위로까지 이어지는 경우도 있다. 이 또한 마찬가지로, 구제 받는 인간 쪽에 어떤 우월성이 있음을 의미하지는 않는다.

농부는 자기 밭을 갈기 위해서 피로, 질병, 죽음의 위험조차도 무릅쓸 때가 있다. 그러나 농부는 그것이 그저 '빵'을 얻기 위한 행위임을 잘 알고 있다. 마찬가지로 전면적인 희생 행위가 요구될 때에도, 어떤 집단에 표해야 할 경의와 유사한 경의 이외의 것이 요구되지는 않는다.

아주 가끔 이러한 역할에 역전이 일어난다.

어떤 종류의 집단은 영혼의 양식에 도움이 되기는커녕 오히려 영혼을 잡아먹는다. 이러한 경우는 사회적 병환으로 일어나므로, 우선적인 의무는 치료를 시도하는 일이다. 경우에 따라서는 외과적 수단이 필요할 수도 있다. 이때에도 역시 집단 내부의 인간이든 집단 외부의 인간이든 의무는 똑같이 적용된다.

어느 집단은 그 구성원들의 영혼에게 주는 양식이 불충분한 경우도 있다. 그 경우에는 집단을 개선해야 한다.

한편 영혼을 잡아먹지는 않으나 그것을 키우지도 않는 죽은 집단도 존재한다. 과도적인 가사 상태가 아니라 죽은 상태임이 완전히 밝혀졌을 때, 그런 경우에 한하여 그 집단은 적멸寂滅되어야만 한다.

이때 해야 할 일은, 식량·수면·난방 등 육체적 생활의 요구에 대응하는, 영혼 생활의 요구에 관한 연구이다. 그것들을 열거하여 정의 내려야 한다. 이 욕구를 욕망, 변덕, 공상, 악덕 등과 혼동해서는 안 된다. 또한 본질적인 것과 우연적인 것도 구별해야 한다.

인간은 쌀이라든가 감자가 아니라, 양식을 필요로 하고 있다. 장작이라든가 석탄이 아니라 더운 열을 필요로 하는 것이다.

영혼의 요구 또한 마찬가지이다. 다르기는 하지만, 육체의 양식과 같은 가치를 지닌 영혼의 양식을 확인해야 한다. 이때 주의할 점은, 영혼의 양식으로 대체할 수 있을 것 같은 착각을 일으키는 독을 구별해 내는 일이다.

영혼의 양식에 대한 연구가 존재하지 않는다면, 정부는 설령 좋은 의도인 경우라도 무계획적이고 무분별한 행동을 하게 된다. 이에 관한 몇 가지 제시는 다음과 같다.

질서

영혼의 첫째 요구, 영원한 운명에 가장 밀접한 관계가 있는 요구는 질서이다. 즉 어떤 의무를 수행하기 위해 다른 의무를 침해하지 않는, 사회적 여러 관계의 구조를 말한다. 영혼은 침해를 강요받는 경우에만 외적 상황에서 가해지는 정신적 침해를 받는다. 어떤 의무의 수행이 그저 죽음이나 고통의 협박에 저지당하는 것에 지나지 않을 경우, 그는 그 협박을 무시하고 진행할 수 있다. 그것은 그의 육체만이 손상될 뿐이기 때문이다. 그러나 주변의 상황이 몇 가지 의무의 명령 행위를 양립할 수 없는 지경에 빠트리면, 그는 선에의 사랑에서 상처를 받게 된다. 더구나 그 상처는 피할 수도 없다.

오늘날에는 이런 의무와 의무 사이의 혼란과 대립이 보인다. 의무의 양립을 방해하는 형태로 행동하는 인간은 모두 무질서의 선동자이다. 반대로 그것을 감소시키는 형태로 행동하는 인간은 모두 질서의 요인이 된다. 단순화시키기 위해 어떤 종류의 의무를 부정하는 인간은 모두 자기 마음의 내부에서 범죄와 계약을 맺은 것이다.

불행히도 이 의무의 양립을 방해하는 요소들을 감소시킬 방법이 없다. 또한 모든 의무가 양립될 수 있는 질서의 관념이 허구가 아니라는 확신조차도 가질 수 없다. 의무가 사실의 차원으로 내려올 때, 각각 독립된 극히 많은 관계가 문제되기 때문이다.

우리는 매일같이 우주의 실례를 목격하고 있다. 이 우주에서는 각각 독립된 무한의 기계적 작용이 하나의 질서를 실현하기 위해 협력하고, 그 질서는 여러 가지 변화를 넘어서는 움직이지 않는다. 그렇기 때문에 우리는 세계의 아름다움을 사랑하는 것이다. 그 아름다움의 배후에는, 우리가 선에 대한 갈망을 충족시키기 위해 손에 넣고 싶어 하는, 지혜와 닮은 어떤 것이 느껴지기 때문이다. 그보다 낮은 차원의 단계에 속하긴 하지만, 참다운 의미에서의 아름다운 예술 작품은 각각 독립된 여러 요소가 이해를 초월한 방법으로 유일무이의 아름다움을 실현하기 위해

205

II · 뿌리박기

협력하고 있는 통일체의 실례를 제공하고 있다.

　　여러 가지 의무의 감정은 반드시 유일하면서도 부동不動인 선으로의 갈망, 즉 요람에서 무덤까지 모든 사람에게 그 자체로 곧 확인되는 선으로의 갈망에서 생긴다. 이 갈망이 우리의 마음 속에서 끊임없이 활동하고 있기 때문에 의무가 양립할 수 없는 상황을 따를 수는 없다. 우리는 의무가 존재하는 것을 잊기 위해 거짓말의 힘을 빌리거나 의무의 존재에서 탈출하려고 필사적으로 몸부림친다. 그러나 참다운 예술 작품이나 세계의 아름다움, 혹은 그 이상으로 우리가 갈망하고 있는 알려지지 않은 선의 아름다움을 관조한다면, 우리의 첫째 목적이어야 할 인간의 질서를 생각하는 데 큰 힘을 얻을 수 있다.

　　폭력의 주된 선동자들까지도 기계적 또는 맹목적인 힘이 우주를 어떻게 지배하고 있는가를 고찰하여 스스로를 고무시킨다. 비록 맹목적인 여러 힘을 우리가 이해할 수는 없다고 하더라도, 우리는 그들보다 커다란 용기를 얻을 것이다. 우리가 사랑하고 '아름다움'이라고 이름 붙인 것이 어떻게 제한되고, 어떻게 균형 상태를 이루도록 결합하고, 어떻게 통일에 협력하도록 이끌었는가를 고찰한다면 말이다.

　　언제나 참다운 질서에 대한 생각을 염두에 두고, 때가 되면 전면적인 희생 행위도 꺼려서는 안 되는 대상으로 이 질서를 생각한다면, 우리는 이끌어주는 이 없이 어둠 속을 걸으면서도 스스로 나아갈 방향을 생각하는 경지에 서게 된다. 나그네에게는 큰 희망이 있는 법이다.

참다운 인간적 질서는 모든 요구의 첫 번째에 위치하는 것이며, 엄밀한 의미에서는 요구를 초월한 곳에 있다고도 말할 수 있다. 여기까지 생각이 미치기 위해서는 다른 요구가 무엇인가를 인식해야 한다.

요구를 욕망이나 변덕, 악덕과 구별하고, 양식을 진미나 독과 구별하는 첫 번째 특징은, 요구가 한계를 갖는다는 점이다. 자린고비는 아무리 많은 재물을 소유해도 만족하는 법이 없다. 그러나 일반적인 사람은 누구나 충분한 양식을 얻으면 이제는 만족스럽다고 말하는 순간이 온다. 양식은 만복감을 가져다준다. 영혼의 양식 또한 마찬가지이다.

두 번째 특징은 첫 번째 특징과 관련이 있는데, 요구는 쌍을 이루는 반대의 요구와 균형을 이루는 형태로 결합되어야 한다는 점이다. 인간은 양식에의 요구를 갖는다. 그러나 한편으로는 식사와 식사 사이의 간격도 요구한다. 난방과 냉방, 휴식과 단련을 요구한다. 영혼의 요구 또한 마찬가지이다.

'중용'이라고 불리는 것은, 실제로는 상반되는 요구의 어느 쪽도 만족시키지 않는다. 중용은 상반되는 요구가 상호적 완전성 속에서 충족을 발견할, 참된 균형 상태의 희화에 지나지 않는다.

자유

인간의 영혼에서 뺄 수 없는 양식은 자유이다. 단어의 구체적 의미로서의 자유는 선택의 가능성에 있다. 여기서 말하는 가능성이란 실제적인 가능성이다. 공동생활이 있는 곳에는 어디서나 공동의 이익을 위해 가해지는 규율이 선택을 제한하며, 이는 피할 수 없는 일이다.

그렇지만 자유는 그 범위가 넓고 좁은 것에 따라 크고 작아지는 것이 아니다. 자유는 그 고유의 완전성을 지니는데, 그 완전성의 모든 조건을 그런 안이한 척도로 잴 수는 없기 때문이다.

큰 주의를 기울이지 않아도 누구나 그 규율에 대응하는 이익과 사실상의 필요를 이해할 수 있을 만큼, 규율은 충분히 합리적이고 단순해야 한다. 또한 규율은 순수한 권위에 복종하는 인간들의 것으로, 사랑받는 권위에서 나와야 한다. 게다가 충분히 안정되고, 충분히 일반적인 것이어야 하며, 필요 이상수가 많지 않아야 한다. 자유는 이런 규율을 자기에게 동화시켜, 무언가 결심하려고 할 때마다 서로 충돌하는 일이 없도록 해야 한다.

이처럼 인간들의 자유는 사실상은 제한을 받지만, 자기의 의식 안에서는 완전하다. 규율은 그들의 존재 자체와 일체가 되어버리기 때문에 금지된 가능성은 나타나지 않는다. 이와 마찬가지로 혐오스럽거나 위험한 것을 먹지 않는 습관이 교육에 의해 심어졌을 경우, 그 습관은 정상적인 인간인 이상 음식물이라는 면에서 자유의 제한이라고는 느끼지 않는다. 제한을 느끼는 것은 아이들뿐이다. 선의가 없는 인간들, 어린이를 면치 못하는 인간들은 어떠한 사회 상태에서도 결코 자유롭지 않다.

선택의 가능성이 공동의 이익을 손상시키는 범위까지 미치게 되면 인간은 자유에 대한 즐거움을 느끼지 않으며, 두 가지 중 어느 한 상태에 몰리고 만다. 하나는, 무책임과 유치한 언동, 무관심이라는 피난처, 즉 권태뿐인 피난처에서 구원을 찾는 상태이다. 다른 하나는, 타인을 침해하는 것은 아닌가라는 염려와 두려움에 의해, 일이 있을 때마다 책임의 중압감에 짓눌려버리는 상태이다. 이러한 경우 인간은 자기가 자유를 소유한다고 오인하며, 그 자유를 그리워한 적이 없다고 느낀다. 그리하여 마침내 자유는 선이 아니라고 생각하기에 이르는 것이다.

복종

복종 또한 인간 영혼의 생명적인 요구의 하나로, 복종은 두 종류로 나누어진다. 기성의 규율에 대한 복종과 우두머리로 간주된 인간에의 복종이다. 복종의 전제가 되는 것은, 명령에 대한 개개의 동의가 아니다. 만일의 경우에는 양심의 요청에 따른다는, 유일한 유보 조건 아래 결정적인 형태로 주어지는 동의이다.

징벌에 대한 공포나 보수의 유혹이 아닌 동의야말로 복종의 주된 원동력이다. 복종에는 예속의 흔적 따위 없다는 것이 일반에게, 특히 우두머리에 의해 반드시 인정되어야 한다. 물론 명령을 내리는 인간도 그들이 복종하고 있음을 인정해야 한다.

계급 조직 전체는 하나의 목적, 즉 제일 높은 곳에 있는 이부터 제일 낮은 자리에 있는 이까지, 모든 인간에 의해 그 가치와 위대함이 알려져 있는 목적을 지향해야 한다.

복종은 영혼에 필요한 양식의 하나이므로 그것을 빼앗긴 인간은 모두 환자가 된다. 따라서 어떤 책임도 없는 지도자에게 통솔되는 모든 집단은 환자의 손에 맡겨져 있는 것과 마찬가지이다. 이 때문에 한 인간이 사회조직의 정점에 앉을 경우에는, 영국 국왕처럼 우두머리로서가 아니라 상징으로여야만 한다. 동시에 의회가 그의 자유를 개개 국민의 자유보다도 엄하게 제한

해야 한다.

이렇게 하면 사실상 우두머리는 우두머리이면서도 자기 위에 있는 인간을 갖게 된다. 한편 우두머리들은 지속을 단절시키지 않고 교대할 수가 있으며, 이 일로 각자 필요불가결한 복종의 분배를 얻을 수 있다.

인간 집단을 구속과 잔혹성으로 굴복시키는 자들은, 밑에 있는 인간들로부터 자유와 복종이라는 두 개의 생명적 양식을 빼앗게 된다. 그런 집단에게는 자기가 복종하는 권위에 내적 동의를 주는 것이 불가능해지기 때문이다. 이익의 유혹으로 사태를 조장하는 자들은 인간에게 복종을 빼앗는 것이 된다. 복종의 원리인 동의는 돈으로 살 수 있는 것이 아니기 때문이다.

많은 징조에 의해 현대의 인간들은 오랫동안 복종에 굶주리고 있었음을 입증할 수 있다. 그러나 어떤 인간은 그들에게 예속을 주기 위해 이런 상황을 이용하기도 했다.

책임

자발성과 책임. 즉 유용한 존재이고 싶고, 불가결한 존재이고자 하는 감정은 인간 영혼의 생명적 요구이다.

실업자는 이런 자발성과 책임이 완전히 상실된 상태라고

볼 수 있다. 비록 그가 의식주를 얻는다는 형태로 구제받고 있어도 마찬가지이다. 경제생활에서 그는 아무것도 아니며, 정치생활에서 그를 대신하는 투표용지도 그에게는 의미가 없다. 사실 노동자도 이와 거의 같은 상태에 놓여 있다.

이 요구가 채워지기 위해서는, 먼저 대소를 불문하고 이해利害를 둘러싼 문제에 결정을 내릴 수 있어야 한다. 여기서 말하는 이해란, 본인과 직접적인 관계에 있는 좁은 의미뿐만 아니라, 좀 더 넓은 의미를 이야기하는 것이다. 다음으로는, 그가 항상 노력하게끔 만드는 상황이 필요하다. 마지막으로는, 자기가 필요한 일원인 집단의 사업 전체를 사유로써 자기 것으로 인식할 수 있어야 한다. 물론 그가 내려야 하는 결정도, 주어야 할 의견도 전혀 갖지 않는 영역까지 포함한다. 이를 위해서는 그에게 그 집단의 사업을 인식시키고, 그가 그것에 관심을 갖도록 요구하고, 그 가치나 유용성을 깨닫게 하고, 그 사업에서의 그의 역할을 분명히 자각시킬 필요가 있다.

종류를 불문하고 그 성원에게 이런 만족을 주지 않는 집단은 깨지고 만다. 따라서 변모시켜야만 한다.

다소 강력한 개성의 소유자라면, 자발성의 요구는 지휘의 요구에까지 이른다. 지방에서의 충실한 집단생활, 많은 교육 사업이나 청년운동 등이 그 능력을 가진 자들에게 지휘할 기회를 주어야 한다.

평등

평등 또한 인간 영혼의 생명적 요구 중 하나이다. 평등이란 '똑같은 양의 경의와 고려가 모든 사람에게 지불되어야 한다'는 전반적이고도 실효적인 공식적 확인, 제도와 관습으로서의 실제적인 확인에 있다. 경의는 인간으로서의 인간 자체에 지불되어야 하는 것이며, 정도 같은 것은 있을 수 없기 때문이다.

따라서 인간 상호간에 불가피한 차이가 있다고 하더라도, 그 차이가 경의의 정도를 의미해서는 안 된다. 사실 이 불가피한 차이를 없애기 위해, 평등과 불평등 사이에 일종의 균형이 필요하다.

평등과 불평등의 결합은 가능성의 평등에 의해 만들어진다. 누구나 자기의 능력에 적합한 사회적 지위에 이를 수 있다면, 또한 교육이 충분히 보급되어 누구든지 어떤 희망도 빼앗기는 일이 없게 되면, 희망은 모든 아이들에게 똑같은 것이 된다. 그렇게 되면 사람들은 젊었을 때는 자기 자신, 나중에는 아이들에게 희망에 있어 평등하다는 것을 믿는다.

그렇지만 이것이 다른 모든 요소 안의 한 요소로써 작용하지 않는 경우에는, 균형을 만들어내기는커녕 커다란 위험을 내포하기에 이른다.

예를 들어, 낮은 지위에 있으며 그것으로 인해 고민하고 있는 인간이 있다고 하자. 그는 자신의 입장이 스스로의 무능력에 의해 생긴 것이라는 사실로 인해 고통 받을 것이다. 각자의 성격에 따라 어떤 자는 의기소침해질 것이며, 또 어떤 자는 범죄에 말려들게 될 것이다. 이러한 경우, 사회 속에는 반드시 높은 곳으로 빨아올리는 펌프와 같은 것이 생긴다. 그 결과 하강운동이 일어나게 되는데, 이 하강운동이 상승운동과 균형을 유지하지 않으면 사회적인 병폐가 생긴다.

소작인의 아이가 장래 장관이 되는 것이 현실적으로 가능해진 만큼, 그와 같은 비율로 장관의 자식이 장차 소작인이 되는 것도 가능해져야 한다. 사실 후자의 가능성은, 극히 위험할 정도의 사회적 강제 수단 없이는 생각할 수 없다. 제한 없이 행해지는 이런 종류의 평등은 사회생활을 붕괴시킬 만큼의 유동성을 만들어낼 것이다.

평등과 차별을 결합시키는 데 이처럼 극단적인 수단만 존재하는 것은 아니다. 수단은 비례이다. 이 비례는 평등과 불평등의 결합으로 정의된다. 사실 이 우주의 도처에서 비례는 균형의 유일한 요인이기도 하다.

이 비례가 사회적 균형에 적용될 때, 그가 소유하는 권력과 물질적 만족에 적합한 임무 및 무능력이나 과오를 범한 경우에는, 그 권력과 물질적 만족에 적합한 위험이 부가된다. 이를테면 무능한 고용주 또는 노동자에게 과오를 범한 고용주는, 무능한 노동자 또는 고용주에게 과오를 범한 노동자보다 자기 영혼과 육체에 훨씬 많은 고통을 받아야 한다.

모든 노동자는 이러한 사정을 알아야 한다. 이 처치는 위험에 대한 일종의 합리화를 의미하고, 또 형법상으로는 사회적 서열이 가중정상加重情狀의 형태로 큰 비중을 차지하는 형벌의 관념을 의미한다. 그러므로 높은 공적 직무의 수행에는 커다란 개인적 위험이 동반된다는 사실은 말할 필요도 없을 것이다. 평등을 차별과 양립시키는 또 한 가지 방법은, 될 수 있는 한 차별에서 일체의 양量적 성격을 제거하는 일이다. 양이 아니라 질의 차이만 존재하는 곳에는, 어떠한 불평등도 존재하지 않는다.

사람은 금전을 모든 행위의 거의 유일한 원동력으로 보고, 금전을 모든 사물의 거의 유일한 척도로 쓰면서 도처에 불평등의 해독害毒을 뿌렸다. 물론 이 불평등들은 이동한다. 그것은 아무에게도 속하지 않는다. 금전은 어느 순간 손에 들어왔다가 어느 순간 잃는 것이기 때문이다. 그럼에도 불구하고 불평등은 엄연히 존재한다.

두 종류의 불평등이 있고, 거기에 대응하는 두 종류의 다른 자극제가 있다. 구舊 제도 아래 프랑스처럼 불평등이 거의 불변인 경우에는, 상위의 인간들에 대한 우상숭배와 상위 인간들의 명령에 대한 복종이 생긴다. 이에 반해 불평등이 불안정하고 유동적인 경우에는, 상위로 올라가려는 욕망이 생긴다. 유동적인 불평등은 불변하는 불평등과 마찬가지로 평등과는 거리가 먼 것이며, 불평등을 다른 형식의 불평등과 바꿔 놓은 것에 지나지 않는다.

사회 안에 평등이 많아지면 많아질수록 이런 불평등의 두 형식과 결부한 두 종류의 자극제 작용은 약해진다. 그 결과 다른 자극제가 필요해진다.

인간의 갖가지 신분이 정도의 차이가 아니라 순수하게 질적인 차이로 인정되면, 평등 또한 그만큼 커진다. 광부와 장관의 직업은 시인과 수학자처럼, 전혀 다른 종류의 두 가지 천직이다. 광부의 신분과 결부된 물질적인 가혹함은, 그것을 참고 견디는 인간의 명예로 생각되어야 한다.

전시 중 군대가 그에 적합한 정신을 지니고 있는 한, 병사는 사령부에 있기보다는 포화 아래 있는 것에 행복과 긍지를 느낀다. 또한 장군은 전투의 귀추가 자기의 판단에 맡겨진 것에 행복과 긍지를 느낀다. 병사가 장군을 칭송하는 동시에 장군도 병사를 칭송하는 것이다.

이러한 균형이 평등을 만들어낸다. 이런 종류의 균형이 발견될 때, 갖가지 사회적 신분 사이에 평등이 존재하게 될 것이다. 그때 각자의 사회적 신분에 적합한 존경의 표적, 거짓이 아닌 종교의 표적이 나타나게 될 것이다.

계급제

계급제 또한 인간 영혼의 생명적 요구 중 하나이다. 계급제는 상위의 인간들에 대한 어떤 종류의 존경, 어떤 종류의 헌신에 의해 성립한다. 이 경우 상위의 인간들은, 그 인간 개인 혹은 그들이 행사하는 권력으로서가 아닌, 다만 상징으로서 생각되어야 한다. 상위의 인간이 상징하고 있는 것은 일체의 인간이 초월한 곳에 있는 영역으로, 이 세상에서는 모든 인간의 동포에 대한 의무를 통해서만 표현되는 영역이다.

진정한 계급성은 상위의 인간이 상징으로서의 자기의 기능을 자각하고, 그 기능이야말로 하위의 인간들이 보이는 헌신의 유일한 목적이라는 의식을 전제로 한다. 진정한 계급성이 실현될 때, 각자는 자신이 차지하는 위치에 정신적인 의미로 자리 잡게 된다.

명예

명예 또한 인간 영혼의 생명적 요구 중 하나이다. 모든 인간에게 인간으로서 보이는 경의는, 만일 그것이 실제로 나타났다고 해도 이 요구를 만족시키기에는 충분하지 않다. 경의는 모두에게 동일하고 불변하기 때문이다.

경의와 반대로 명예는, 단순히 한 명의 인간뿐 아니라 그 인간을 둘러싼 사회 속의 인간과도 관계된다. 이 명예의 요구를 완전히 만족시킬 수 있는 것은, 어떤 인간을 성원으로 하는 각 집단이 그 과거 속에 비장하고 있는 위대함, 아울러 외부로부터 공적으로 인정되고 있는 위대함의 전통 일부를 그에게 수여할 때뿐이다. 예를 들어, 직업생활 속에서 명예의 요구가 만족되기 위해서는 많은 전제가 필요하다. 즉 각각의 직업에 대응하는 각각의 집단이 있고, 그 집단은 여러 가지 빛나는 위대함, 영웅적 행위, 청렴하고 강직함, 관대하고 너그러움, 천재의 기억을 생생한 형태로 지닐 능력을 갖고, 그러한 비축備蓄이 직업의 실천을 통해서 각 구성원에게 충분히 주어져야 한다.

모든 억압은 명예에 대한 요구의 고갈을 가져온다. 억압받는 사람들이 소유하는 위대함이라는 전통은, 사회적 위신 없이는 인정되지 않기 때문이다. 만약 영국인이 15세기에 프랑스를 정복했었다면, 잔 다르크는 프랑스인으로부터도 잊히고 말았을 것이다. 현재 우리는 베트남인이나 아랍인에게 그녀의 이야기를 들려준다. 그러나 그들은 우리나라에서 그들의 영웅이나 성인의 이야기를 들을 수는 없다. 그러므로 우리가 그들을 감금하고 있는 상태는 명예에 대한 침해이다.

사회적 억압도 비슷한 결과를 가져온다. 그러나 무엇보다 명예 상실의 최극단은, 어떤 범주에 속하는 인간들에게 행해지는 전면적인 결여이다. 프랑스에서는 여러 가지 형태를 취하는데, 매춘부, 전과자, 경관, 이민자나 식민지 원주민 등의 하급 노동자가 여기 속한다.

범죄를 범한 인간만이 사회적 경의의 테두리 밖에 있어야 하며, 형벌이 그를 사회로 다시 받아들여야 한다.

형벌

형벌 또한 인간 영혼의 생명적 요구 중 하나이다. 형벌에는 징계적인 것과 형법적인 것이 있다. 징계적인 형벌은 과실 방지의 보장을 제공하는 것이다. 과실을 없애려는 싸움은, 만약 외부로부터의 방침이 없다면 과중한 부담을 강요하는 것이 된다.

영혼에게 가장 없어서는 안 될 형벌은 범죄에 대한 형벌이다. 인간은 죄를 범함으로써 스스로 모든 인간들의 연결 고리인 영원한 의무의 그물 밖으로 나오게 된다. 그가 다시 이 그물 안으로 복귀할 수 있는 유일한 길은 형벌뿐이다.

이때 본인의 동의가 있다면 완전한 형태로 복귀가 허락되지만, 그렇지 않은 경우에는 불완전한 형태의 복귀에 머문다. 굶주림으로 괴로워하는 인간에게 경의를 표하는 유일한 방법은, 법이 명하는 형벌에 복종시킴으로써 그를 다시 법 안에 복귀시키는 일이다.

형벌에의 요구는, 일반의 경우처럼 형법이 그저 단순히 공포에 의한 구속 수단에 불과한 것으로는 만족할 수 없다. 이 요구가 채워지기 위해서는, 무엇보다도 우선 형법에 관련된 모든 것이 엄숙하고도 신성한 성격을 지녀야 한다. 즉 법의 존엄성이 법정, 경찰, 피고, 수형자에게 전해져야 한다. 그다지 중요하지 않은 사건이라도, 만약 그 사건이 자유의 박탈을 초래할 수 있는 경우에는, 같은 조치가 강구되어야 한다.

또한 형벌은 명예로 간주되어야 한다. 형벌은 범죄의 굴욕을 씻어 없앨 뿐 아니라 공익에 대한 고도의 헌신으로, 사랑을 강요하는 보조적 교육으로 보아야 한다. 이때 형의 엄정함은 침해당한 의무에 걸맞은 것이어야지, 결코 사회의 안전이라는 이해利害에 걸맞은 것이어서는 안 된다.

경찰에 대한 불신, 사법관의 경솔함, 징역제도, 전과자의 철저한 신분 상실, 열 번의 절도 행위에 대해서는 한 번의 강간이나 어떤 종류의 살인보다 훨씬 가혹한 형을 규정하고, 단순한 불운에 대해서도 형을 규정하는 따위의 형벌. 이러한 모든 것들이 형벌의 이름에 적합한 존재를 방해하고 있다.

과실이든 범죄든 무죄가 되는 비율은, 사회적 신분의 서열이 높아짐에 따라서가 아니라 낮아짐에 따라 증대되어야 한다. 그렇지 않다면 수형자에게 가해진 고통은, 구속에 의한 권력의 남용으로 느껴질 뿐, 형벌로 성립되지는 않는다.

형벌이 존재할 수 있는 것은, 가령 형기가 끝난 후에 회상 속에서라도, 가해진 고통이 어느 시기에 정의로의 감정을 수반하는 경우뿐이다. 음악가가 소리로 아름다움이라는 감정을 눈뜨게 하듯이 형법제도는 고뇌를 통해, 또한 어쩔 수 없는 경우에는 죽음을 통해 수형자의 마음속에 정의라는 감정을 눈뜨게 해야 한다. 견습공이 다치면 '일이 몸에 밴다'고들 하는데, 형벌 또한 육체의 고통을 통해서 수형자의 영혼에 정의를 집어넣는 수단인 것이다.

'상층부에서 행해지는, 형벌을 모면하려는 음모 저지에 가장 좋은 방법은 무엇인가' 하는 문제는, 가장 해결이 곤란한 정치적 과제의 하나이다. 이 과제의 해결은, 한 명 내지 몇 명의 사람이 그러한 음모 저지의 책임을 맡아야 하고, 더불어 그들이 스스로 그 음모에 가담할 유혹을 느끼지 않을 만한 위치에 있을 때만 가능하다.

언론의 자유

언론의 자유와 결사의 자유는 일반적으로 함께 언급되고 있는데, 이는 잘못된 일이다. 자연적 집단화의 경우를 제외하고, 결사는 요구가 아니라 실제 생활의 편법이다.

이에 반해 일체의 제약과 조건을 수반하지 않는, 전면적이고도 무제한한 표현의 자유는 지성에서 나오는 절대적인 요구이다. 따라서 그것은 영혼의 요구이다. 지성이 속박 받으면 영혼 전체가 병에 걸리기 때문이다.

이 요구에 대응하는 충족감의 성질과 한계는, 그 영혼의 모든 능력 구조 자체 안에 내포되어 있다. 직사각형의 길이를 무한히 연장해도 그 폭은 제한된 상태로 머물 수 있듯이, 같은 것은 제한되는 동시에 제한되지 않을 수 있기 때문이다.

인간에게 지성은 세 가지 방법으로 행사된다. 첫째, 기술적 문제에 대해서 작용한다. 즉 이미 지정된 목적을 위한 방법을 탐구한다. 둘째, 선택의 기로에서 의지의 결정이 행해질 때 무언가 단서를 제공한다. 셋째, 다른 여러 능력에서 분리되어 홀로 순수하게 이론적인 사변思辨 속에서 작용한다. 이때는 일시적으로 모든 행동에서 배려는 제외된다.

또한 건전한 영혼에게 지성은 두 가지 기능을 행사한다. 봉사자로서, 그리고 파괴자로서. 따라서 완전한 경지에 도달하지 못한 모든 인간들이 그렇듯이, 항상 악의 편을 들려고 하는 영혼 쪽에 지성이 논거를 제공하기 시작하면 즉시 침묵하여야 한다. 그렇지만 지성이 단독으로 분리된 형태로 작용할 때에는 절대적인 자유가 주어져야 한다. 그렇지 않다면 인간에게 본질적인 어떤 것이 결여된다.

건강한 사회에서도 마찬가지이다. 그러므로 출판의 영역에서는 절대적 자유의 특례가 만들어지는 것이 좋겠다. 출판된 저작이 어느 정도든 저자를 구속하지 않고, 또한 독자에게 어떤 충고나 제재도 없어야 한다.

이 경우, 나쁜 입장을 옹호하는 일체의 논고가 완전한 형태로 공표될 수도 있을 것이다. 그러한 논지가 공표되는 것은 좋은 일이며, 또한 유익한 일이다. 누구나 그때 자기가 가장 배척하는 논지에 대해서 경의를 표해도 좋다.

그러나 그런 종류의 작품이 목적으로 하는 것은, 인생의 여러 문제에 대한 저자의 입장 결정이 아니다. 예비적 탐구를 통해서 각 문제와 관계되는, 주어진 것의 완전하고도 정확한 리스트 작성에 있는 것이다. 이런 종류의 작품 출판이 저자에게 어떤 종류의 위험도 초래하지 않도록 법률로서 보호해야 한다.

이에 반해 언론이라고 불리는 것은, 즉 실제로 생활의 지침에 영향을 주는 것을 목적으로 하는 출판물은, 행위를 구성하는 것이기 때문에 모든 행위와 마찬가지로 제약이 따라야 한다. 다시 말하면, 그들 출판물은 누구에게도 부당한 손해를 끼쳐서는 안 된다. 특히 사람에 대한 영원한 의무가 일단 법률에 의해 완전히 확인된 이상은, 명백한 형태로든 암묵 가운데서든 그것들을 부인하는 요소를 포함시켜서는 안 된다.

행위의 밖에 있는 영역과 행위에 속하는 영역, 이 두 개의 영역 구별을 법률상의 표현으로 성문화하는 것은 불가능하다.

그러나 그럼에도 불구하고 이 구별은 너무도 명료하다. 이 두 개의 영역 분리는, 달성하려는 의지가 충분히 강력하다면 실제로는 쉽게 실현될 것이다.

이를테면 일간 및 주간의 출판물이 모두 행위에 속하는 영역이다. 잡지류도 마찬가지다. 이들 출판물은 모두 어떤 종류의 사고방식에 대해 일종의 빛의 원천을 이루고 있기 때문이다. 그 기능을 포기한 출판물만이 전면적 자유를 주장할 수 있다.

문학 또한 마찬가지이다. 최근 도덕과 문학의 문제를 둘러싸고 논쟁이 일어나 재능 있는 모든 사람들이 직업적 연대의식 때문에 한쪽 편에 가담하게 되었다. 어리석거나 비겁한 사람만이 다른 편에 가담했기 때문에 문제가 애매해져 버렸으나, 이러한 사고방식은 이 논쟁에 해결점을 찾아줄 것이다.

물론 이들 어리석거나 비겁한 사람의 입장 역시 어느 정도는 이성에 적합한 것이었다. 작가에게는 일석이조의 역할이 허용되지 않는다. 오늘날처럼 작가가 양심의 지도자로서의 역할을 주장하면서도 그 역할을 수행하지 않는 시대도 없다.

사실 2차 대전에 앞선 수년 동안, 학자들을 제외하고는 누구도 작가들과 이 역할을 다투려고 하지 않았다. 이 나라의 도덕 생활에서 이전에 사제들이 차지하고 있었던 지위는 물리학자나 소설가가 차지하게 되었다. 이것은 진보의 가치를 측정하는 데 충분하다. 그러나 누군가가 작가들에게 그들의 영향 방향에 관해 결제를 요구하자, 그들은 화를 내며 '예술을 위한 예술'이라는 성스러운 특권의 배후에 몸을 숨겨 버렸던 것이다.

이를테면 지드는 언제나 『지상의 양식』이나 『법왕청의 지하도』 같은 작품이 몇 백 명의 청년들에게 인생의 실제적 태도에 영향을 미쳤음을 알고 있었으며, 그는 그것을 자랑으로 삼고 있었다. 이 같은 책을 '예술을 위한 예술'이라는 손이 닿지 않는 선반 위에 두는 이유도, 운행 중인 기차에서 사람을 밀어 떨어뜨리는 청년을 투옥하는 이유도 모두 없어져 버리는 것이다.

어쩌면 '예술을 위한 예술'이라는 특권을 내세워 범죄를 변호할 수도 있을 것이다. 이전에 초현실주의자들은 이것과 별반 차이 없는 행동을 했다. 그만큼 많은 사람들이 우리나라의 패배에 관해 작가의 책임을 귀에 못이 박히도록 반복하는 것은, 불행히도 모두 틀림없는 사실이다.

만약 어떤 작가가 순수한 지성에게 주어져야 할 전면적 자유를 이용하여, 법에 의해 확인된 도덕 원리에 배반하는 작품을 출판했다고 하자. 그 후 그가 그 작품으로 영향의 중심이 섰을 때, 그에게 그 작품이 그의 입장을 표현한 것이 아니라는 사실을 대중에게 인식시킬 용의가 있는지 없는지를 묻는 것은 쉽다. 나아가 용의가 없는 경우에 그를 처벌하는 것은 쉽다. 거짓말을 하고 있는 경우라면, 그의 명예를 빼앗는 것 또한 쉽다.

작가가 여론을 이끄는 영향력의 일원으로 간주되는 순간부터 무제한의 자유를 주장하는 것은 허용되지 않는다. 이때에도 역시 법적인 정의는 불가능하지만, 사실을 식별하는 것은 그리 어렵지 않다. 물론 법률의 조문으로 표현할 수 있는 사상의 영역에서는 법의 주권 제약 따위는 필요하지 않다. 법의 주권은 형평법에 의거하는 판결을 통해서도 능히 행사되기 때문이다.

지성에 극히 본질적인 자유의 요구 자체도 집요한 교사教唆, 광고, 영향력 등으로부터의 보호를 받아야 한다. 이것들도 역시 구속의 한 형식이다. 공포라든가 육체적 고통 같은 것은 따르지 않으나, 폭력임에는 틀림없는 특수한 구속의 한 형식이다. 현대의 기술은 이에 대해 매우 유효한 수단을 제공한다. 그러한 구속은 집단적인 것이며, 인간의 영혼은 그 희생양이 된다.

말할 것도 없이 국가가 공안公安이라는 피치 못할 경우를 제외하고는, 자진하여 그러한 구속을 감행한다면 범죄가 된다. 오히려 국가는 자진하여 그러한 구속이 행사되는 것을 막아야 한다. 이를테면 광고는 법률에 의하여 엄중한 제한을 받아야 하며, 그 총량은 두드러지게 감소되어야 한다. 사상의 영역에 속하는 논제를 언급하는 광고 또한 금지되어야 한다.

마찬가지로 출판이나 방송 및 이에 유사한 모든 것에 대해서도 억압이 가해질 수 있다. 대중들에게 인정받은 도덕 원리가 이것들에 의해 침해될 수 있기 때문이다. 뿐만 아니라 어조나 사고방식의 졸렬성, 나쁜 취미, 비속성, 음험한 형태로 인심을 부패시키는 도덕적 분위기가 만들어질 수 있기 때문이다.

물론 그러한 억압이 행해졌다 하더라도 언론의 자유는 조금도 손상되지 않는다. 만약 어떤 신문이 폐간을 강요당했다고 하자. 그러나 그 편집자들은 다른 장소에서 출판을 계속할 권리를 상실하지 않을 것이며, 어쩌면 같은 장소에 그대로 머물며 다른 명칭 아래 같은 신문을 계속 간행할 수도 있을 것이다. 다만 그 신문은 대중들에게 굴욕의 각인을 받게 될 것이며, 거듭해서 그 굴욕의 위험에 노출되는 것뿐이다. 언론의 자유는 오직 저널리스트만이 누려야 하는 것이며, 신문이 누려서는 안 된다. 저널리스트만이 언론을 형성하는 능력을 갖고 있기 때문이다.

일반적으로 표현의 자유에 관한 모든 문제는, 이 자유가 지성의 요구이며 지성은 전적으로 개인으로서의 인간 안에만 머문다는 것을 인정한다면, 해결의 단서가 잡힐 것이다.

지성의 집단적 행사라는 것은 존재하지 않는다. 따라서 어떠한 집단도 합법적인 형태로 표현의 자유를 주장할 수는 없다. 어떠한 집단도 그와 같은 요구를 갖고 있지는 않기 때문이다. 또한 사상의 자유를 보호하기 위해서는, 집단이 하나의 견해를 공표하는 것을 법이 금지해야 할 필요가 있다. 집단이 견해를 갖기 시작하면, 반드시 그것을 구성원에게 강요하려고 들기 때문이다.

비록 그 엄격함에 정도는 있겠지만, 조만간 각 개인은 자신의 견해를 공표할 수 없게 될 것이다. 집단 밖으로 나가지 않는 한, 여러 중요도를 갖는 많은 문제에 관하여 개인은 집단의 견해에 반하는 행동을 할 수 없기 때문이다. 그러나 자신이 속하는 집단과의 단절은 반드시 여러 종류의 고통, 적어도 감정적인 고통을 수반한다. 이런 고통의 위험이나 가능성이 행동에 건전하고도 필요한 요소로 간주되면 될수록 이들 요소는 지성의 행사에서는 건전하지 못한 것이 된다. 설령 아주 작은 것일지라도, 공포는 반드시 용기의 정도에 따라 굴곡과 경화를 일으킨다. 지성이 조립하는 극도로 미묘하고 취약한 정밀기계를 어긋나게 하기 위해서는 그 정도로도 충분하다.

이 점에서는 우정마저도 큰 위험이 된다. 생각의 표현이 '우리'라는 짧은 말에 앞서게 되자마자 지성은 패배한다. 지성의 빛이 흐려지기 시작하면, 상당히 **짧은** 시간에 선으로의 사랑도 길을 찾지 못하게 된다.

직접적 또는 실제적인 해결책은 정당의 폐지이다. 제2공화제 아래에서 행해졌던 정당 사이의 항쟁은 참기 어려운 것이었다. 물론 이로부터 불가피한 귀결로서의 단일 정당은 악의 극한이다. 따라서 정당을 인정하지 않는 공적 생활이라는 가능성밖에 존재하지 않는다.

오늘날 이와 같은 생각은 참신하고 대담한 것으로서 영향을 미칠 것이다. 그렇다면 더욱 좋다. 지금은 새로운 것이 요구되고 있기 때문이다. 그러나 실제로 이 같은 생각은 단지 1789년의 전통과 다를 바 없다. 1789년의 사람들 눈에는 사실 다른 가능성은 존재하지 않았다. 그들의 입장에서 본다면, 이 반 세기 동안의 공적 생활은 무서운 악몽이다. 국민의 대표가 어느 정당의 유순한 구성원으로 타락할 만큼 스스로 존엄성을 포기할 수 있다고 어떻게 믿을 수 있었겠는가?

게다가 루소는 정당 사이의 항쟁이 자동적으로 공화제를 죽인다는 사실을 뚜렷이 증명해 주었다. 그는 그 결과를 예언한 셈이다. 현시대에서도 『사회계약』을 읽도록 장려하길 바란다.

사실 현재 정당이 존재하고 있었던 곳에는 민주주의가 소멸해 버렸다. 영국의 여러 정당이 유례없는 전통, 정신, 기능을 갖고 있다는 것은 누구나 알고 있다.

만약 특별법을 만든다면 민주주의는 질식하고 말 것이며, 특별법을 만들지 않는다면 민주주의는 뱀이 눈독을 들이는 새처럼 위험한 상태가 된다. 따라서 두 종류의 집단으로 구별하지 않으면 안 된다. 즉 조직이라든가 규율 같은 것이 어느 정도까지 허용되는 이익 집단과, 그것들이 엄중히 금지되어야 하는 사상 집단으로 말이다.

현재와 같은 상황에서는, 사람들이 스스로 그들의 이익을 지키기 위해 집단을 만들 것을 허용하고, 극히 좁은 범위 안에서 그들 집단의 활동을 인정하는 것이 바람직하다. 물론 공적 권력의 끊임없는 감독이 있어야 할 것이다.

또한 이 이익 집단이 사상에 손을 뻗게 해서는 안 된다. 사고 활동이 행해지는 집단은, 집단이라기보다 많든 적든 유동적인 장소가 되어야 한다. 그곳에서 어떤 행동 계획이 세워졌을 때, 그것에 동조하는 사람이 아닌 이상 그 실행에 참가할 이유는 없는 것이다.

이를테면 노동운동에서 위의 구별은, 수습되지 않는 혼란에 종지부를 찍을 수 있을 것이다. 전쟁 전의 시대에는 세 개의 지도 방침이 언제나 모든 노동자를 선동하고 정신을 흐트러트렸다.

첫째는 임금을 위한 투쟁이며, 둘째는 케케묵은 노동조합주의 정신이다. 즉 이상주의적이고 다소 절대 자유주의적인 정신이 차츰 약해지고는 있으나, 의연히 약간의 활력을 보유하고 있는 잔존물이다. 셋째는 갖가지 정당이다.

그러므로 파업 중에 가끔 고전하고 있는 노동자들은 무엇이 문제인지 전혀 알지 못할 수도 있다. 문제의 해결점이 임금에 있는 것인지, 케케묵은 노동조합주의 정신을 똑바로 세우는 데 있는 것인지, 혹은 어느 정당에 의해 추진되는 정치적 전술에 있는 것인지 말이다. 또한 외부에서도 그것을 이해할 수 있는 사람은 없다.

이는 있을 수 없는 상태이다. 전쟁이 발발했을 때 프랑스의 노동조합은 수백만 명의 가맹자가 있었음에도 불구하고, 아니 그 가맹자들 때문에 죽었거나 거의 죽음에 이르렀다. 그들은 긴 가사 상태 후에 침략자에 대한 저항을 계기로 생명의 싹을 되찾았다. 그렇다고 해서 그것이 오랫동안 생명을 유지할 거라는 증거는 없다. 노동조합은 치명적인 두 개의 독에 의해 죽임을 당하거나 죽임을 당할 뻔한 것이 분명하다.

일 도중에 노동자가 공장에서 받기로 한 임금에 마음이 쏠리는 것처럼 노동조합에서도 그것이 신경 쓰인다면 노동조합은 존속할 수가 없다. 금전에 대한 집념으로 인해 반드시 일종의 도덕적인 죽음이 생기기 때문이다. 또한 현재의 사회 상태에서는 노동조합이 국가의 경제생활을 교란시키는 원인이 될 것이다. 반드시 결국에는 공적 생활에 복종해야 할 강제적인 단일 직업별 조직으로 모습을 바꾸게 될 것이기 때문이다. 그때 노동조합은 송장과 같은 상태에 빠지게 된다.

마찬가지로 노동조합이 정당과 더불어 살 수 없다는 사실도 명백하다. 여기에는 역학적 법칙의 범주에 속하는 불가능이 있다. 유사하다는 이유로 사회당과 공산당이 더불어 살 수는 없는 노릇이다. 감히 말하자면, 후자는 정당으로서의 성질이 훨씬 높게 갖추어져 있기 때문이다.

임금에 대한 집념은 공산주의 세력을 증대시킨다. 금전 문제는 대부분의 인간들 마음을 매우 강하게 움직이며, 그와 동시에 모든 인간을 매우 치명적인 권태에서 해방시키는 결과를 낳는다. 공산주의자의 해석에 따른다면, 혁명의 묵시록적인 전망이 벌충으로서 불가결하기 때문이란다. 자본가들에게 같은 묵시록적인 전망이 필요 없는 것은, 고액의 숫자가 갖는 시詩와 마력이 금전과 결부된 권태를 약하게 만들어주기 때문이다.

그에 반해 금전이 수sou(프랑스의 화폐단위)로 셈될 경우, 권태는 순수한 상태에 머물게 된다. 그러나 파시즘에 대해서 크고 작은 자본가가 보여주는 애착은, 어쨌든 그들도 역시 권태를 느끼고 있음을 가리키고 있다.

비시 정부는 프랑스에서 노동자를 위해 강제적인 단일 직업별 조직을 만들어냈다. 불행히도 그들 조직에는 최근의 유행을 따라 동업조합의 명칭이 주어졌다. 그러나 이 명칭은 본래 전혀 다른, 매우 아름다운 어떤 것을 가리키고 있다.

그들 죽은 조직은 노동조합 활동의 죽은 부분을 맡아 주기 위해 존재한 것이다. 따라서 그들 조직을 폐지하는 일은 위험할 것이다. 차라리 임금 문제나 직접적인 권리 요구 등을 위한 일상 활동을 맡겨야 한다.

정당에서 이 모든 것이 자유로운 분위기 속에서 엄중히 금지된다면, 적어도 그 비합법적인 존속은 곤란할 것이다. 이 경우 노동조합은, 만약 아직도 참다운 생명의 불꽃을 남기고 있다면, 차츰 노동자의 사상 표현을 통해 노동자의 명예 대변 기관으로 되돌아갈 수 있을 것이다.

프랑스의 노동운동은 항상 전 세계의 주목을 받아 왔다. 그 전통에 따라 노동자들은 정의에 관한 모든 문제에 관심을 갖게 될 것이다. 물론 어찌할 수 없는 경우에는 임금 문제도 이 운동에 포함되겠지만, 노동운동은 사람을 비참함에서 구하기 위해서만이 제기되어야 한다. 법률에 의해 정해진 방법에 따라 직업별 조직에 영향을 미치도록 해야 한다.

직업별 조직에게는 파업의 지령을 금하고, 노동조합에게는 허용한다면 그보다 더 좋을 수는 없다. 그러나 후자의 경우도 몇 개의 제안을 만들어 그런 책임에는 그에 상응하는 위험이 따르도록 해야 할 것이다. 모든 강제를 금하고, 경제생활의 지속을 확보하도록 해야 한다.

사상적 집단의 허가는 다음 두 개의 조건을 따라야 한다.

첫 번째 조건은, 제명이 존재하지 않아야 한다는 것이다. 구성원의 모집은 사상적 친근성을 매개로 하여 자유로이 행해지지만, 성문화된 문장 속에 압축된 주장 전체를 동의하도록 요구해서는 안 된다. 그러나 일단 가맹을 허락받은 구성원이 제명되는 것은, 명예에 어긋나는 과실 또는 조직 포섭이라는 위반이 행해졌을 경우에 한해야 한다. 후자의 위반은 불법적인 조직화를 뜻하기 때문에 보다 엄한 징벌을 받아야 할 것이다.

결국 참다운 의미로서의 공안公安적 조치가 취해지지 않으면 안 된다. 전체주의 국가는 전체주의적 당파에 의해 수립되고,

전체주의적 당파는 언론의 위반에 제명 수단을 써서 자기를 강화해 간다. 이는 경험이 증명하고 있다.

두 번째 조건은, 가철본·잡지·타이프 인쇄의 회보 등을 발행하고 그중에서 일반론적 문제를 연구하는, 실제로 사상의 교류가 이루어져야 한다는 것이다. 또한 교류가 이루어지고 있다는 명백한 증거도 필요하다. 너무도 확연한 의견의 일치는 그 집단을 의심스러운 것으로 만들기 때문이다.

모든 사상적 집단은 스스로가 원하는 바에 따라 행동할 수 있어야 하지만, 법을 침해하거나 어떤 규율로든 구성원을 구속하지 않아야 할 것이다.

이익 집단에 관해서는, 그 감독이 먼저 하나의 선을 그어 구분해야 할 것이다. 이익이라는 말은 때로는 요구를 의미하고, 때로는 전혀 다른 것을 의미하기 때문이다. 가난한 노동자에게 이익이란 식량·주거·난방 등을 가리키지만, 고용주에게의 이익은 다른 것을 의미한다.

노동자의 이익일 경우, 공적 권력의 활동은 주로 이익의 방위를 촉진하고 지지와 보호를 목적으로 삼아야 한다. 반대로 고용주의 이익일 경우에는, 이익 집단의 활동은 언제나 감독받고 제한받아야 한다. 필요한 경우에는 공적 권력에 의해 강제적으로 금지시켜야 한다. 가장 엄격한 제한과 가혹한 형벌은, 본래 가장 효과적인 제한에 적합한 것이다.

결사의 자유라 불리고 있는 자유는, 현재까지는 실제로 결사가 갖는 자유와 다름없었다. 결사가 자유여야 할 필요는 없었던 것이다. 그것들은 하나의 도구일 뿐이다. 자유는 사람 외에게는 적합하지 않다.

사상의 자유는 '자유가 없다면 사상이 없다'고 말할 때, 대체로 진실을 말하고 있다. 그러나 '사상이 없다면 사상은 자유가 아니다'라는 것이 보다 진실에 가깝다.

최근 수년 동안에는 많은 사상의 자유가 존재했다. 그러나 사상이 존재하지는 않았다. 이것은 고기도 없는데 그것에 뿌릴 소금을 요구하는 아이와 같다.

안전

안전 또한 인간 영혼의 본질적 요구 중 하나이다. 안전이라는 것은, 영혼이 불안이나 공포의 중압 밑에 있지 않는 것을 의미한다.

그러나 우연적인 사상이 겹친 경우, 극히 드문 짧은 기간에는 꼭 그렇지도 않다. 영혼의 지속적인 불안이나 공포의 상태는,

그 원인이 무엇이든 모든 것이 거의 치명적인 독이다. 즉 실업의 가능성이든, 경찰의 탄압이든, 외국인 정복자의 존재이든, 일어날 수 있다고 예상되는 침략이든, 혹은 사람의 힘을 초월한 것처럼 여겨지는 다른 모든 불행이라도 말이다.

로마의 주인들은 노예들이 볼 수 있는 곳에 채찍을 걸어 두었다고 한다. 그것을 보면 노예들의 영혼은 예속에 불가결한 반죽음의 상태에 빠진다는 것을 알고 있었기 때문이다. 한편 이집트인들은, 사망 후 '나는 누구에게도 공포를 주지 않았다'고 말할 수 있어야 의인이라고 할 수 있다고 했다.

항구적恒久的인 공포가 단순한 잠재의식을 이루고, 비록 고통으로서의 자각이 극히 드문 경우라고 해도, 그 공포는 항상 하나의 병이 된다. 그리고 그 병은 영혼을 반 마비 상태로 만든다.

위험

위험 또한 영혼의 본질적인 요구 중 하나이다. 위험의 결여는 일종의 권태를 낳게 하며, 그 권태는 공포와는 다른 형태지만 거의 같은 강도로 인간을 마비시킨다. 공포처럼 뚜렷한 위험은 느껴지지 않지만, 차차 뻗어 가는 불안을 암시하기 때문에 동시에 두 개의 병을 전염시키는 상황이 벌어질 수도 있다.

위험이라는 것은 깊이 고려된 반응을 일으키는 위난危難이다. 그렇다고 영혼이 갖는 모든 수난을 능가하여 영혼을 공포 아래 파괴해 버릴 만큼의 것은 아니다. 위험은 때때로 도박의 여지를 포함하고 있다. 그리고 때때로, 즉 명확한 의무가 남과 대결할 것을 강요할 때는 최고의 자극제가 된다.

불안이나 공포로부터 인간을 보호해야 한다는 말이 위험의 절멸絶滅을 의미하지는 않는다. 사회생활의 여러 국면에서 오히려 위험의 결여는 용기를 약화시킨다. 위험이 없으면, 혹 공포와 맞부딪치게 되더라도 내면에서 자기를 지키지 못하는 상태로 영혼을 몰아넣기 때문이다.

그러므로 운명의 감정으로 모습을 바꾸어 버리지 않는 조건 아래, 위험은 모습을 드러내야 할 것이다.

사유재산

사유재산 또한 영혼의 생명적인 요구 중 하나이다. 만약 인간이 마치 몸의 연장선처럼 자신을 위해 존재하는 사물에 둘러싸여 있지 않는다면, 영혼은 고립되거나 상실되고 말 것이다.

인간은 누구나 노동이나 오락, 혹은 생활상의 필요를 위해 오랫동안 사용해 온 모든 것을 관념상 자기 것으로 만들어 버리는 경향을 갖고 있다. 이를테면 정원사는 정원을 손질하며 그 뜰이 자신의 것이라고 느끼기 시작한다. 그러나 자기 것이라고 하는 이 감정이 법적 소유권과 일치하지 않을 때, 인간은 극히 고통스러운 박탈 의식에 노출된다.

사유재산이 요구로서 인정된다는 것은, 모든 인간에게 일상의 소비물자 외의 것을 소유할 수 있다는 가능성을 의미한다. 이 요구의 형식은 각각의 사정에 따라 달라진다. 그러나 대부분의 경우, 자신의 주거와 주변의 약간의 땅, 기술적인 곤란함이 없다면 그가 노동 용구의 소유자가 되는 것이 바람직하다. 땅과 가축은 농민의 노동 용구 속에 포함된다.

농업 노동자나 농장의 사용인들에 의해 경작되는 땅이 도시 생활자의 소유일 때 사유재산의 원칙은 침해를 받는다. 그 땅은 '밀'이라는 관점에서가 아니라, 소유의 요구에 대한 관점에서는 경작인에게 쓸모없는 것이 되고 만다.

이는 가족과 더불어 자기의 소유지를 경작하는 농민의 경우와 양극을 이루며, 이 양자 사이에 많은 경우가 포함되어 있을 것이다. 그러나 그 어느 경우라도 정도의 차이는 있을지언정 인간의 소유화 요구는 무시되어 있다.

공유재산

공유의 부富에의 참여. 그러나 물질적 향유에서가 아니라, 소유의 감정에 의거하는 참여는 앞서 서술한 것에 못지않게 중요한 요구이다. 여기서 문제가 되는 것은, 법적 규정보다 정신상태이다.

참다운 의미에서의 공민생활이 영위되고 있는 곳에는 각자가 공공건물, 공원, 축제의 화려한 무대의 소유자라고 느낀다. 또한 대부분의 인간이 바라는 사치는, 이와 같은 형태로 가장 가난한 자들에게도 주어지고 있다. 물론 이 만족감을 줄 의무를 단지 국가만이 갖는 것은 아니다. 모든 종류의 집단도 마찬가지의 의무를 갖는다.

근대적인 큰 공장은 소유의 요구에 관한 한 크게 어긋나는 짓을 하고 있다. 노동자도, 간부진에 고용되어 있는 감독도, 공장을 본 적이 없는 중역들도, 공장의 존재조차 모르는 주주들도, 공장에 대한 최저한의 만족도 발견하지 못하고 있기 때문이다.

교환과 취득의 형태는, 그것이 물질적·정신적 양식의 낭비를 초래할 때 변혁되어야 한다. 소유와 금전 사이에는 원칙적인 관계가 존재하지 않는다. 오늘날 성립하고 있는 관계는, 모든 가능적 원동력을 금전으로 집중시킨 체제로 만든 것에 지나지 않는다. 이 체제는 건전하지 못하다.

소유의 참다운 기준은, 그 소유가 현실적인 것일수록 합법적이라고 할 수 있다. 더욱 정확하게 말한다면, 소유에 관한 법률은, 모두에게 공통적으로 내재되어 있는 소유에 대한 요구를 만족시키기 위한 것이어야 한다.

따라서 취득과 소유의 형태는 소유 원칙의 이름에서 변형되어야 한다. 한 인간의 소유에의 요구도 만족할 수 없는 소유 형태는, 사유든 공유든 그 종류의 여하를 불문하고 무효로 간주되어야 한다. 이 말이 소유가 국가에 이양되어야 한다는 의미는 아니다. 오히려 국가는 참다운 소유를 만들어내도록 노력해야만 한다.

진실

진실에 대한 요구는 다른 어떤 요구보다 신성한 것이다. 그러나 지금까지 이것은 명확히 언급되지 않았다.

가장 저명한 저술가의 책에서까지도 파렴치하게 얼마만큼 많은, 또 얼마만큼 당치도 않은 속악俗惡한 거짓으로 포장되어 있는가를 깨닫게 될 때, 사람들은 읽는 것에 공포를 느낀다. 이렇게 되면 독서는 마치 좋지 않은 우물물을 마시는 것과도 같다.

하루에 여덟 시간 일하고 밤은 밤대로 지식을 넓히기 위해 독서에 매우 힘쓰고 있는 사람들이 있다. 그들은 큰 도서관 안에서 책 내용의 진위를 검증할 시간이 없다. 그러므로 책에 쓰인 글을 그대로 믿어 버린다.

그들에게 거짓을 먹게 할 권리는 아무에게도 없다. 저술가들이 성심을 다하는 사람이라며 그들을 변호하는 것에 어떠한 의미가 있다고 말할 수 있는가? 그들은 육체적으로 하루에 여덟 시간 일하고 있지 않다. 그들이 시간을 가질 수 있도록, 잘못을 피하는 노력을 할 수 있도록 사회는 그들을 키우고 있다. 탈선 사고를 일으킨 기관사는, 가령 자기가 성심을 다하는 사람이라고 주장한다고 해도 따뜻한 눈으로 대접받지는 못할 것이다.

때로 진실을 고의로 왜곡하는 데 동의하지 않는다면 어떠한 기고가도 그 직업을 지켜 나갈 수 없다. 이런 사실을 알고 있음에도 불구하고 그 신문의 존재를 묵인한다는 것은 실로 치욕이다.

대중은 신문에 대해 불신감을 지니고 있다. 하지만 그 불신감에 의해 대중이 보호받는 것은 아니다. 신문이 진실과 거짓의 쌍방을 포함하고 있음을 알기에, 대중은 보도된 뉴스를 이 두 개의 항목 중 어느 한쪽으로 분류해 버린다. 더군다나 적당히 자기의 기호에 맞추기 때문에 그들은 오류에 빠지는 것이다.

거짓의 조직화와 혼동될 때 저널리스트는 범죄를 구성한다. 누구나 이 사실을 알고 있다. 다만 사람들은 그것을 처벌할 수 없는 범죄라고 믿고 있다.

하나의 활동이 일단 유죄로 인정되었음에도 불구하고 왜 처벌할 수 없는 것일까? '처벌할 수 없는 범죄'라는 이 기묘한 관념은 어디서부터 생긴 것일까? 이것이야말로 법 정신의 가장 추악한 변형이다. 지금이야말로 식별할 수 있는 모든 범죄는 처벌하고, 이 기회에 모든 범죄를 처벌하자는 취지를 명확히 밝혀야 하지 않을까?

공중위생에 관한 간단한 조치가 진실에 대한 침해에서 민중을 보호할 것이다.

첫 번째 조치는, 진실의 보호를 위한 특별 법정의 실정이다. 이 법정은 높은 권위를 부여받고, 특별히 선정되고 교육된 사법관에 의해 구성되어야 한다. 이 법정은 공중의 탄핵에 의거하여 회피되어 왔던 모든 과오를 처벌하도록 요구받아 금고형을 선고하게 될 것이다. 동시에 거듭되는 누범에 악의가 증명되고, 정상이 가중되어야 할 경우에는 징역형까지도 선고할 수 있어야 한다.

이를테면, 고대 그리스의 한 찬미자가 마리탱의 최근 작품에서 "고대 최고의 사상가들도 노예제도를 탄핵할 생각조차 하지 않았다."라는 문장을 읽고, 위의 법정에 마리탱을 고소했다고 가정해 보자.

이 찬미자는 법정에 노예제도에 관해 우리에게 전해지는 유일하고 중요한 문장, 즉 아리스토텔레스의 행문行文을 제출할 것이다. 그리고 재판관은 다음과 같은 문장을 읽을 것이다.

"어떤 사람들은 노예제도가 자연과 이성에 상반된 것이라고 주장하고 있다." 이어 그는 "이 어떤 사람들 속에 고대 최고의 사상가가 들어 있지 않다고 단정할 수 있는 증거는 아무것도 없다."라고 지적할 것이다.

오류를 피하는 것이 매우 쉬웠음에도 불구하고, 무의식적이긴 하나 문명 전체를 비방하는 허위의 단정을 출판했다며 법정은 마리탱을 견책할 것이다. 그리고 모든 일간지, 주간지, 그 밖의 모든 잡지와 방송은 법정의 견책과 마리탱의 회답을 대중에게 알리는 의무를 지게 된다. 그러나 이와 같이 오류가 명확한 경우, 회답을 얻는다는 것은 어려운 일이다.

이 제도가 확립되면, 어떠한 인간이든 인쇄물이나 방송을 통해 당연히 피할 수 있는 오류를 범하면 위의 법정에 고발당하게 된다.

두 번째 조치는, 라디오나 일간지에 게재되는 모든 종류의 광고를 절대적으로 금지하는 것이다. 이 두 개의 수단은 특정 성향이 없는 보도만을 허용해야 한다.

위의 법정은 보도가 어떤 방향으로도 기울어지지 않도록 감독한다. 또한 보도기관의 잘못된 단정뿐만 아니라, 고의적인 묵살도 판정할 수 있어야 한다.

사상의 유통이 이루어지는 세계, 또한 그 사상을 널리 알리는 것을 바라는 세계는 주간, 격주간, 월간의 기관지만이 권리를 갖는다. 인간에게 사물을 생각하도록 요구하고, 인간이 백치가 될 것을 바라지 않는다면 그 이하의 간격은 필요하지 않다.

기관지가 사용하는 설득 방법의 타당성은 위 법원의 감독에 의해 보증한다. 그러나 너무도 자주 진실이 개변될 경우에는, 그 기관지는 법원에 의해 발행 정지를 명령받는다. 그러나 그 편집자는 다른 명칭 아래 그 잡지를 재발행할 수 있다.

어떤 경우라도 공공의 자유에 대한 침해는 있을 수 없다. 항상 인간 영혼의 가장 신성한 요구, 즉 시사示唆 행위와 오류에서 보호받고 싶다는 요구가 만족되어야 하는 것이다.

이쯤해서 '법관들의 공정성은 누가 보장해 주는가?'라는 반론도 나올 만하다. 그들에게는 완전한 독립이 보장될 것이다. 그러나 무엇보다 그들에게 우선되어야 할 것은, 지성 교육에 앞서 정신적 교육이 행해지는 학교에서 양성되어야 한다는 사실이다. 법률적 교육이 아니라 진실을 사랑하는 습관이 먼저 몸에 배어야 하기 때문이다.

이 목적을 위해 진실을 사랑하는 사람들을 발견할 수 없다면, 한 국민에게 진실의 요구를 만족시킬 수 있는 어떠한 가능성도 없어지고 만다.

Ⅲ. 신을 기다리며

신이 우리를 사랑하기 때문에
우리가 신을 사랑해야 하는 것은 아니다.
신이 우리를 사랑하기 때문에
우리는 우리 자신을 사랑해야 하는 것이다.
이러한 동기가 없다면
어떻게 자신을 사랑할 수 있겠는가?
이러한 우회가 없는 한,
인간은 자신을 사랑할 수 없다.

¨하나님의 사랑과 고뇌

이 글은 아마 1942년 봄에 쓰여 시몬 베유가 프랑스를 떠나기 며칠 전에 페렝 신부에게 전해졌을 것이다.

괴로움의 영역에 있는 고뇌는, 특수하고 독자적인 성격을 가졌다. 그것은 단순한 고통과는 아주 다르다. 그것은 영혼을 소유하고 있으며, 자기 자신의 표식인 노예의 표식으로 철두철미하게 점찍어 둔다. 고대 로마가 실시했던 노예제도는 불행의 극단적인 형태이다. 이 문제에 관해 잘 알고 있던 고대인들은 "인간은 그가 노예가 되는 날, 영혼의 절반을 상실한다."라고 말하곤 했다.

불행을 육체적인 고통과 분리할 수는 없으나, 이들은 서로 아주 다른 것이다. 불행은 육체적인 고통과 유사한 어떤 것과도 결합되지 않는다. 육체적 고통은 모두가 다 인위적이며 공상적이기 때문에 마음을 적당히 조절함으로써 제거될 수 있다.

사랑하는 사람의 부재나 사망의 경우에도 어쩔 수 없는 슬픔은, 호흡곤란과 같은 육체적인 고통이나 생물학적인 무질서와 유사하다. 환원할 수 없는 성질을 중심에 두지 않는 슬픔은 다만 낭만이나 문학에 지나지 않는다.

굴욕 또한 육체적인 존재의 격렬한 조건이다. 굴욕은, 폭발시키고 싶지만 무능이나 공포에 의해서 자신을 억제하도록 강요하고 있는 감정이다.

반면에 육체적인 고통은 그다지 중요하지 않은 문제이며, 영혼에 아무런 흔적도 남기지 않는다. 치통이 그 예이다. 썩은 이 때문에 생기는 격렬한 한두 시간의 고통은 일단 시간이 지나면 아무것도 아니다.

그러나 신체적인 괴로움이 지속되거나 빈번해진다면 이는 또 다른 문제이다. 그것은 불행과는 아주 다르지만, 불행인 경우가 종종 있다.

불행은 생명의 뿌리를 빼앗는 것이며, 죽음의 다소 경감된 표현이다. 만약 육체적인 고통이 완전히 존재하지 않는다면 영혼의 불행도 없다. 우리들의 생각은 어떠한 대상에도 미칠 수 있기 때문이다. 동물이 죽음으로부터 도피하듯 생각은 신속하게 불행으로부터 도피한다.

아무리 작은 고통일지라도 육체적인 고통으로 불행의 존재를 인식하게 될 때 발생하는 정신 상태는, 자신의 목을 쳐낼 단두대를 몇 시간씩 보도록 강요당하고 있는 사람의 정신 상태만큼이나 예민하다. 인간은 이러한 예민한 상태로 20년 내지 50년을 살 수 있다. 우리들은 이런 사실을 인식하지 못한 채 그 상태와 아주 가깝게 지내고 있는 것이다.

그리스도와 같은 눈을 통해서 보지 않는 한, 어떤 사람이 그 같은 정신 상태를 감지할 수 있을까? 우리들은 이런 영혼들에게 이상한 행동방식을 갖고 있다고 느낄 뿐이며, 그런 행위를 비난한다.

한 생명을 붙잡아 그의 영혼을 송두리째 뒤흔든다고 해도 그 사건이 사회적이고 심리적이며 물리적인 모든 부분에 영향을 미치지 않는 한, 진정한 불행은 존재하지 않는다. 사회적인 요인은 본질적인 것이다. 어떤 형태로든지 사회적인 타락이나 사회적인 타락에 대한 공포가 존재하지 않는 한, 참된 불행은 존재하지 않는다.

슬픔 그 자체가 매우 격렬하고 깊으며 영속적이라 할지라도, 불행과는 그 성질이 다르다. 엄밀한 의미에서는, 불행과 모든 슬픔 사이에는 물의 끓는점처럼 연속성과 명확한 시발점의 경계가 존재한다.

이 경계는 순전히 객관적이기 때문에 온갖 종류의 개인적인 요인이 고려되어야 한다. 동일한 사건일지라도 어떤 사람은 불행하다고 느끼지만, 어떤 사람을 그렇지 않을 수도 있다.

인간 생활의 커다란 수수께끼는 괴로움이 아니라 불행이다. 죄 없는 사람들이 살해되고, 고문을 당하고, 자신들의 나라에서 쫓겨나고, 가난해지고, 노예가 되고, 수용소나 유치장에 수감되는 일이 놀라운 게 아니다. 이러한 행위를 할 범죄자들은 언제나 존재하고 있었기 때문이다.

질병이 오랫동안 괴로움을 주고 생명을 마비시켜, 그 생명을 죽음의 이미지로 만드는 것은 놀라운 일이 아니다. 자연은 기계적인 필연성의 맹목적인 작용에 좌우되기 때문이다. 그러나 하나님이 죄 없는 자들의 영혼을 붙잡고, 불행에게 독립된 주인으로서 그 영혼을 소유할 힘을 주었다는 것은 놀라운 일이다.

반쯤 짓밟힌 벌레처럼 땅 위에서 허우적거릴 정도의 구타를 당한 사람들은, 자신에게 무슨 일이 일어나고 있는지를 표현하지 못한다. 진정한 의미에서 불행을 맛보지 못했던 사람들은, 그들이 많은 고생을 했을지는 모르나, 불행이 무엇인지는 모르고 있다.

불행은 어떠한 용어 하나로 묘사하기에는 불가능하고 특수한 것이다. 그것은 마치 선천적 청각장애자에게 소리의 개념을 전달할 수 없는 것과 같다. 또 불행에 의해 자신을 불구로 만든 사람들은, 누구에게 도움을 청하지도 않으며 도움을 바라지도 않는다. 그러므로 불행한 자들을 동정한다는 것은 불가능하다. 불행한 자들을 동정하는 사람을 발견할 수 있다면, 그것은 물 위를 걷거나 병자를 고치고 죽은 자를 일으키는 것보다 더 놀라운 기적일 것이다.

그리스도는 불행으로 인해 고통에서 벗어나게 해달라고 탄원하고, 인간으로부터 위안을 얻었으며, 하나님으로부터 버림받았다고 믿을 수밖에 없었다. 올바른 사람이라도 불행에 빠지면 하나님에게 대항하여 소리치지 않을 수 없다. 인간적으로 완벽하게 올바른 사람조차도 말이다. 여기에 욥의 말을 인용하지 않을 수 없다.

"하나님께서는 죄 없는 자들의 불행을 비웃으신다."

이 말은 신성 모독이 아니라 진정한 불행의 울부짖음이다. 「욥기」는 처음부터 끝까지 진리와 확실성의 순수한 경이이다. 이러한 형태의 불행에서 이탈한 불행을 말하는 모든 언어는 다소 거짓에 오염되어 있다.

불행은 하나님을 잠시나마 부재 상태로 만든다. 죽은 사람보다, 완전히 깜깜한 방 속에서의 불빛보다 더 부재 상태로 보이게 한다. 공포는 영혼 전체를 감각에서 사라지게 한다.

이렇게 영혼이 부재중인 상태에서는, 사랑할 대상은 존재하지 않는다. 끔찍한 사실은, 사랑할 대상이 없는 이 암흑 속에서 만약 영혼이 사랑을 중지한다면 하나님의 존재는 끝장이 난다는 것이다. 영혼은 텅 빈 채 계속 사랑을 해야 하거나, 사랑할 것을 갈망해야 한다. 그러면 하나님은 욥에게 하신 것처럼 어느 날 세상의 아름다움을 보여 주실 것이다. 그러나 만약 영혼이 사랑을 중지한다면, 영혼은 이승에서도 지옥과 같은 곳으로 떨어진다.

그러므로 불행을 받아들을 준비가 되기 전에 불행을 맛보게 된 사람들은, 그들의 영혼을 살해하는 것과 같다. 반면, 우리들 모두에게 불행이 다가오고 있는 지금과 같은 시대에는, 실제로 영혼이 불행에 대항할 수 있는 상태여야만 효과적이다. 이것은 작은 문제가 아니다.

고통은 우리들을 단련시키기도 하고 낙담시키기도 한다. 고통은 벌겋게 달아오른 쇠처럼 경멸과 염증, 심지어는 자기 증오, 죄책감, 모욕감을 영혼 깊숙이 새겨 놓는다. 논리적으로 말하면, 이는 죄의 행위가 낳는 것이어야 옳지만 실제적으로는 그렇지 않다.

악은 자신이 범인의 마음속에 있다는 것을 느끼지 않은 채 범인의 마음속에 거주하고 있다. 죄가 없는 사람들의 마음속에서도 악은 느껴진다. 모든 악은, 마치 범죄인에게 영혼의 상태가 범죄와는 적당히 분리되어 있고, 불행과 함께 다니는 것처럼 발생한다. 그리고 그것은 불행에 빠진 사람들의 무죄에 비례하는 것 같다.

만약 욥이 절망적인 말로 자기 자신은 죄가 없다고 외친다면, 그것은 그 자신이 이미 무죄를 믿지 않기 시작하고, 그의 마음속에 있는 영혼이 그의 친구 편을 들고 있기 때문이다. 그는 하나님께 증인이 될 것을 간청한다. 그 자신이 양심의 간증을 더 이상 듣지 못하기 때문이다.

인간은 동물과 같이 육욕적인 성질을 갖고 있다. 한 암탉이 상처가 나면 다른 암탉들은 그 암탉에게 달려들어 주둥이로 공격한다. 이 현상은 중력 작용처럼 기계적이다. 우리의 감성은 우리의 이성이 범죄와 고통에 의뢰하는 모든 경멸과 혐오, 증오를 불행과 결부시킨다.

이 감성의 범칙은 우리들 자신에게도 적용된다. 불행한 사람의 경우, 모든 경멸과 혐오, 증오는 내부로 향한다. 이것들은 영혼의 중심에 침투하여 독으로 물든 빛으로 전체 우주를 채색하는 것이다. 만일 초자연적인 사랑이 살아남았다면, 우주를 독으로 채색하는 일은 막을 수 있다. 그러나 경멸과 혐오, 증오가 내부로 향하는 것은 막을 수 없다. 경멸과 혐오, 증오가 내부로 향하는 것, 이것이 바로 불행의 본질이다. 그것 없이는 불행이 없기 때문이다.

그리스도는 우리를 위해서 저주 받은 존재가 되셨다. 저주 받은 것은 십자가 위에 걸려 있는 그리스도의 몸뿐만 아니라 그의 영혼 전체이다. 이와 똑같이 불행한 모든 사람들은 자신이 저주를 받았다고 느낀다. 이러한 현상은, 불행을 겪었지만 운명의 변화로 이제는 불행을 벗어난 사람들에게도 똑같이 나타난다.

불행의 또 다른 효과는, 영혼 속에 타성의 독을 주입하여 영혼을 고통의 공범자로 만드는 것이다. 오랫동안 불행을 겪었던 사람은 자기 자신의 불행과 일종의 공범 관계를 형성한다.

이런 공범 관계는 불행을 겪는 사람이 자신의 운명을 향상시키기 위하여 행하는 모든 노력을 방해한다. 심지어 이 공범 관계는 인간이 구원의 길을 찾지 못하게까지 한다. 결국 그는 불행

속에 안주하며, 사람들은 그가 만족해 한다고 생각하게 된다.

또한 이 공범 관계는 그에게 구원의 수단을 피하도록 유도할지도 모른다. 이런 경우, 공범 관계는 가끔 우스꽝스러운 구실로 자신을 은폐한다. 즉 불행은 불행에서 빠져 나온 사람의 영혼 속에 다시 스며들어 그에게 다시 불행 속으로 뛰어들도록 강요한다. 이것은 마치 고통이 그의 몸속에 기생충처럼 자리 잡고 그를 자신의 목적에 맞게 인도하는 것과 같다. 가끔 이런 충동은, 행복을 지향하는 영혼의 모든 움직임을 상대로 승리를 거둔다.

불행한 사람을 현재 그 슬픔에서 구해 주는 것은 쉽지만, 그를 과거의 고통으로부터 해방시켜 주는 것은 어렵다. 하나님만이 이 일을 할 수 있다. 그러나 하나님의 은총으로도, 지상에서 낫기 힘든 정도의 상처는 치유할 수 없다. 그리스도의 영광된 몸에도 못과 창의 표식은 있다.

사람들은 고통의 존재를 하나의 '거리距離'로 생각함으로써 그 고통의 존재를 수락할 수 있을 뿐이다.

하나님은 사랑을 통해서, 또한 사랑을 위해서 만물을 창조하셨다. 하나님은 사랑 자체, 그리고 사랑할 수 있는 수단을 제외하고는 아무것도 창조하지 않으셨다. 그는 모든 거리를 두고 사랑할 수 있는 존재를 창조하셨다. 아무도 이 일을 할 수가 없기 때문에 하나님은 자신의 최대의 거리, 다시 말하면 무한한 거리까지 나가셨다. 하나님과 하나님 사이의 이 무한한 거리, 이처럼 비할 바 없는 분열, 비교가 안 되는 고통, 그리고 사랑의 놀라움이 십자가에 못 박힌 것이다. 저주를 받은 것보다 하나님으로부터 멀리 떨어진 것은 없다.

위에서 말한, 이른바 '분열'은 최고의 사랑이 최고의 결합으로 침묵 가운데 우주를 가로질러 영원히 메아리친다. 그것은 마치 떨어져 있는 두 개의 악보가 순수하고 가슴을 에는 듯한 조화로 융합되는 것과 같다. 이것이 하나님의 말씀이다. 전체 피조물은 이것이 진동하는 것에 불과하다. 가장 순수한 인간의 음악이 우리 영혼을 관통할 때, 우리들은 진동을 통해서 음악을 듣는 것이다. 우리들이 그 침묵의 소리를 배웠을 때, 우리들은 침묵을 통해서 더 명백하게 이해하게 된다.

사랑을 보존하고 있던 사람들은, 불행이 자신을 처박아 놓은 바로 그 밑바닥으로부터 이 음악을 듣는다. 이 순간부터 그들은 더 이상의 의심을 가질 수 없다.

불행에 의하여 쓰러진 사람들은 십자가 밑에, 다시 말하면 하나님으로부터 가장 먼 거리에 있다. 죄악이 이보다 더 멀리 떨어져 있다고 생각해서는 안 된다. 죄악이라는 것은 거리의 문제가 아니라, 우리들의 시선을 잘못된 방향으로 돌리는 일이기 때문이다.

이러한 거리와 원죄의 불복종 사이에 신비스러운 관련이 있는 것은 사실이다. 처음부터 인간은, 하나님으로부터 시선을 다른 데로 돌려 자기가 갈 수 있는 데까지 잘못된 방향으로 걸어갔다. 오늘날 우리들은 지금 있는 곳에 꼼짝없이 묶여 그저 시선만 자유로운 채 필연성에 종속되어 있다.

영적인 완전성의 정도를 주의하지 않는 맹목적인 우주기계론은, 사람들을 계속해서 동요시키고 그들 중의 몇 명을 십자가 바로 밑으로 던져 버린다. 이러한 동요를 통하여 하나님에게 눈을 돌리느냐 아니냐는 그들 자신에게 달려 있다. 그렇다고 이 말이 하나님의 섭리가 작용하지 않는다는 뜻은 아니다. 맹목적인 우주기계론으로 작용하는 그 필요성이 하나님의 섭리이다.

만약 우주기계론이 맹목적이 아니라면 불행이라는 것도 없을 것이다. 불행이라는 것은 아무런 특징이 없다. 불행에 빠진 자들의 개성을 빼앗고, 그들을 물건으로 만든다. 불행은 무관심한 것이다. 불행과 접촉하는 사람들의 영혼을 깊숙이 얼어붙게 하는 것은, 이 무관심의 차가움, 다시 말하면 금속의 차가움이다. 그들은 따스함을 결코 찾지 못할 것이다. 그들은 자신이 누구인가를 더 이상 믿지 못할 것이다.

신념 때문에 박해를 받고 있음을 아는 사람들은 수난을 당한다 할지라도 불행한 것은 아니다. 만약 괴로움이나 공포가 박해의 원인을 잊게 할 정도로 영혼을 점령한다면, 그들은 불행에 빠질 것이다.

야생동물들을 풀어놓은 원형 경기장에 노래 부르며 들어가는 순교자들이 불행했던 것은 아니다. 그리스도는 불행했다. 그는 순교자처럼 죽지 않았다. 그는 도둑들과 뒤섞여 우롱과 조롱 속에 죽었다. 불행이란 우스꽝스러운 일이기 때문이다.

맹목적인 필연성만이 인간을 아주 먼 곳, 다시 말하면 십자가 바로 옆으로 던질 수 있다. 대부분 불행의 원인인 인간 범죄는 맹목적인 필연성의 일부분이다. 범죄자들은 자신들이 하고 있는 일을 알지 못하기 때문이다.

우정에는 두 가지 형태, 즉 만남과 이별이 있다. 이들은 서로 분리될 수 없다. 이 만남과 이별은 동일하고 유일한 선인 우정을 내포하고 있다. 친구가 아닌 두 사람은 서로 가까이 있다고 해서 만나는 것이 아니며, 떨어진다고 해서 헤어지는 것이 아니다. 만남과 이별은 똑같이 선을 내포하고 있으며 똑같이 좋은 것이다.

하나님은 자신을 창조하시며 자신을 완전히 알고 계신다. 그것은 마치 우리들이 비참한 방법으로 우리들 밖에 있는 물건들을 만들고, 그것들에 대해서 알고 있는 것과 같다. 그러나 무엇보다도 하나님은 사랑이시다. 무엇보다도 하나님은 자신을 사랑하신다. 이 사랑, 다시 말해서 하나님에 대한 이 우정은 삼위일체이다.

하나님의 사랑의 관계에 의하여 결합된 이 세 가지 사이에는 아름다움 이상의 것이 존재한다. 무한한 가까움 혹은 동일성이 존재한다. 그러나 창조, 화신, 그리고 그리스도의 수난에서 결과까지는 무한한 거리가 존재한다. 전체 공간과 전체 시간은 그 광막함으로 하나님과 하나님 사이에서 서로 무한한 거리를 둔다.

연인들이나 친구들은 두 가지를 갈망한다. 그 하나는 둘이 서로를 너무나 사랑해서 서로의 마음속에 들어가 둘이 하나가 되는 것이고, 다른 하나는 너무나 사랑하기 때문에 지구의 반을 사이에 두고 있을지라도 그들의 유대가 조금도 줄어들지 않는다는 것이다.

여기 지상에서 인간이 헛되게 갈망하는 모든 것을 하나님은 완전히 인식하고 계신다. 우리들 마음속의 불가능한 욕망들은 운명의 표식 같은 것이다. 우리들이 이러한 욕망들을 더 이상 갈망하지 않을 때, 이 욕망들은 우리들에게 좋은 것이 된다.

　그 자체가 하나님인 사랑은 두 개의 미덕을 결합시킨다. 이 결합은 두 존재를 너무나 밀접하게 만들기 때문에 그들은 더 이상 구별할 수 없는 단일체를 형성한다. 또한 이 결합은 공간을 초월하여 펼쳐지기에 무한한 이별에 대해 개가凱歌를 올린다.

　하나님은 본질적으로 사랑이기 때문에 어느 의미에서 하나님으로 정의되는 단일성은 사랑의 순수한 효과이다. 더구나 이 사랑에 속하는 단일화의 무한한 힘은 그것이 극복할 수 있는 무한한 이별에 상응한다. 이 이별이란 시간과 공간 전체를 통하여 전개된 전체 창조이다. 이 창조는 기계적인 거친 물질로 만들어졌고, 그리스도와 그의 아버지인 하나님 사이에 놓여 있다.

　우리 인간들은 비참함으로써 그리스도와 그의 아버지 하나님 사이에 있는 거리를 같이 나누는 무한히 귀중한 특권을 얻었다. 그러나 사랑하는 사람에게 이 거리는 이별에 불과하다. 이별이라는 것은 고통스러운 것이지만, 사랑하는 사람들에겐 일종의 선이다. 이별은 사랑이기 때문이다. 버림받은 그리스도의 슬픔도 일종의 선이다.

　지상에서 우리들이 이 슬픔을 같이 나누는 것보다 더 큰 선은 없다. 하나님은 육체 때문에 지상에 있는 우리들에게는 결코 완전한 모습을 드러내 보일 수 없다. 그러나 극단적인 불행에 처했을 때 하나님은 완전한 부재의 상태가 되고, 바로 이때가 지상에서 우리들이 완전한 존재가 될 수 있는 유일한 가능성의 시간이다. 그렇기에 십자가는 우리들의 유일한 희망이다.

우리들이 작은 부분을 형성하고 있는 이 우주는, 하나님의 사랑에 의해 지정된 거리이다. 이 거리에서 우리들은 하나의 점이다. 공간, 시간, 그리고 물질을 지배하는 우주기계론이 바로 거리이다. 우리들이 악이라고 부르는 것은, 이 우주기계론에 불과하다.

하나님은 그의 은총이 인간의 중심까지 침투해 들어가서 모든 존재의 빛을 비추어 줄 때, 어떤 자연의 법칙을 깨뜨리지 않고도 물 위를 걸을 수 있도록 하셨다. 그러나 인간이 하나님으로부터 시선을 다른 곳으로 돌리면, 그는 다시 중력의 법칙에 몸을 맡기는 것과 같다. 그는 자신이 결정하고 선택할 수 있다고 생각하지만, 그는 그저 떨어지는 돌에 불과하다. 우리들이 정말로 주의 깊게 인간 사회와 영혼을 세심히 검토한다면 아마도 보게 될 것이다. 초자연적인 빛의 미덕이 존재하지 않는 곳에서는, 어느 것이나 다 중력의 법칙과 마찬가지로 맹목적이고 정확한 기계적 법칙에 순응한다는 사실을 말이다.

이 사실을 아는 것은 유익하고 필요하다. 우리들이 범죄자라고 부르는 사람들은 바람에 떨어져 나가는 기왓장과 같다. 그들의 유일한 결점은, 스스로를 기왓장으로 만든 최초의 선택이었다.

필연성의 우주기계론은 자신에게 충실하면서 어떠한 수준으로도 전환될 수 있다. 이 현상은 순수한 물질의 세계에서, 동물의 세계에서, 국가 간에, 그리고 영혼에게도 동일하다. 그것은 우리들의 현재 입장과 관점에서 보면 아주 맹목적인 것이다.

그러나 만약 자신과 우주와 하나님이 거주하시는 시간과 공간을 초월해서 우리들의 마음을 이동시킨다면, 그리고 만약 거기서 우리들이 이 우주기계론을 본다면, 그 필연성의 우주기계론은 아주 다르게 보인다. 필연성으로 보였던 것은 복종이 된다. 물질은 전적으로 수동성을 띠게 되며, 따라서 하나님의 뜻에 전적으로 복종하게 된다. 이것이 우리들에게는 완전한 모델이다. 하나님과 하나님께 복종하는 것 외에 다른 존재는 있을 수 없다. 물질은 완전한 복종 때문에 그 물질의 주인을 사랑하는 사람에게 사랑받는다. 그것은 마치 사랑하는 부인이 사용하던 바늘을 그녀의 연인이 소중히 간직하는 것과 같다.

세상의 아름다움은 물질이 우리가 사랑하기에 적합하다고 넌지시 말한다. 세상의 아름다움에서 순수한 필연성은 사랑의 대상이 된다. 달아나는 파도가 끊임없이 움직이며 움푹한 곳으로, 혹은 산의 영원한 기복起伏 속으로 떨어질 때, 거기에서 발견되는 중력만큼 아름다운 것이 어디 있겠는가?

우리의 눈에 바다는 더할 나위 없이 아름답다. 이는 가끔 배들이 파선되는 것을 우리가 알고 있기 때문이다. 배가 파선되는 것과는 반대로 그 모습은 바다의 아름다움을 증가시킨다. 만약 바다가 배를 구해 주기 위해 파도의 움직임을 변화시킨다면, 바다는 분별력과 선택권이 있어 모든 외적인 압력에 완전히 복종하는 피조물이 아니게 된다. 바다의 아름다움은 완전한 복종에 있다.

이 세상에서 발생하는 모든 공포는, 중력에 의하여 파도에 나타나는 기복과 같은 것이다. 그러므로 공포는 어떤 아름다운 요소를 내포하고 있다. 가끔 『일리아드』와 같은 시詩는 이런 아름다움을 밝혀 주고 있다.

인간은 하나님에 대한 복종으로부터 결코 도망칠 수 없다. 피조물은 복종할 수밖에 없다. 지성적이고 자유로운 피조물로서의 인간에게 주어진 유일한 선택은, 그 복종을 소망하는지 아닌

지일 뿐이다.

만약 인간이 복종을 소망하지 않는다 해도, 그는 기계적인 필연성에 종속되고 있는 물건인 만큼 끊임없이 복종해야 한다. 인간이 복종을 소망한다고 해도, 그는 기계적인 필연성에 여전히 지배를 받는다. 그러나 여기에는 새로운 필연성, 즉 초자연적인 고유한 법칙으로 구성된 필연성이 부가된다. 어떤 활동은 전혀 불가능한 것이고, 어떤 활동은 가끔 자신도 모르게 수행된다.

가끔 하나님에게 불복종했다는 느낌이 드는데, 그것은 우리들이 복종에의 소망을 잠시 접어두었음을 뜻한다. 식물은 자신의 성장 문제에 관한 어떤 억제력이나 선택권을 갖고 있지 않다. 우리들은 빛 안에 있을 것인지, 아니면 빛 밖에 있을 것인지 중에서 하나를 선택해야 하는 식물과 같은 존재이다.

그리스도는 "수고도 하지 않고 길쌈도 하지 않는 들판의 백합을 생각해 보아라."라고 말씀하심으로써 식물의 순종을 하나의 모델로 제시하였다. 이것은 세 가지를 의미한다. 첫째, 들판의 백합은 이 빛깔이나 저 빛깔의 옷 입기를 시작하지 않았다는 것. 둘째, 백합은 그들의 대상을 끄집어내기 위해 자신의 의지를 행사하거나 준비하지도 않았다는 것. 셋째, 자연의 필연성이 그들에게 준 모든 것을 받아들였다는 것.

만약 들판의 백합이 가장 화사한 물건들과도 비교가 안 될 정도로 더 아름답게 보인다면, 그것은 들판의 백합이 더 화사하기 때문이 아니라 순종적이기 때문일 것이다. 사물들도 순종하지만 그것은 인간에게 순종하는 것이지 하나님에게 순종하는 것은 아니다.

또한 예술 작품이 마치 진짜 바다나 산, 꽃처럼 아름답게 보인다면, 그것은 하나님의 빛이 그 예술가에게 충만해 있기 때문이다. 하나님에 의해서 영감을 받지 않은 인간이 만든 것에 아름다움을 발견하기 위해서는, 우리들은 먼저 이해해야 할 필요가 있다. 인간들 자신은 자신이 복종하고 있다는 것을 알지 못한 채 복종하고 있는 물질에 불과하다는 사실을 말이다.

이러한 경지에 도달한 사람들에게 이 지상에서의 모든 것들은 완전무결하리만치 아름답다. 그들은 존재하고 발생하는 모든 것에서 필연성의 우주기계론을 인식하며, 그 필연성 속에서 복종의 무한한 달콤함을 깊이 인식하는 것이다.

하나님과의 관계에서 사물들의 이러한 복종은, 투명한 유리 창문과 빛의 관계와도 같다. 모든 존재에서 이러한 복종을 보는 순간, 우리들은 하나님을 보는 것이다.

신문을 거꾸로 들고 있으면 우리들에게 보이는 것은 인쇄된 글자의 이상한 형태이다. 그러나 신문을 제대로 들면 우리들에게 나타나는 것은 글자가 아니라 단어이다. 배를 탄 여객이 폭풍우를 만나게 되면, 배가 동요할 때마다 속이 뒤집히는 것을 느끼게 된다. 선장은 바람과 해류와 물의 증가가 복잡하게 결합되었다는 것과 배의 위치, 형태, 돛 그리고 방향키를 알고 있을 뿐이다.

읽거나 장사하는 법을 배워야 하듯이 사람들은 모든 사물에서 우선 하나님에 대한 우주의 복종을 배워야 한다. 이것은 진짜 습득을 위한 수습修習이다. 이 수습은 다른 모든 수습처럼 시간과 노력이 필요하다. 이 수습 훈련을 끝낸 사람은, 몇 번이고 반복되며 붉은색과 푸른색의 여러 글자체로 인쇄된 동일한 문장을 보고 있을 때, 인식된 그 차이와 중요성이 같다는 것을 안다. 읽을 줄 모르는 사람은 그저 차이를 이해할 뿐이지만, 읽을 줄 아는 사람에게는 차이가 동일하다. 문장은 동일하기 때문이다.

수습 기간이 끝난 사람은, 어디서든 사물들이나 사건들을 신성하고 무한히 감미로운 말의 진동으로 인식하고 있다. 그러나 이것이 그가 괴로워하지 않는다는 뜻은 아니다. 고통은 어떤 사건들의 빛깔이다. 읽을 수 있는 사람과 읽을 수 없는 사람이 붉은 잉크로 쓰인 문장을 볼 때 그들은 둘 다 동일한 붉은색을 본다. 그러나 이 빛깔의 중요성은 전자보다는 후자가 더 크다.

수습생이 상처를 입거나 피로하다고 불평할 경우, 노동자들이나 농민들은 말한다.

"일이 몸에 배는 거야!"

만약 경험해야 하는 것이 있으면 그때마다 우리들은, 우리의 몸속에 들어가는 것은 우주, 세계의 질서와 아름다움, 그리고 하나님에 대한 창조의 복종이라는 것을 아주 조용히 되새길 수 있다. 우리들에게 이런 선물을 준 사랑의 하나님을 어찌 감사로 축복하지 않을 수 있겠는가?

기쁨과 고통은 똑같이 귀중한 선물이므로 우리들은 이를 서로 혼동하지 말고 각자의 순수성을 완전히 맛보아야 한다. 세상의 아름다움은 기쁨을 통해서 우리들의 영혼 속으로 침투한다. 세상의 아름다움은 고통을 통해서 우리 몸 속으로 들어온다. 우리들이 기쁨만을 가지고 하나님의 친구가 될 수 없는 것은, 마치 항해에 대한 책만을 연구한다고 해서 선장이 될 수 없는 것과 같다.

육체는 모든 수습생활에서 하나의 역할을 담당한다. 육체적인 감성 면에서 고통은, 세계의 질서를 구성하는 필연과 접촉한다. 기쁨이 필연성을 내포하고 있지는 않기 때문이다. 기쁨에서 필연성을 인식할 수 있는 것은 고차원적인 감성이며, 그것도 아름다움을 통해서만이 가능하다.

우리들 존재의 모든 부분이 어느 날 물질의 본질인 복종에 완전히 민감해지기 위해서, 그리고 하나님의 말씀을 진동으로 들을 수 있는 새로운 감성이 우리들 내부에 형성되도록 하기 위해서는, 고통과 기쁨의 변형력은 똑같이 중요하다.

이 둘 중의 하나가 우리들에게 올 때, 우리들은 영혼의 중심부를 열어 주어야 한다. 그것은 마치 사랑에 빠진 여인이 연인의 소식을 가져 온 사자使者에게 문을 열어 주는 것과 같다. 그 사자가 그녀에게 전갈傳喝만 전해 준다면, 그 사자의 예의가 바르든 예의가 없든 무슨 상관이 있겠는가?

그러나 불행은 고통이 아니다. 불행은 하나님의 지도 방법과는 아주 다른 것이다.

시간과 공간의 무한성은 우리들을 하나님으로부터 분리시키고 있다. 우리들은 하나님을 어떻게 찾을 수 있을까? 우리가 수백 년 동안 걷는다 해도 우리들은 세계를 돌고 도는 데 그치고 말 것이다. 비행기를 타고서라도 그 이상의 일은 할 수 없다. 우리들이 수직으로 나아갈 수는 없다. 하나님이 우주를 횡단하여 우리에게 오신다.

무한하기 이를 데 없는 하나님의 사랑은, 시간과 공간의 무한성을 초월하여 우리들을 소유하게 된다. 하나님의 사랑은 자기가 오고 싶을 때 온다. 우리들은 이를 받아들이는 데 동의하거나 거부할 힘을 갖고 있다. 우리가 만약 계속해서 하나님을 거부한다면 그는 거지처럼 거듭해서 다시 찾아올 것이지만, 어느 날 홀연히 다시는 오지 않을 것이다. 우리가 동의한다면, 하나님은 우리들 속에 작은 씨앗을 심어 두고 다시 가 버린다.

그 순간부터 하나님은 더 이상 할 일이 없다. 우리들도 기다리는 것 외에는 할 일이 없다. 우리들은 우리가 하나님에게 보여 준 동의를 후회하지 않을 뿐이다. 그것은 말처럼 그렇게 쉽지는 않다. 우리들 내부에 있는 씨앗의 성장은 고통스러운 것이기 때문이다. 더구나 성장을 받아들인다는 바로 그 사실 때문에 우리들은 잡초를 뽑거나 개밀(잡초의 일종)을 잘라내는 등 성장에 방해가 되는 것은 무엇이든지 제거해야 한다. 불행히도 개밀은 바로 우리 육체의 일부이기 때문에 이 풀을 제거하는 일은 격렬한 작업과 같다. 그러나 일반적으로 씨앗은 저절로 자란다.

영혼이 하나님에게 속하는 날이 오는데, 이때 영혼은 하나님을 사랑하는 데 동의할 뿐만 아니라, 진실로 그리고 효과적으로 하나님을 사랑한다. 그 다음에는 영혼이 우주를 가로질러 하나님에게로 향하는 때가 반드시 온다. 영혼은 창조된 사랑으로, 피조물로 사랑하지는 않는다. 영혼 속에 있는 사랑은 신성하며 창조된 것이 아니다. 하나님을 향한 하나님의 사랑이 이 영혼을 통과하기 때문이다. 하나님만이 하나님을 사랑할 수 있다.

우리들은 사랑이 우리들의 영혼 속을 자유롭게 통과할 수 있도록 자신의 감정을 포기하는 데 동의할 뿐이다. 이것은 우리들 자신의 부인否認을 뜻한다. 우리들은 이러한 동의을 위해서 창조되었다.

하나님의 사랑은 무한한 시간과 공간을 가로질러 우리들에게 온다. 그런데 어떻게 다시 여행을 반복할 수 있겠는가? 우리들 속에 심어진 하나님의 사랑의 씨앗이 자라서 나무가 될 때, 그 나무를 지니고 있는 우리들은 어떻게 그 나무의 근원으로 다시 돌아갈 수 있겠는가? 하나님이 우리들에게 오셔서 행사하셨던 그 여행을 우리가 되짚어 갈 수 있겠는가? 우리가 어떻게 무한한 거리를 가로질러 갈 수 있겠는가?

그 일은 불가능한 것처럼 보인다. 그러나 방법은 있다. 더구나 그 방법은 우리에게 익숙한 길이다. 우리의 마음속에서 자랐고 하늘의 새들이 와서 자리를 잡는, 이 가장 아름다운 나무가 무엇으로 되어 있는지 우리들은 아주 잘 알고 있다. 우리들은 모든 나무 중에서 어떤 나무가 가장 아름다운지 알고 있다.

"어떤 숲에도 이런 나무는 없다."

교수대絞首臺보다 더 놀라운 어떤 것, 그것이 모든 나무 중에서 가장 아름다운 나무이다.

하나님이 우리들 내부에 심어 준 것은 이 나무의 씨앗이었다. 그러나 우리들은 그것이 어떤 씨앗인지는 알지 못했다. 만약 우리가 그것이 어떤 씨앗이었는지 알았다면, 처음부터 동의하지는 않았을 것이다. 우리들 내부에서 자라고 제거할 수 없게 된 것은 이 나무이다. 배반만이 이 나무의 뿌리를 뽑을 수 있을 것이다.

우리들이 망치를 가지고 못을 박을 때 못대가리가 받는 충격 전체는 못의 끝까지 전달된다. 못 끝은 비록 한 점으로 표시하지만 충격은 조금도 줄어들지 않는다. 망치와 못대가리가 무한히 크다고 해도 마찬가지일 것이다. 못의 끝은 이 무한한 충격을 그 못이 박혀지는 곳으로 전달한다.

이때 못은 육체적인 고통, 영혼의 슬픔과 사회적인 타락을 동시에 의미하는 극단적인 고통이다. 못의 끝은 영혼의 중심부에 해당한다. 못대가리는 시간과 공간 전체를 통해 펼쳐져 있는 모든 필연성이다.

불행은 놀라운 하나님의 기술이다. 유한한 피조물의 영혼 속에 그것은 맹목적이고 잔인하며 차갑고 방대한 힘을 도입하는 간단하고 교묘한 장치이다. 하나님을 피조물로부터 분리시키는 무한한 거리는, 영혼의 한복판을 관통하기 위해 이 한 점 속에 완전히 집중되어 있다.

우리는 사랑이라는 것이 하나의 방향이지, 영혼의 상태가 아니라는 것을 알 필요가 있다. 그 사실을 알지 못하면, 불행이 덮치는 순간 우리는 절망에 빠지게 된다.

못에 박혀 있는 동안에도 영혼이 하나님의 방향으로 주의를 돌렸던 사람은, 자신이 우주의 바로 그 중심에 못 박혀 있음을 발견한다. 그것은 그저 가운데 있는 것이 아니라 참된 중심이며, 시간과 공간을 초월하는 하나님이다. 공간에도 속하지 않으며 시간도 아닌, 아주 다른 차원에서 이 못은 모든 피조물의 세계를 통해 하나님과 하나님을 분리시키는 두꺼운 벽을 통과하여 하나의 구멍을 뚫는다.

이 놀라운 차원에서 영혼은, 육체가 존재하는 장소와 순간을 떠나지 않고, 모든 시간과 공간을 가로질러 하나님이 계신 곳으로 간다. 그곳은 창조와 창조주 사이의 교차로에 있다. 이 교차점은 십자가 가지의 교차점이다.

성 바오로는 말했다.

"그리스도께서 너희 마음에 계시게 하옵고, 너희가 사랑 가운데서 뿌리가 박히고 터가 굳어져서 능히 모든 성도와 함께 지식에 넘치는 그리스도의 사랑을 알고, 그 넓이와 길이와 깊이와 높이가 어떠한가를 깨달아 하나님의 모든 충만으로 너희가 충만해지기를 구하노라."

¨하나님의 묵시적인 사랑의 제형태

이 글은 시몬 베유가 막 배를 타면서 페렝 신부에게 보낸 것이다.

'그대는 그대의 주 하나님을 사랑하라'라는 계명이 우리들에게는 명령적으로 부과되었다. 여기서 문제가 되는 사랑은, 하나님이 미래의 신부 손을 몸소 잡으시기 위해 오실 때 영혼이 동의하거나 거부할 수 있는 사랑일 뿐만 아니라, 하나님의 방문 이전의 사랑이라고 추리할 수 있다. 사랑에는 영구적인 의무가 포함되어 있기 때문이다.

이 방문 이전의 사랑의 대상은 하나님이 아니다. 하나님은 영혼에는 존재하지 않으며, 존재한 적이 없기 때문이다. 그러므로 이 방문 이전의 사랑은 다른 대상을 갖고 있어야 한다. 물론 결국 그것은 하나님의 사랑이 될 운명이다. 우리들은 이런 사랑을 간접적이고 묵시적인 하나님의 사랑이라고 부른다.

이는 그 사랑의 대상이 하나님의 이름을 지니고 있을 때에도 유효하다. 왜냐하면 이때에도 우리들은 그 이름이 잘못 적용되었다고 말할 수 있거나, 아니면 그 이름의 사용이 허용될 뿐이라고 말할 수 있기 때문이다.

하나님의 묵시적인 사랑은 세 개의 직접적인 대상에 있다. 하나님은 이 유일한 세 개의 대상 속에 비밀리에 존재하신다. 이 세 개의 대상이란 종교의식과 세상의 아름다움, 그리고 우리 이웃이다. 따라서 세 개의 사랑이 존재하는 것이다.

이 세 가지 사랑에 첨부해야 할 것은 아마 우정일 것이다. 그러나 엄격히 말해서 우정은 이웃에 대한 사랑과는 다르다. 이 간접적인 사랑은 사랑과 동일한 미덕을 갖고 있다. 상황, 기질, 그리고 직업에 따라 어느 한쪽이 먼저 영혼 속으로 들어간다. 그것은 준비 기간 동안에 지배력을 행사한다. 그러나 기간 전체를 통해 그 지배력이 반드시 동일하지는 않다.

만약 영혼이 세 가지 사랑을 어느 수준까지 끌어올리지 않는다면, 대부분의 경우에 준비 기간은 끝나지 않으며, 영혼은 하나님의 방문을 받을 준비가 되어 있지 않은 것이다.

이러한 사랑들의 결합은 준비 기간에 가장 알맞은 형태, 다시 말하면 베일에 싸인 형태로 하나님의 사랑을 만들어낸다. 또한 이러한 사랑들은 완전한 의미에서의 하나님의 사랑이 영혼 속에 충만해진다고 해서 사라지지 않는다. 이들 사랑이 지극히 강해져서 단 하나의 사랑을 이룰 뿐이다.

그러나 숨겨진 사랑은 필연적으로 먼저 나타나 가끔 영혼 속에서 매우 오랫동안 홀로 군림한다. 아마 많은 사람들에게는 죽을 때까지 그럴 것이다. 숨겨진 사랑이 고도의 순결과 힘에 도달할 수 있다. 이때의 사랑이 영혼과 접촉하면, 그 사랑이 어떤 형태를 취하든 성례전聖禮典(성례식과 세례식)의 미덕을 지니게 된다.

이웃에 대한 사랑

그리스도는 우리들에게 이웃의 사랑에 대하여 명확히 말씀하셨다.

그리스도는 어느 날, 자신에게 은혜를 베풀어 준 사람에게 "내가 굶주렸을 때 너희들은 내게 먹을 것을 주었고…"라고 하면서 그들에게 감사를 표하겠다고 말씀하셨다. 그리스도 자신이 아니라면 누가 그리스도에게 자선을 베풀 수 있겠는가? 적어도 잠시나마 성 바오로가 말하는 상태, 다시 말해서 그리스도가 마음속에 기거하는 상태까지 끌어올리지 않는다면, 어떻게 그리스도에게 먹을 것을 줄 수 있겠는가?

복음의 원문은 수난을 당하는 자만 관계하고 있다. 그리스도를 받아들이는 사람의 영적인 가치는 그리스도의 존재와는 아무런 관계가 없는 것처럼 보인다. 그러므로 굶주린 사람에게 빵을 주는 행위는 동시에 그 안의 그리스도를 몸에 일깨워야 한다는 사실을 시인하지 않으면 안 된다.

영성체와 마찬가지로 그리스도의 존재를 받아들이는 사람도 그 존재를 동의하거나 반대할 수 있다. 만약 선물이 올바르게 주어지고 받아들여진다면, 한 조각의 빵이 한 사람에게서 다른 사람에게 전해지는 것은 마치 참된 영성체와 같은 것이다.

그리스도는 그의 은인들을 친절하다거나 자비로운 사람이라고 부르지는 않는다. 정의로운 사람이라고 불렀다. 복음서에는 이웃에 대한 사랑과 정의를 구별하지 않는다. 그리스인들의 눈에는 탄원자 제우스에 대한 존경이 정의의 1차적인 의무였다.

우리들은 정의와 자비의 구별을 만들어냈다. 그 이유를 이해하기는 쉽다. 소유자들이 자기의 것을 남에게 준다는 의무를 면제받는 것이 우리들의 정의 관념이다. 만약 소유자가 그럼에도 불구하고 자기가 가진 것을 남에게 준다면, 그는 자신에게 만족할 권리를 갖는다고 생각한다. 그는 자기가 좋은 일을 했다고 생각한다. 은혜를 받은 사람 입장에서 본다면, 그는 과연 감사할 필요가 있는 것인가? 그가 비굴한 감사를 해야 하는지 아닌지는, 그가 앞서 말한 관념을 해석하는 방법에 달려 있다.

정의와 사랑을 절대적으로 동일시하는 것만이 동정과 감사의 공존을 만든다. 고통을 받는 자의 품위에 대한 존경심과 수난을 받는 자가 느끼는 존경이 공존할 가능성이 생기는 것이다. '결함이 없는 정의만큼 더 큰 친절은 없다'는 것을 우리들은 명심해야 한다.

정의로운 사람들은 그 정의로움을 칭송받아야 한다. 우리들이 하나님의 위대한 영광 때문에 하나님에게 감사하는 것과 마찬가지로, 정의라는 것은 매우 아름다운 것이기 때문이다. 다른 종류의 감사는 굴욕적이며, 심지어는 동물적이다. 불의를 당할 뻔한 상황에서 정의의 도움을 받고도 감사하지 않는 것은, 정의라는 순수한 행위에 포함된 초자연적인 미덕을 거부하는 일이다.

우리는 이러한 현상을 투키디데스의 글귀에 있는 고결한 정신 속에서 찾을 수 있다. 자연적인 정의의 이론만큼 우리들에게 이 같은 미덕을 제대로 이해시키는 것은 없다.

스파르타와 교전 중이었던 아테네인들은, 옛날부터 스파르타와 동맹관계를 맺었고, 그때까지도 여전히 중립을 지키고 있던 멜로스라는 작은 섬 주민들에게 아테네에 합세할 것을 강요했다. 아테네인들의 최후통첩에 직면한 멜로스인들은 자신들 고도古都에의 동정을 탄원하면서 정의에 호소했으나 헛수고였다. 멜로스인들이 항복하려고 하지 않기에 아테네인들은 멜로스인들의 도시를 완전히 파괴해 버렸다. 남자들은 모두 죽였고, 여자와 아이들은 노예로 팔아 버렸다.

투키디데스는 이 아테네인이 멜로스인에게 보낸 최후통첩의 정당성을 증명하려고 노력하지는 않을 것이라고 말한다.

"가능한 것을 취급하자. 당신네들은 우리들처럼 그것을 잘 알고 있지 않은가? 정의란 양측에 똑같은 필요성이 존재할 때만 검토하도록 되어 있다. 만약 한쪽이 강하고 다른 쪽이 약하면, 강자에 의해 가능한 일을 명하고 약자는 그것을 받아들이는 것이다."

멜로스인들은, 전쟁에서는 자기들의 대의명분이 갖고 있는 정의 때문에 신의 가호를 받을 것이라고 말했다. 아테네인들은 멜로스인처럼 생각할 이유가 없다고 대답했다.

"신에 관하여 말한다면, 그래 우리에게도 신앙이 있다. 인간에 관하여 말한다면, 우리들은 자연의 필연성에 의하여 인간 각자는 힘을 갖고 있는 곳이면 어디서나 지배한다는 확실성을 알고 있다. 우리들이 이 법칙을 만든 것은 아니다. 그렇다고 이 법칙을 처음으로 적용한 것도 아니다. 이 법칙이 이미 확립되었으며, 영원히 계속될 것이기에 우리들도 이 법칙을 적용할 뿐이다. 당신네들이 지금의 우리와 똑같은 정도의 힘을 가지게 되면, 당신들 또한 우리와 마찬가지로 행동할 것이라는 사실을 우리들은 아주 잘 알고 있다."

불의의 개념에서 이와 같은 명확함은, 자비의 불빛 바로 다음에 나오는 불빛이다. 그것은 자비가 한때는 존재했었지만 지금은 꺼져 버린 곳에 간혹 남아서 빛은 내는 것과 같다. 그 불빛 밑에서 암흑이 나오는데, 이 암흑 속에서 강자는 자기들의 대의명분이 약자의 대의명분보다 더 정당하다는 것을 진지하게 믿고 있다. 로마인들과 히브리인들이 그랬다.

여기서 언급되는 단어 중 가능성과 필연성은 정의와 대립되는 용어이다. 가능하다는 것은 강자가 약자에게 강요할 수 있는 모든 것을 의미한다. 이 가능성의 힘이 어느 정도까지 미치는 가를 검토하는 것은 합리적인 일이다. 강자가 가능성의 극한까지 그의 목적을 달성할 것은 확실하다. 그것은 하나의 기계적인 필연성이다. 그렇지 않다면 강자는 자기의 의지로 할 수도 안 할 수도 있는 듯 보일 것이다. 이 말은 약자나 강자에게는 다 필연성이 있다는 것을 뜻한다.

두 사람이 어떤 문제를 해결해야만 하고, 양측이 어느 한쪽을 강요할 힘이 없을 때는 서로 합의하지 않으면 안 된다. 이때 정의가 검토된다. 정의만이 양쪽의 의지를 일치시킬 힘을 가지고 있기 때문이다. 이것은 하나님 속에서 하나님과 그의 아들을 결합시키며, 독립적으로 생각하는 사람들은 모두들 이러한 사랑의 이미지를 그리고 있다.

그러나 강자와 약자가 공존한다면, 이들은 의지를 결합시킬 필요가 없다. 의지는 하나, 강자의 의지뿐이다. 약자는 복종한다. 이런 일은 인간이 사물을 다룰 때 나타난다. 일치하도록 만들어진 두 개의 의지는 존재하지 않는다. 인간은 의지를 표명하고 사물은 복종한다. 약자는 사물과 같다. 귀찮은 개를 제거하기 위해 돌을 던지는 것이나, 노예에게 "그 개를 쫓아 버려!"라고 말하는 것 사이에는 아무런 차이가 없다.

불평등한 힘을 가진 사람들의 관계도 어느 정도의 불평등을 넘어서면, 약자는 사물의 상태로 들어가 그의 개성을 상실한다. 옛날 사람들은 "인간은 그가 노예가 되는 날부터 영혼의 반을 상실한다."라고 말했다.

동등한 힘의 관계를 상징하는 저울은, 이집트 시대부터 정의의 상징이었다. 이 저울은 상업에 사용되기 전에는 종교적인 목적을 가졌을지도 모른다. 장사하는 데 저울을 사용했다는 것은, 교환의 규칙이어야 할 정의의 본질인 상호 동의의 이미지인 것이다. 상호 동의에 따른 정의正義의 정의定義는 아마도 크레타 문명에서 시작했을지 모르는 스파르타의 입법에서 발견된다.

불평등한 관계에서 정의라는 초자연적인 미덕은 마치 평등이 존재하는 것처럼 행동하는 데 있다. 우위에 선 자의 사소한 말이나 행동으로 아래에 위치한 사람을 사물 상태로 떨어뜨릴 수 있기 때문이다. 이때 열등한 자에게 초자연적인 미덕은, 힘의 평등은 존재하지 않는다는 것과 열등한 자의 취급은 오직 상대방의 관용에 달려 있다는 것을 인식하는 데 있다. 이른바 '감사'라고 하는 것이다.

열등한 자를 위한 초자연적인 정의의 미덕은, 열등한 자가 받는 취급은 한편으론 정의와 다르지만 다른 한편으론 필연성과 인간성의 기계론과 일치한다는 것을 인식하는 데 있다. 열등한 자는 복종과 반란, 둘 다 피해야 한다.

자기보다 힘이 열등한 사람을 자기와 동등하게 대하는 사람은, 운명에 의하여 박탈된 인격을 열등한 사람에게 선물로 주는 것이다. 그는 피조물이 할 수 있는 범위 내에서 창조주 본래의 관용을 재창조한다.

이것이 가장 기독교적인 미덕이다. 또한 이집트의 『사서死書』에 나오는 복음의 말처럼 숭고한 말로 묘사되어 있는 미덕인 것이다.

"나는 어느 누구도 울리지 않았다. 나는 결코 거만한 목소리로 말하지 않았다. 나는 어느 누구에게도 결코 두려움을 주지 않았다. 나는 참되고 진실한 말을 무시하지 않았다."

불행한 자들이 보여 주는 감사는 순수할 때에만 미덕에 참여하는 것이 된다. 이런 일을 할 수 있는 사람만이 그 미덕을 인식할 수 있기 때문이다. 그렇지 않은 사람들은 미덕의 결과를 경험하면서도 그 미덕을 인식하지 못한다. 이러한 미덕은 진실한 하나님을 참되고 적극적으로 믿는 것과 같다.

우리가 생각하는 진실한 하나님은 전지전능하시긴 하나, 어디서나 그의 힘을 행사하시지는 않는다. 진실한 하나님은 천국, 아니면 여기 지상에서 몰래 발견될 뿐이기 때문이다. 그러나 멜로스의 주민들을 학대했던 아테네인들은 그렇게 생각하지 않았다.

아테네인들의 생각이 잘못되었다는 첫째 증거는, 인간은 자기의 힘이 있는 곳에서도 순수한 관용 때문에 명령을 참는다는 사실에 있다. 인간에게 가능한 것은 하나님에게도 가능하다.

이러한 예에 대해서는 논란의 여지가 있을지 모르겠다. 그러나 만약 한두 개의 예에서 순수한 관용이 유일한 동기라는 것을 증명할 수 있다면, 그 관용성은 일반적으로 칭찬받으리라는 것은 확실하다. 인간이 칭찬할 수 있는 모든 것을 하나님도 할 수 있다.

이 세상의 공경도 또 하나의 확실한 증거이다. 이 세상에서 순수한 선이란 어디에도 없다. 따라서 하나님은 다음 셋 중의 하나이다. 하나님은 전지전능하지 않거나, 절대로 선한 존재가 아니거나, 명령을 내릴 수 있는 곳이라고 해서 어디서나 명령하시지는 않거나. 이렇게 지상에서의 악의 존재는 하나님의 존재를 부인하기는커녕 하나님의 진리를 보여 주고 있다.

하나님 입장에서 창조라는 것은, 자기 확대의 행위가 아니라 근신과 포기의 행위이다. 하나님과 그의 피조물을 다 합쳐도 하나님 혼자만큼 크지 않다. 하나님은 자신으로부터 자신의 일부를 제거하셨다. 하나님은 그의 신성을 행함으로서 이미 자신을 포기했다. 그런 까닭에 성 요한은 "그리스도는 세상이 시작될 때부터 살해되었다."라고 말한 것이다.

하나님은 자기와는 분명히 다르고, 가치로 보면 자신보다

형편없이 열등한 것들의 존재를 허용했다. 이러한 창조적인 행위에 의하여 하나님은, 그리스도가 우리들에게 우리들 자신을 부인하라고 말했던 것과 같이 자신을 부인했다. 하나님은 우리들이 그를 위해서 우리들 자신을 부인할 가능성을 주기 위해서 자신을 부인하셨다. 우리가 거절할 수 없는 힘을 가진 이러한 반응, 이 메아리는 창조적인 행동을 사랑하는 어리석음에 대한 유일한 변명이다.

하나님은 이 포기의 개념, 자발적인 거리, 자발적으로 자신을 말살시키는 것, 외견상으론 부재중이지만 비밀로 존재하는 것 등을 탐구하는 종교만이 참된 종교이다. 위대한 하나의 계시를 다른 언어들로 바꿔 놓은 것뿐이다. 강요할 수 있는 곳이면 어디서든 강요의 형식으로 신성을 나타내는 종교는 거짓된 종교이다. 비록 일신교一神敎라고 해도 그 종교는 그저 우상숭배에 지나지 않는다.

불행 때문에 무기력하고 수동적인 사물의 상태가 되었지만, 다른 사람들의 관용에 의하여 인간 상태로 되돌아간 사람은 자비로부터 탄생된 영혼을 받아들인다. 그가 관용의 참된 본질을 받아들이고 느끼는 방법을 아는 바로 그 순간에 말이다. 그는 높은 곳에서 물과 성령으로 태어난다. 불행한 이웃을 사랑으로 대하는 것은, 마치 그에게 세례를 주는 것과 같다.

인간은 자신의 의지로 상대방과 동화되지 않으면 관용을 베풀 수 없다. 그러한 순간에 그 또한 물과 성령으로 되어 있다.

관용과 동정은 서로 분리될 수 없다. 이 둘은 다 하나님 속에서, 다시 말하면 천지창조와 그리스도의 수난 속에 그 모델을 두고 있다.

그리스도는 우리들에게, 우리들 이웃에 대한 초자연적인 사랑은 '두 사람 사이에서 순간적으로 발생하는 동정과 감사의 교환'이라고 가르치셨다. 이때 두 명의 인간은, 개성을 소유한 한 사람과 개성을 박탈당한 다른 한 사람을 말한다. 이 두 사람 중의 한 사람은 하나의 작은 살덩어리이며 벌거벗은 채 무기력하게 도랑 옆에서 피를 흘리고 있다. 그는 이름이 없으며, 아무도 그에 대해서 알지 못한다. 그의 곁을 지나는 사람들은 그를 거의 보지 못하고, 설사 보았다 하더라도 몇 분만 지나면 잊어버리게 된다.

한 사람만이 발걸음을 멈춰 그에게 시선을 돌린다. 그 뒤의 행동은 이 관심을 갖는 순간에 자동적으로 발생하는 결과에 불과하다. 그 관심은 창조적이다. 그러나 그 관심이 관여하는 순간은 하나의 부정否定이다. 적어도 그 관심이 순수하면 이 부정은 사실이다. 이 사람은 정력을 소모하는 데 모든 것을 집중함으로써 자신이 축소되었다는 것을 용납한다.

그러나 정력의 소모는 자신의 힘을 확대시키는 것이 아니다. 자기가 아닌, 자기와는 독립적으로 존재하고 있는 다른 사람에게 존재를 부여하는 것이다. 한 걸음 더 나아가 타인의 존재를 갈망한다는 것은, 자신을 동정에 실어 타인에게로 운반하는 일이다. 그렇게 함으로써 결과적으로 무기력한 물질의 상태에 참여하는 것이다.

이러한 작용은 불행을 만난 적 없고 불행이 무엇인지 모르는 사람이 동정을 베풀 때든, 불행을 경험했거나 예감하고 공포를 느끼는 사람이 동정을 베풀 때든 똑같이 순리에 어긋난다.

빵을 가진 사람이 그의 빵 한 조각을 굶고 있는 사람에게 주는 것은 놀라운 일이 아니다. 놀라운 것은, 그는 우리가 물건을 살 때의 제스처와는 다른 제스처로 이런 일을 할 수 있다는 사실이다. 자선 행위는 그것이 초자연적인 것이 아니면 물건을 사는 행위와 마찬가지이다. 그것은 불행한 자를 사는 것과 같다.

최고 미덕의 경우와 마찬가지로, 인간이 무엇을 원하든 인간 욕망의 본질은, 인간은 무엇보다도 자기 의사를 자유롭게 표현할 수 있기를 바란다는 것이다. 이는 거창한 계획은 물론이고 아주 작은 일로도 알 수 있다. 범죄 또한 마찬가지이다.

불행에 의하여 자유로운 동의를 박탈당한 사람에게 자유로운 동의를 바라는 것은, 자신을 다른 사람에게로 이동시키는 일이다. 이것은 불행 자체에 대하여 동의하는 것이고, 자신을 부인하는 것이다. 사람은 자신을 부인함으로써 하나님의 지도를 받고, 창조적인 확언에 의하여 타인을 안정시킬 수 있게 된다. 그것은 타인의 몸값을 위해 자신을 내놓는 것이다. 이것은 구원의 행위이다.

강자에 대한 약자의 동정은 자연스러운 것이다. 약자는 자기 자신을 다른 사람의 위치에 놓음으로써 가상적인 힘을 얻기 때문이다. 약자에 대한 강자의 동정은 그 방향이 반대이기 때문에 순리에 어긋난다.

그러므로 강자에 대한 약자의 동정은, 상대방이 정말로 관대하며 상대방으로부터 받는 동정이 유일한 목적일 때에만 순수성을 띤다. 그것은 초자연적인 감사이며, 초자연적인 동정을 받는 자의 기쁨을 의미한다. 그것은 절대로 자긍심을 손상시키지 않는다. 불행 가운데서도 진정한 자긍심을 보존하는 것은 초자연적인 일이다.

순수한 동정과 순수한 감사는 본질적으로 불행에 대한 동의를 의미한다. 운명의 다양성에 의하여 한없이 멀리 떨어진 불행한 자와 은혜를 베푸는 자는, 이 불행에 대한 동의로 하나가 된다. 피타고라스학파의 표현으로는, 이들 간에는 우정이 존재한다. 다시 말하면, 놀랄 만한 조화와 평등이 존재한다는 뜻이다.

이들은 명령할 수 있다고 해서 어디서나 명령을 내리는 것이 좋지 않다는 것을 진심으로 인식하고 있다. 만약 이런 생각이 영혼 전체에 충만하여 우리들 행동의 근원인 상상력을 조종한다면, 이 생각은 우리의 진실한 신앙이 된다. 이 같은 생각은, 선을 힘의 모든 근원이 존재하는 세상 밖에 두기 때문이다. 그것은 또한 자기 포기의 원칙인 숨은 인격의 요점의 원형으로써 선을 인식한다.

예술과 과학 분야에서도 혁혁하거나 최고의 솜씨인 참된 창조는 자기를 상실하는 것이다. 우리들은 이러한 진실을 이해하지 못하고 있다. 명성은 그 영광 때문에 일류의 업적과 이류의 업적을 혼동하고 은폐하며, 가끔 후자에게 이익을 주기 때문이다. 우리들이 이웃을 사랑하는 것은 창조적인 주의注意로 이루어져 있어서 마치 천부적인 소질과 같다.

창조적인 주의란, 존재하지 않는 것에 대하여 우리들의 주의를 제공하는 것을 의미한다. 인간성은 길가에 무기력하게 누워 있는 무명의 육체 속에는 존재하지 않는다. 걸음을 멈추고 이 부재不在하는 인간성에 시종일관 주의를 기울이는 그 사마리아인은, 이 부재하는 인간성이야말로 정말로 주의할 문제라는 것을 증명한다.

성 바오로는 "신앙은 보이지 않는 증거"라고 말했다.

주의하는 순간에 신앙은 사랑과 같이 존재한다. 이는 다른 사람에 의해 전적으로 좌우되는 사람은 그 존재가 불가능하다는 것을 보여 준다. 노예는, 그의 주인은 물론 자신이 볼 때에도 존재하고 있는 것이 아니다. 미국의 흑인 노예들은 자기의 발이나 손을 우연히 다치는 경우가 있으면 말하곤 했다.

"상관없어요. 이건 주인의 발이고 주인의 손이니까요."

사회적인 고려를 구체화시키는 소유물이 하나도 없는 사람은 이 세상에 존재하고 있는 것이 아니다. 스페인의 유행가는 다음과 같은 놀라운 가사로 진리를 표현하고 있다.

"다른 이의 눈에 보이지 않고 싶다면 가난해지는 것보다 더 확실한 방법은 없다. 사랑은 눈에 보이지 않는 것을 본다."

하나님은 존재하지 않는 것을 생각하셨고, 그것을 존재하게 하셨다. 우리들은 실제로 존재하지 않았지만, 하나님이 우리의 존재를 생각하셨기 때문에 존재하는 것이다. 그렇게 우리는 우리의 창조를 상상한다. 이것은 인간적 생각이고 잘못된 생각이지만, 이 상상에는 어떤 진리의 요소가 존재한다.

존재하지 않는 것을 존재하는 것으로 생각할 수 있는 힘을 가진 이는 하나님뿐이다. 우리들 내부에 있는 하나님만이 불행한 자들의 인격을 생각하시고, 우리가 사물을 보는 눈과는 다른 눈으로 그들을 보시고, 그들의 목소리에 귀를 기울이신다. 그렇게 되면 그들은 자기들이 목소리를 갖고 있다는 사실을 알게 된다. 불행한 자의 목소리를 듣는 일은 정말로 어렵지만, 불행한 자가 오직 동정을 통해서만 자기 목소리를 들을 수 있다는 사실을 깨닫는 것은 더욱 어려운 일이다.

우리가 이웃을 사랑하는 것은 하나님이 인간에게 내려 보낸 사랑이다. 그것은 인간으로부터 하나님에게 올라간 사랑에 선행한다. 하나님은 고통당하고 있는 사람들에게 내려오고 싶어 한다. 영혼이 동의하게 되면, 그 영혼이 아무리 비참하고 흉하다고 할지라도, 하나님은 그 영혼을 통하여 고통 받고 있는 자를 들여다보고 귀를 기울이기 위해 그 영혼 속으로 뛰어든다. 시간이 흘러가야 그 영혼은 자기 안에 하나님이 존재하심을 알게 된다. 그 영혼이 깨닫지 못하더라도, 불행한 사람들이 사랑받고 있는 곳이라면 어디서나 하나님이 함께 계신다.

그러나 불행한 사람들을 선행의 기회로만 보는 곳에서는, 우리가 하나님을 불러도 하나님은 존재하지 않는다. 이때 불행한 자들은 그들의 본래 역할인 물질의 역할을 하고 있을 뿐이기 때문이다. 우리들은 이 무기력하고 무명無名의 상태에 있는 이들에게 인격적인 사랑을 제공해야 한다. 따라서 '하나님 속에서' 그리고 '하나님을 위해서 이웃을 사랑한다'는 것과 같은 표현은 오해하기 쉽고 애매한 것이다.

우리들이 하나님을 생각하고 모든 피조물을 볼 때, 하나님에 대해 명확히 생각할 필요가 없을 때가 있다. 이때 우리들 속에 있는 하나님의 존재는 우리들에게도 비밀인, 매우 깊은 비밀을 하나의 조건으로 한다. 우리들이 하나님을 생각할수록 하나님으로부터 멀어질 때가 있다. 겸손은 혼인에 의한 결합의 조건이다.

하나님 속에서 고통 받는 사람들을 사랑하는 것은, 우리들이 아니라 우리들 속에 계시는 하나님이다. 우리가 고통당하고 있을 때 잘되기를 바라는 사람들을 사랑하는 것도 우리들 속에 계시는 하나님이라는 사실을 우리는 알고 있다. 동정과 감사는 하나님으로부터 내려오며, 이것들이 순간적으로 교환될 때 하나님께서는 존재하신다. 주는 자와 받는 자의 눈이 마주치는 바로 그 순간에 말이다.

불행한 자와 은혜를 베푸는 자는 하나님에서 시작하여 하나님을 통하여 서로 사랑한다. 그러나 이것은 하나님에 대한 사랑을 위해서가 아니다. 이들은 서로에 대한 사랑을 위해서 사랑하는 것이다. 불가능해 보이는 이 사랑은 하나님을 매개체로만 발생한다.

하나님에 대한 사랑 때문에 굶주린 수난자에게 빵을 주는 사람은 그리스도에게 감사받지 못할 것이다. 그는 이런 생각 속에서 이미 보상을 받았다. 그리스도가 감사하게 생각하는 사람은, 자기가 음식을 주면서도 누구에게 그 음식을 주고 있는지 모르는 사람이다. 더구나 준다는 행위는, 불행한 자를 사랑하는 데 취할 수 있는 두 개의 형태 중 하나일 뿐이다.

힘이라는 것은 선을 행하거나 해를 끼칠 수 있음을 의미한다. 불공평한 힘의 관계에서는, 우월한 자가 공평하게 선을 행하든 해를 끼치든 열등한 자에게 정정당당할 수 있다. 첫 번째는 자선을 베푸는 경우이고, 두 번째는 처벌을 하는 경우이다.

정당한 처벌은 정당한 자선 행위처럼 하나님의 참된 존재를 소중히 간직하고 있으며, 성례적인 성격을 띠고 있다. 이는 복음서에도 명확하게 표현되어 있다. '너희들 중에 죄가 없는 자가 먼저 돌을 던져라.' 그리스도만이 죄가 없다.

그리스도는 간통한 여자를 용서해 주었다. 처벌하는 것은, 십자가 위에서 끝나게 되는 이 세상의 생명과는 일치하지 않았다. 그러나 그리스도는 형법상의 처벌을 폐지하라고 가르치시지는 않았다. 그는 돌 던지기를 계속하도록 허용했다. 돌을 던지는 일이 정당하게 수행되는 곳이면 어디서나 그리스도가 먼저 돌을 던지신다. 그리스도는 정당한 사람이 먹을 것을 주는 굶주리고 가엾은 사람들 속에 살고 있는 것과 같이, 정당한 사람이 벌을 주는 유죄 선고를 받은 가엾은 사람들 속에도 살고 계신다. 그는 일반 범죄자처럼 죽음으로써 이 사실을 충분히 보여 주셨다. 그리스도는 죄수와 옛날 범죄자들의 신성한 본보기이시다.

가톨릭 노동청년회의 젊은 노동자들은 그리스도도 젊은 노동자 중의 한 분이었다는 생각에 감동한다. 마찬가지로 유죄 판결을 받은 범인들도 그와 같은 황홀감을 느낄 수 있는 정당한 이유가 있는 것이다. 어떤 의미에서 그리스도는 순교자들보다 범죄자들에게 더 가깝다.

그리스도가 출발점과 종착점에 존재하신다면, 사람을 죽이는 돌과 살리는 빵은 똑같은 미덕을 갖고 있다. 생명의 선물과 사망의 선물은 동일한 것이다.

힌두교의 전통에 의하면, 삼위일체 중 두 번째 신격인 사람의 화신인 라마왕은 금욕적인 종교생활에 전념함으로써 법률을 위반한 자를 처형했다. 라마왕은 법을 어겼던 사람을 손수 찾아서 단칼에 그를 살해했다. 이 때문에 그는 백성들 간에 생긴 추문을 피할 수 없었으며, 이를 크게 후회했다. 그러나 그 일이 있은 바로 직후에 죽은 자의 영혼이 왕에게 나타나 발 앞에 쓰러져 왕의 칼이 그에게 내려 준 영광에 감사했다. 사형은 어떤 의미에서는 아주 부당하지만, 하나님이 손수 집행하시는 처형은 합법적인 동시에 그 속에 성례전의 모든 미덕을 갖추고 있다.

처벌의 합법적인 성격이 만약 종교적인 의미가 없거나 성례전과 유사한 것이 아니라면 진정한 의미는 없다. 때문에 재판관의 직무부터 처형자 및 간수의 직무에 이르는 형법상의 직무는, 어느 정도 성직자의 직무를 내포하고 있어야 한다.

처벌에서의 정의正義는 자선 행위에서의 정의와 같은 방법으로 정의定義될 수 있다. 그것은 존재의 고통을 겪고 있는 자들에게 주의를 기울이며, 그들이 자유로운 동의의 능력을 보존하기 바라는 것을 의미한다.

사람들은 범죄를 경멸한다고 생각하지만, 사실은 불행의 무기력함을 경멸하고 있다. 죄와 불행에 동시에 빠진 자를 볼 때 인간은 그 죄를 경멸한다는 구실로 불행을 경멸하는 오류에 빠진다. 따라서 인간은 최대의 경멸의 대상이다. 경멸은 주의注意와 정반대되는 말이다. 어떤 이유로 범죄가 위세를 갖는 경우는 예외이다. 예를 들어, 어떤 살인이 일시적으로 어떤 권력을 쥔 것처럼 보이거나, 그 죄를 재판하는 사람들에게 강력한 힘이 작용할 때가 그렇다.

홈치는 일은 위세가 없고 가장 큰 분노를 자아내는 범죄다. 재산은 사람들이 가장 일반적으로, 그리고 가장 강력한 애착을 가지고 있는 것이기 때문이다. 이것은 형법에서도 명백하다.

사실이든 허위든 범죄라는 틀을 쓰고 소수의 인간들에게 좌지우지되며, 그들의 한마디에 운명이 결정되는 사람만큼 미천한 사람은 없다. 이 소수의 인간들은 미천한 사람에게는 주의注意를 하지 않는다. 더구나 그 누구도 형법상 법률의 손아귀에 떨어지는 순간부터 그가 다시 자유롭게 될 때까지, 주의의 대상이 되지 못한다.

모든 것들이 모든 사람의 눈에 이 같은 인간을 사악하고 버림받은 사람으로 만드는 데 합세한다. 야만성과 경박함, 경멸과 농담, 말하는 방식, 듣는 방식, 그리고 듣지 않는 태도 등. 이 모든 것은 다 똑같이 위의 현상을 만들어내는 데 효과적이다.

이 모든 것 속에 의도적인 악의는 존재하지 않는다. 그것은 불행의 모습을 한 죄, 다시 말해서 더러움이 숨김없이 드러난 범죄를 다루는 직업적인 생활의 결과이다. 이러한 접촉은 연속적인 것이기 때문에 필연적으로 다른 것들을 오염시키며, 이 오염이 취하는 형태가 경멸이다. 법정의 모든 죄수에게 던져지는 것은 이러한 경멸이다.

형법상의 장치는, 비참한 범죄가 발견될 수 있는 모든 환경 속에 내포되어 있는 모든 더러움의 양을 변화시키는 송신기와 같은 것이다. 이 형법상의 장치를 만지기만 해도, 그것은 손도 대지 않은 채 남아 있는 영혼 속에 일종의 공포를 일으킨다. 그리고 이 공포는 영혼의 순결함과 정확히 정비례한다. 완전히 썩은 사람들은 상처를 입지 않고 고생도 하지 않는다.

형법상의 장치와 범죄 사이에 더러움을 정화시켜 줄 어떤 것이 존재하지 않는 한, 위의 현상이 다르게 나타날 수는 없다. 그 장치는 오직 하나님뿐이다. 더없이 순수함 그 자체는 악과의 접촉에 의하여 오염되지 않는다. 유한한 순수함은 지속적인 접촉을 통해서 더러움 그 자체가 된다. 법전이 아무리 개정된다 하더라도, 처벌은 그리스도를 거치지 않고는 인간적인 것이 될 수 없다.

가혹한 선고는 중요한 것이 아니다. 범죄에 비추어 비교적 가벼운 처벌을 받았다 할지라도, 그 유죄 판결을 받은 사람은 잔인한 불의에 희생되었다고 생각할 수 있다. 중요한 것은, 처벌이란 합법적이어야 한다는 것이다. 다시 말하면, 처벌은 법률에 의한 직접 처벌이어야 한다는 말이다.

법률이 신성한 성격을 가진 것으로 인식되어야 하는 이유는, 법률의 내용 때문이 아니라 '법률은 법률'이라는 사실 때문이다. 이는 중요하다. 형법상 정의正義란, 집행관과 그의 보좌관들은 피고에 대한 주의와 존경심을, 그리고 피고는 가해진 처벌에 동의를 하는 것이다. 다시 말하면, 죄 없는 그리스도가 우리들에게 보이신 완전한 본보기와 같은 동의를 얻어내야 한다.

사소한 범죄에 이와 같은 방법으로 내려진 사형선고는, 오늘날 내려지는 6개월 징역형보다 더 두렵지 않을 게다. 그의 말에 귀도 기울이지 않고, 외양상으로 교양 있는 체하며 그의 말을 중단시키는 판사 앞에서 말을 더듬으며 서 있는 피고의 모습만큼 더 무서운 모순도 없다. 의지할 것이라고는 자기 자신의 말밖에 없고, 그의 사회적 출신과 교양의 부족으로 스스로 말도 정리할 수 없어 죄와 고통과 공포에 낙담한 피고 말이다.

사회에서 불행이 존재하는 한, 법적이거나 개인적인 자선 행위와 처벌이 불가피한 한, 사회 제도와 종교생활의 분리는 범죄악이 될 것이다. 이러한 세속적인 개념은 완전히 거짓된 것이다. 그것은 전체주의적 종교에 대한 반동으로서의 구실을 갖고 있을 뿐이다. 그때만이 일부 정당화될 수 있다는 것은 시인해야 한다.

종교는 의당 어디에나 존재해야 하지만, 그렇다고 이를 위해서 전체주의적이어서는 안 된다. 뿐만 아니라 종교는 종교 자신의 초자연적인 사랑에 자신을 국한시켜야 한다. 그렇게 하면 종교는 어디에나 다 침투할 것이다. 성경에도 "현명함은 그의 완전한 순수성 때문에 어디에나 침투해 들어간다."라고 쓰여 있다.

그리스도의 부재로 인해 넓은 의미의 거짓말과 형벌은 이 세상에서 가장 무서운 것이며, 이 둘은 지옥의 빛깔을 띠고 있다. 여기에 매음이 첨가될 수도 있다.

인간은 다른 인간들의 신체뿐만 아니라 영혼에게까지 선한 일을 할 수도 있고 해를 끼칠 수도 있다. 또 인간은 하나님이 존재하시지 않는 모든 영혼에 대하여, 하나님이 거주하시지 않는 다른 사람들의 영혼 일부에 대하여 선을 행할 수도 있고 해를 가할 수도 있다. 어떤 사람은 악의 힘에 의하여, 어쩌면 단순히 육체의 조직에 의하여 하나님을 모실지도 모른다. 그가 무엇을 주거나 처벌할 때, 그의 내부에 있는 어떤 것은 빵이나 칼을 통하여 다른 사람들의 영혼 속으로 들어간다. 빵과 칼의 본체는 선악이 없는 순결한 것이다. 그러나 불행 때문에 빵을 받거나 징벌의 감수를 강요당하는 사람은, 그의 영혼이 벌거벗겨져 선악에 무방비 상태로 노출되어 있는 것과 같다.

선 외에 아무것도 받지 않는 방법은 오직 하나다. 우리들의 심혼을 다하여 '활력을 얻지 못하는 사람은 무기력한 물질처럼 세계 질서의 메커니즘 속 단순한 바퀴에 불과하다'는 것을 구체적으로 주지하는 일이다. 그렇게 되면 우리들은, 인간의 사랑을 통하든지 유형적이거나 정신적인 것에 상관없이 무생물을 통하든지, 모든 것이 직접 하나님을 통해서 온다는 것을 알게 된다.

우리들 속에서 생명의 에너지를 증가시키는 모든 것은 그리스도가 정의로운 사람들에게 감사하는 그 빵과 같다. 모든 구타, 상처 그리고 손발의 절단 등은 그리스도가 우리들에게 던지신 돌과 같은 것이다. 빵과 돌은 둘 다 그리스도로부터 와서 우리들 내부의 존재로 침투해 들어온다. 그리스도를 우리들에게 모셔 오는 것이다. 빵과 돌은 사랑이다. 우리들은 그 빵을 먹어야 하며, 그 돌을 우리의 육체 속으로 깊숙이 가라앉혀야 한다.

만약 그리스도가 던지신 돌로부터 우리들의 영혼을 보호할

수 있는 갑옷을 갖고 있다면, 우리들은 그것을 벗어 던져 버려야
한다.

세계 질서에 대한 사랑

세계의 질서와 아름다움에 대한 사랑은 이웃에 대한 사랑
을 보충하는 것이다.

그것은 자기 포기, 다시 말하면 하나님의 창조적인 자기 포
기를 모방하는 데서 온다. 하나님은 이 우주를 존재하게 하시지
만, 자신이 명령할 수 있는 힘이 있음에도 불구하고 명령하지 않
는다. 대신 두 개의 다른 힘이 자기 대신 지배하도록 남겨 두셨다.
하나는 심적인 질료質料를 포함한 모든 질료에 부수되는 기계적
필연성이고, 다른 하나는 생각하는 사람들의 본질적 자율성이다.

우리는 이웃을 사랑함으로써 우리들을 창조했던 하나님의
사랑을 모방한다. 또 세상의 질서를 사랑함으로써 우주를 창조
한 하나님의 사랑을 모방한다.

인간은 물질과 영혼에 대한 명령을 포기할 필요가 없다. 인
간은 물질과 영혼을 명령할 힘을 소유하고 있지 않기 때문이다.
그러나 하나님은 인간에게 가상적인 신성을 부여하셨다. 인간이
피조물이긴 하지만 자신에게서 신성을 제거할 수 있도록.

하나님은 우주의 밖에 계시면서도 동시에 우주의 중심에 계시는 것과 마찬가지로, 인간은 자신이 이 세상의 중심에 있다고 상상한다. 인간이 스스로를 세상의 중심에 있다고 생각하는 것은 관점의 환상에서 오는 것이다. 이런 종류의 환상은 시간에 대한 관념도 거짓된 것임을 증명한다.

또 이러한 환상으로 인하여 주위에 있는 모든 사물의 가치 체계를 배열한다. 이 환상은 우리의 가치와 존재 사이에 있는 친밀한 관련 때문에 우리들의 존재로까지 확대된다.

우리들은 이 공간적인 환상의 형태를 그것이 소속하고 있는 곳, 다시 말하면 상상의 영역으로 떨어뜨린다. 만일 그렇지 않으면 우리들은 단 하나의 물건도 감지하지 못할 것이며, 의식적으로 단 한 발자국도 내딛지 못할 것이다. 그러기에 하나님은 우리들의 전체 영혼을 변화시킬 작용의 모델을 우리에게 제공하신다.

어렸을 때 이와 같은 공간에 대한 환상을 억제하고 견제하는 법을 배우는 것과 같이 우리들은 시간, 가치, 그리고 존재에 대한 우리들의 환상을 억제하고 견제해야 한다. 그렇지 않으면 공간의 관점을 제외하고는 단 하나의 물건을 식별하거나 지시할 수 없을 것이다.

우리들은 비현실과 꿈의 세계 속에서 살고 있다. 우주 중심으로서의 가상적인 위치를 포기한다는 것은, 참되고 영원한 것으로 눈뜨게 하며, 참다운 빛을 보고 참다운 침묵에 귀 기울이는 것을 의미한다. 그렇게 되면 우리는 감각적인 인상과 심리적인 인상을 받아들이는데, 감수성의 근원에서 변화가 발생한다. 그것은 어둑어둑한 저녁 거리에서 발생하는 것과 유사한 변형이다. 즉 처음엔 허리를 구부리고 있는 사람으로 보였던 것이 갑자기 나무로 인식되거나, 속삭이는 목소리로 들렸던 것이 나뭇잎이 살랑거리는 소리로 인식되는 것과 같다. 우리들은 똑같은 빛깔을 보고 똑같은 소리를 듣지만, 똑같은 방법으로 보고 듣는 것은 아니다.

우리들에게서 가짜 신성을 제거하는 것, 우리들 자신을 부인하는 것, 세상의 중심이라는 생각을 포기하는 것은 기계적인 필연성이 물질을 지배한다는 것, 각 영혼의 중심을 자유로운 선택이 지배한다는 것에 동의하는 것이다. 그러한 동의는 사랑이다.

이 사랑이 생각하는 사람을 향하고 있을 때 이웃에 대한 사랑이 된다. 물질을 향하면 세계 질서에 대한 사랑이다. 같은 의미로 세상의 아름다움을 사랑하는 것이다.

세상의 아름다움에 대한 사랑은 고대인의 사상에서 매우

중요한 위치를 차지했었으며, 인생 전체를 놀라운 시詩로 감싸 주었다. 이것은 중국, 인도, 그리고 그리스와 같은 모든 나라들에게 적용되었다. 특히 성 요한의 사상과 매우 밀접한 그리스인들의 스토아 철학 또한 세상의 아름다움을 사랑하는 것이었다. 이스라엘인은 구약성경의 한 부분인 시편, 욥기, 이사야서와 같은 지혜서에서 이 세상의 아름다움을 표현하고 있다.

성 프란시스코의 예는 세상의 아름다움이 기독교 사상에서 얼마나 큰 자리를 차지하고 있는가를 보여 주고 있다. 그의 시는 완전한 시였다. 그가 고독한 은거와 수도원을 위한 장소로 택하는 방법은, 바로 그 자체가 행동하는 가장 아름다운 시였다. 방랑성과 빈곤도 그에게는 시였다. 그는 세상의 아름다움과 직접 접촉하기 위해서 스스로 나체가 된 것이다.

십자가의 성 요한도 세상의 아름다움에 대하여 아름다운 글을 썼다. 그러나 중세의 잊힌 유적 가운데서 알려져 있지 않거나 묻혀 있는 보물들을 상당 부분 제외시키면, 기독교 전통에는 세상의 아름다움이 거의 존재하지 않는다 해야 할지도 모르겠다. 이것은 이상하고도 이해하기 어려운 일이다. 기독교에 우주 자체가 존재하지 않는다면 어떻게 스스로를 보편적인 종교라고 부를 수 있겠는가?

복음서가 세상의 아름다움에 대하여 거의 언급하지 않은 것은 사실이다. 그러나 성 요한이 말한 바와 같이, 복음서의 짧은 문장은 그리스도가 가르치신 모든 것들을 내포하고 있지 않다. 아마도 제자들은 매우 일반적인 내용에 대한 서술의 필요성을 느끼지 못했을 것이다.

그러나 두 군데에서만은 언급되어 있다. 하나는, 들에 핀 백합과 하늘의 새들이 자신의 미래에 대해 무관심하다는 것과 그들이 운명을 순수하게 받아들이는 것에 대해 말씀하시며, 우리들에게 숙고하고 모방하라고 가르치신 부분이다. 또 하나는, 차별 없이 분배되는 비와 태양과 빛을 숙고하고 모방하라고 가르치신 부분이다.

르네상스 시대의 사람들은 기독교를 무시하면서 고대와 영적인 연결을 새롭게 하고자 했다. 그러나 그들은 고대 문명, 예술, 과학, 그리고 인간의 사물에 대한 호기심밖에 얻지 못했다. 그들의 중심적인 영감靈感의 변두리밖에 접촉하지 못했기 때문에, 세상의 아름다움과 접촉하는 것에 실패했다.

만약 11세기와 12세기에 열매를 맺을 수 있었다면, 참된 르네상스의 시발점이 되었을 것이다. 그것은 랑그독(프랑스 남부에 있는 옛 주)에서 싹트기 시작했다. 봄에 대한 서정적인 음유시를 몇 번 읽어 보면, 아마 기독교적인 영감과 세상의 아름다움이 아직 분리되지 않았다는 사실을 알 수 있다.

오늘날 사람들은, 백인종이 세상의 아름다움에 대한 모든 감정을 거의 상실했고, 그들이 자신들의 군대와 무역과 종교를 갖고 침투해 들어갔던 모든 대륙으로부터도 세상의 아름다움을 사라지게 하는 일을 떠맡았다고 생각할지도 모른다. 이것은 그리스도가 바리새인들에게 "화 있으리니, 너희 율법사여. 너희가 지식의 열쇠를 치워버리고, 너희들도 들어가지 않고 또 들어가자고 하는 자도 막았느니라."라고 말한 상황과 같다. 그렇지만 현재 백인 국가에서 세상의 아름다움은, 하나님으로 하여금 우리 안에 들어오시게 할 수 있는 유일한 길이다. 다른 두 길에서는 더욱 떨어져 있기 때문이다.

참된 사랑과 종교적인 실천에 대한 존중은 이것을 가장 열심히 준수하는 사람들 사이에서도 드문 일이며, 다른 사람들 사이에서는 결코 발견되지 않는다. 불행의 초자연적인 목적에 관해서 말하자면, 동정과 감사는 드문 일일 뿐만 아니라 오늘날의 사람들에게는 거의 이해하기 어려운 것이 되었다. 이런 관념조차 거의 사라졌으며, 그 의미도 질이 낮아졌다.

반면에 아름다움에 대한 감정이 비록 망가졌고 왜곡되었으며 더럽혀졌다 하더라도, 아름다움은 하나의 강력한 자극제로서 인간의 마음에 뿌리를 내리고 있다. 아름다움은 세속적인 생활의 모든 마음가짐에 존재한다. 만약 그것이 진실하고 참되다면 모든 세속적인 생활은 순식간에 하나님에게 종속될 것이며, 신앙은 완전하게 구현될 것이다. 더구나 일반적으로 세상의 아름다움은 가장 평범하며, 가장 쉽고, 가장 자연스런 접근 방법이다.

고통 받고 있는 자를 사랑하고 구원하기 위하여 모든 영혼 속으로 서둘러 들어오시는 것과 마찬가지로, 하나님은 그에게 열려 있는 영혼을 통하여 자신이 창조하신 실체적인 아름다움을 사랑하고 찬미하기 위해 서둘러 들어오신다.

그러나 이에 대한 반대도 사실이다. 영혼이 자연을 사랑하려는 자연스러운 경향은, 하나님이 그 경향을 획득하기 위해 가장 빈번하게 사용하는 함정이다.

이것은 코라(그리스신화에 나오는 제우스와 다이애나 사이에서 난 딸로, 지하세계의 신에게 끌려가 그의 아내가 되었다)를 유혹했던 함정이었다. 하늘나라 전체는 수선화의 향기에 미소 짓고 있었으며, 땅 전체와 부풀어 오르고 있었던 바다도 마찬가지로 수선화의 향기에 미소 짓고 있었다. 이 가련한 처녀가 손을 뻗자마자 그녀는 덫에 걸리고 말았다. 그녀는 살아 있는 하나님의 수중에 떨어졌다. 그녀는 도망쳐 나왔지만, 이미 자기를 영원히 결박할 석류의 씨앗을 먹은 후였다. 그녀는 더 이상 처녀가 아니었다. 하나님의 아내가 되어 있었다.

세상의 아름다움은 미로의 입구이다. 조심하지 않고 들어가는 사람은 들어가자마자 그 입구를 찾을 수 없게 된다. 그는 피로에 지치고 먹을 것도 마실 것도 없는 어둠 속에서 자기가 사랑하고 익숙해 있던 모든 것들로부터 떨어진 채, 아무것도 알지 못하고 바라지도 못하며 자기가 정말로 앞으로 나아가고 있는지 아니면 제자리에서 그저 뱅뱅 돌고 있는지도 모르는 상태에서 계속 걸어가고 있는 것이다. 그러나 이 고통은 그를 위협하고 있는 위험에 비하면 아무것도 아니다. 만약 그가 용기를 잃지 않고 계속 걸어간다면, 그는 마침내 그 미로의 중심부에 도착할 것이기 때문이다.

세상의 아름다움은 그 자체가 물질의 속성은 아니다. 그것은 세상과 우리들의 감성, 다시 말하면 세계와 우리들의 육체와 영혼의 구조적 관계이다. 우리들은 우주가 일체의 아름다움을 간직하고 있음을 믿어야 한다. 더 일반적으로 말하자면, 실제적 생각하는 존재들과 앞으로 있을 생각하는 존재들의 육체적이고 정신적인 구조에 대하여 우주는 충분한 아름다움을 갖고 있다고 믿어야 한다.

무한한 아름다움의 일치만이 세상의 아름다움에 초월적인 성격을 부여한다. 그럼에도 불구하고 우리가 경험하는 이러한 아름다움은, 우리들의 감성에 적합한 것만을 대상으로 한다.

세상의 아름다움은 창조 때의 하나님의 지혜가 협력한 결과이다. 오르페우스의 시에는 "제우스가 모든 것을 만들었고, 바쿠스가 그것들을 완성시켰다."라고 쓰여 있다. 이러한 완성이 아름다움을 창조하는 것이다. 하나님은 우주와 그의 아들과 우리들의 형제를 만들었고, 우리들을 위하여 우주의 아름다움을 창조하셨다. 이러한 아름다움에 대한 사랑은, 우리들의 영혼 속에 거주하시는 하나님으로부터 나와서 우주 속에 존재하시는 하나님을 향해 나간다. 그것은 마치 성례전과 같은 것이다.

이것은 우주의 아름다움에 대해서는 맞는 말이다. 정확히 말해서, 하나님을 제외하고 아름다움이라고 말할 수 있는 것은 우주 전체 외엔 아무것도 없다. 우주 안에 있고, 우주에도 미치지 못하는 모든 것들은, 우리들이 그 단어의 엄밀한 의미를 확대하여 간접적으로 아름다움을 모방하는 것들에게까지 적용할 때에만 '아름다운 것'이라고 불릴 수 있다.

이 모든 2차적인 아름다운 것들은 우주의 아름다움에의 출입구로써 무한한 가치를 지니고 있다. 그러나 만약 그 자리에 머문다면 곧 부패한다. 정도는 다르지만, 그들 자체 내에 다소 이러한 유혹을 갖고 있다.

또한 아름다움과는 아무런 관계도 없는 유혹적인 요인들이 몇 개 있는데, 분별력이 없다면 이 요인이 존재하는 물건들은 아름다운 것으로 불리게 된다. 모든 사람은 위선으로 사랑을 끌어당기고, 자기가 사랑하는 모든 것을 아름다움이라고 부르기 때문이다. 모든 인간들, 심지어는 가장 무식하고 가장 비열한 사람들도 아름다움만이 사랑을 받을 권리가 있다는 사실을 알고 있기 때문이다. 진실로 가장 위대한 사람들도 이러한 사실을 알고 있다.

사람들은 자기가 사랑하고 있는 것에 칭찬하고 싶은 마음이 서면 곧바로 아름다움을 표현하는 말들이 새어 나온다. 다만 아름다움을 정확히 식별하고 못하고의 차이일 뿐이다.

아름다움은 여기 지상에서는 하나뿐인 궁극적인 것이다. 칸트가 매우 적절하게 표현했듯이, 목적을 내포하고 있지 않은 것이 궁극성이다. 아름다움은 보이는 바와 같이 아름다움 그 자체 외에는 아무런 선도 포함하고 있지 않다.

우리들은 아름다움으로부터 무엇을 볼 것인가를 알지 못하면서 아름다움에 끌린다. 아름다움은 우리들에게 바로 그 존재를 제공한다. 우리들은 그 외 어떤 것도 갈망하지 않는다. 우리들은 무엇을 원하는지 모른다. 우리들은 아름다움의 배후에 있기를 바라지만, 우리들이 알고 있는 것은 아름다움의 표면뿐이다.

아름다움은 선에 대한 우리들의 갈망을 반추하는 거울과 같다. 그것은 스핑크스이며, 수수께끼이며, 고통스러울 정도로 안달나게 하는 신비로움이다. 우리들은 그것을 먹으며 살고 싶지만, 아름다움은 관상용에 지나지 않는 것으로 일정 거리를 두고 나타날 뿐이다. 인생의 커다란 괴로움인 보는 것과 먹는 것은 두 개의 다른 작용이라는 것이다. 하나님이 거주하시는 하늘나라에서만이 두 가지가 하나로 작용한다.

우리들은 어릴 때 이런 고통을 느낀다. 예를 들면, 케이크를 보면서 먹기 아깝다고 생각하지만 자신을 억제하지 못한 채 결국 케이크를 먹는다. 어쩌면 악덕과 타락과 죄악의 본질은 대부분의 경우, 바라만 보아야 할 것을 먹게 하는 유혹일지도 모른다. 이브가 그 시초였다. 이브가 선악과를 먹음으로써 인류를 타락시켰다고 한다면, 인류를 구하는 데 필수적인 것은 그 선악과를 먹지 않고 보기만 하는 상반되는 태도이다. 『우파니샤드(고대 인도의 성전)』에는 "날개가 둘인 두 마리의 새가 나뭇가지 위에 앉아 있다.

한 마리는 그 열매을 먹고 나머지 한 마리는 먹지 않는다."라고 쓰여 있다. 이 두 마리 새는 우리들 영혼의 두 부분이다.

아름다움이 유일한 궁극성인 이유는, 아름다움은 그 어떤 것도 목적으로 삼지 않기 때문이다. 우리들이 목적으로 생각하고 있는 것은 모두가 수단이다. 이것은 명백한 진실이다. 돈은 물건을 사는 수단이며, 권력은 명령을 내리는 수단이다. 이는 우리가 선이라고 부르는 모든 것에 많든 적든 명확히 드러난다.

아름다움만이 수단으로 존재하지 않는다. 그러나 우리들은 아름다움 속에서 어떤 특별한 선이나 이득을 찾지 못한다. 아름다움은 그 자체가 어떠한 약속이지 선은 아니다. 아름다움은 그 자체만 줄 뿐 다른 것은 결코 주지 않는다.

그럼에도 불구하고 아름다움은 유일한 궁극성이기 때문에 인간이 추구하는 모든 것에 존재한다. 지상에 있는 모든 것이 수단에 불과하기에 모든 추구는 수단과 관련을 맺고 있지만, 아름다움은 이 일에 빛을 입힌다. 그렇지 않다면 추구하려는 욕망도 없을 것이고, 정력도 없다.

자린고비에게 세상의 모든 아름다움은 금 속에 숨겨져 있다. 순수하고 빛나는 물질로서 금이 아름다움을 간직하고 있는 것은 사실이다. 그러나 화폐에서 금이 사라지자 위와 같은 형태의 탐욕도 사라지게 되었다.

부를 추구하는 대부분의 사람들은 사치를 부와 연관시켜 생각한다. 사치는 궁극적으로 부가 나타나는 모습이다. 어떤 종류의 사람들에게 사치는 아름다움 그 자체이다. 사치라는 것은, 사람들이 우주가 아름답다는 것을 막연하게 느낄 수 있는 분위기를 제공한다. 마치 성 프란체스코가 우주의 아름다움을 느끼기 위해 방랑하는 거지가 되고자 했던 것과 같다. 만약 어느 쪽이든 세상의 아름다움이 똑같이 직접적이고 순수하며 완전한 방법으로 경험된다면, 똑같이 정당성을 띠게 될 것이다. 그러나 다행히도 하나님은 그것을 원하지 않으셨다.

가난은 하나의 특권을 갖고 있다. 가난은 하나님의 섭리이며, 이 섭리가 없으면 세상의 아름다움에 대한 사랑은 이웃에 대한 사랑과 갈등을 일으키게 할 것이다. 그럼에도 불구하고 가난에 대한 공포는 본질적으로 추함에 대한 공포이다. 상황 때문에 세상의 아름다움을 느끼지 못한 영혼은, 이러한 공포에 의하여 그 영혼의 중심부까지 침투를 당한 사람이다.

권력에 대한 사랑은, 그 규모가 큰든 작든 자신의 주위에 질서를 수립하려는 욕망과 같다. 사치의 경우처럼 이때 문제가 되는 것은, 우주의 아름다움을 암시하는 패턴 속으로 어떤 환경을 강요하는 것이다. 이 집단은 제한되어 있으나, 그 환경을 무제한으로 증가시키는 욕망은 가끔 존재할 수 있다. 이 충족되지 않은 욕망, 다시 말하면 계속 증가하려는 욕망은, 우리들이 조직하고 있는 환경이 우주가 아니라 하더라도 우주의 아름다움과 접촉하려는 욕망에서 비롯된다. 그 환경은 우주가 아니라, 오히려 우주를 감추고 있다. 주위의 우주는 극장의 배경과 같은 것이다.

발레리는 「세미라미스Semiramis」라는 그의 시에서 아름다움에 대한 사랑이 폭정과 관계를 맺고 있다는 사실을 느끼게 해준다. 루이14세는 권력을 증가시키는 도구인 전쟁을 제외하면 축제와 건축술에만 흥미를 갖고 있었다. 고대의 전쟁 그 자체는 치명적이고 강렬하게 아름다움에 대한 인간의 감성을 자극시키고 있다.

예술이라는 것은, 인간에 의하여 이루어진 물질의 제한된 양 속으로 우주의 무한한 아름다움의 이미지를 운반하려는 시도이다. 만약 이러한 시도가 성공한다면, 그 사물은 우주를 감추는 것이 아니라, 그 주위에 실재하는 모든 것을 드러낼 것이다.

세상의 아름다움의 순수하고 참된 반영도 아니고 아름다움에 대한 출입구도 아닌 예술 작품은, 엄밀히 말해서 아름다움이 아니다. 예술 작품을 만들어내는 사람들은, 매우 재능이 있을지는 모르나 진정한 천재는 아니다. 이 사실은 가장 유명했고 가장 칭찬을 받았던 많은 예술 작품에서 볼 수 있다.

모든 진정한 예술가들은 세상의 아름다움에 대한 참되고 직접적인 접촉, 다시 말하면 성례전의 성격을 띤 접촉을 가졌던 적이 있다. 비록 그 주제가 완전히 세속적인 것일지라도, 하나님은 모든 일류 예술 작품에 영감을 불어넣어 주었다. 다른 예술 작품에 대해서는 그렇게 하지 않았다. 그러므로 신의 영감과 구별되는 아름다움의 광채가 악마의 광채라는 것은 아주 당연한 일이다.

우리들은 제한되어 있고 계산할 수 있으며 엄격히 정의된 자료로부터 출발하여 하나의 이미지 속에서 세상의 질서를 재건한다. 추상적이기에 우리가 조작할 수 있는 용어들 사이의 관련성들을 생각하면서 혼자 힘으로 하나의 체계를 세운다. 그리하여 우주 자체인 필연성을 숙고할 수 있다. 그것은 주의注意가 작용함으로써 존재하는 이미지이다.

우리들은 사랑 없이는 숙고할 수가 없다. 세상의 질서에 대한 이미지를 숙고하는 것은 세상의 아름다움과 접촉하는 일이다. 아름다움은 사랑을 받는 세계의 질서이다.

육체적인 노동은 세상의 아름다움과의 특별한 접촉이며,

최고의 순간에는 다른 데서 발견될 수 없는 충만한 접촉이 이루어진다. 예술가, 학자, 철학자, 그리고 명상가들은, 생애의 거의 모든 순간에 모든 사람들을 위하여 우주가 비현실의 막을 뚫고 나온 것을 찬미해야 한다. 우주를 덮고 있는 이 막 때문에 사람들은 우주를 꿈이나 무대장치로 느낀다. 모든 사람이 우주를 찬미해야 하지만 가끔 그럴 수 없을 때도 있다.

다리가 아프거나 하루의 노동 때문에 피곤한 사람, 다시 말하면 물질의 지배를 받았던 하루의 노동 때문에 피로해진 사람은 그의 육체 속에 가시처럼 우주를 지니고 있다. 그에게 아름다움에 대한 사랑을 논의하는 것은 어려운 일이다. 만일 그것이 가능하다면, 그는 현실을 사랑한다.

이것은 하나님께서 가난한 자들을 위해서 예약해 두신 막대한 특권이다. 그러나 가난한 사람들은 그것을 거의 모른다. 아무도 그들에게 말해 주지 않는다. 과도한 피로, 괴로운 돈 걱정, 그리고 진실한 교양의 부족으로 인하여 가난한 자들은 그것을 주목하지 못한다. 이러한 상황들이 조금만 변하면 그들에게는 보물에게 접근할 수 있는 문이 열릴 것이다. 대부분의 사람들이 쉽게 보물을 얻을 수 있음에도 불구하고, 수세기 동안 이러한 노력을 하지 않았다고 생각하면 가슴이 아프다.

오늘날 우리들이 민속학이라는 이름으로 모으고 있는 문명의 부스러기가 있었던 시대의 사람들은, 의심할 바 없이 앞서 말한 보물에 쉽게 접근할 수가 있었다. 민속학과 매우 밀접한 관련을 맺고 있는 신화도, 만약 우리들이 그 신화가 내포하고 있는 시를 해독할 수 있다면, 이 사실을 입증할 수 있을 것이다.

진정한 결혼이나 정신적인 사랑과 같은 가장 숭고한 것에서부터 방탕과 같은 가장 저속한 것에 이르기까지, 온갖 형태의 육체적인 사랑은 세상의 아름다움을 목적으로 하고 있다. 하늘, 평원, 바다와 산의 빛남, 수천 개의 작은 소리에 의하여 우리들이 확신하는 자연의 침묵, 그리고 바람의 숨결, 태양의 따스함에 대한 사랑은 모든 인간이 어렴풋이 느끼는 것이지만, 이는 불완전하고 고통스러운 사랑이다. 이 사랑은 반응을 할 수 없는, 다시 말하면 물질에 대하여 느끼는 사랑과 같기 때문이다.

인간은 이와 동일한 사랑을 자기들의 사랑에 반응할 수 있으며, 긍정의 대답을 할 수 있고, 몸을 맡길 수 있는 사람들에게 돌리고 싶어 한다. 아름다움에 대한 감정이 우연히 어떤 인간을 보는 것과 관련성을 가질 때, 환상적인 방법으로 사랑의 전환은 가능해진다. 그러나 우리들이 동경하고 있는 사랑은, 세상의 아름다움이며 우주의 아름다움을 향한 것이다.

이러한 전환은 아주 오래되었고, 진부한 비유나 비교에서부터 프루스트(프랑스 심리주의 소설가)의 오묘한 분석에 이르기까지 사랑을 둘러싼 모든 문학이 표현하고 있다.

인간이 세상의 아름다움을 사랑하고자 하는 욕망의 본질은 그리스도의 강생이다. 이 둘이 다르다고 생각한다면 그것은 잘못이다. 그것 하나만으로도 욕망은 충족된다. 그러므로 신비론자들이 사랑의 언어를 사용하고 있다고 그들을 꾸짖는 것은 잘못된 일이다. 사랑의 언어는 권리상 이들 신비론자들의 것이다. 다른 사람들은 그것을 빌려 쓰고 있을 뿐이다.

만약 육체적인 사랑이 직접적으로 아름다움을 지향한다면, 그것은 그 사람이 자기 안의 아름다움을 통해 상상 속에서 세상의 질서와 동등한 어떤 것이 되기 때문이다.

그러기에 이러한 영역에서의 죄악은 심각하다. 이 죄악은, 영혼이 무의식적으로 하나님을 찾는 데 참가하고 있다는 사실 때문에 하나님을 거역하는 죄를 범한다. 모든 죄는 상대방의 동의를 기다리지 않고 행동하려는 단 하나로 귀착된다. 동의를 기다리지 않는다는 것은, 아마 모든 죄 중에서 가장 놀라운 죄일 것이다. 무의식적이나마 하나님과 동등한 것을 사람에게 찾으면서 그의 동의를 존중하지 않는 것보다 더 무시무시한 일이 어디

있겠는가?

　이처럼 심각하지는 않지만, 낮거나 피상적인 영혼의 영역에서 나오는 동의에 만족하는 것도 죄는 죄다. 육체적인 결합이 있든 없든 사랑의 교환은, 영혼의 중심점에서 동의가 성립되지 않는 한 부당한 것이다.

　오늘날 그저 단순한 사회적인 관습으로 간주되고 있는 결혼의 의무는, 육체적인 사랑과 아름다움이라는 관련성을 통한 인간성에 뿌리를 내리고 있다. 아름다움과 관계되어 있는 모든 것들은 시간의 흐름에 의하여 영향을 받지 않는다. 아름다움은 여기 지상에서 존재하는 영원이다.

　인간이 유혹에 대하여 저항할 수 없는 절대적인 것에의 감정을 느끼는 것은 놀라운 일이 아니다. 사실상 절대적인 것은 존재하고 있다. 그러나 만약 절대적인 것이 쾌락 속에 존재한다고 믿는다면, 그것은 잘못된 생각이다. 가상적인 전환의 결과로 나타나는 이 잘못은 인간 사고의 중요한 메커니즘을 이룬다.

　욥은 한 노예에 대하여 이야기하고 있다. 이 노예는 죽을 때 그의 주인 목소리를 듣지 않으려 한다. 그 목소리가 자기에게 해를 준다고 생각하는 것이다. 이는 진실이었다. 그 목소리는 노예에게 너무나 많은 해를 주었다. 그러나 이 노예의 생각은 잘못된 것이다. 주인의 목소리 그 자체는 해롭지 않다. 만약 그가 노예가 아니라면, 그 목소리는 그에게 아무런 해도 주지 않을 것이다. 그러나 그는 노예이기 때문에 채찍으로 두들겨 맞는 고통과 만행을 당하였다. 채찍 소리가 영혼 깊숙이 침투할 때 들리는 주인의 목소리는 노예의 영혼으로 들어간다. 이 노예를 방어해 줄 장벽은 존재하지 않는다.

이와 똑같이 쾌락의 힘에 지배받고 있다고 생각하는 사람은, 자기가 쾌락으로 이전시킨 그 절대적인 힘의 지배를 받고 있는 것이다. 이 절대자와 쾌락의 관계는 채찍과 주인 목소리의 관계와 같다. 그러나 이와 같은 관련은 고통의 결과에서 나온 것이 아니라 최초의 죄, 다시 말하면 우상숭배의 결과이다. 성 바오로는 악과 우상숭배의 유사성을 강조했다.

쾌락에서 절대자를 발견한 사람은 그 절대자에 의하여 지배받지 않을 수 없다. 인간은 절대자에 대항하여 투쟁할 수 없다. 완전한 절제의 덕을 지닌 사람은 쾌락 밖에 절대자를 둔다.

문자 그대로, 그리고 비유적인 의미에서도, 여러 종류의 악덕과 마약의 사용 등과 같은 것들은 세상의 아름다움이 실체적인 것이 되는 상태를 찾고 있는 것이다. 다만, 특별한 상태를 찾는다는 데 잘못이 있다. 거짓된 신비주의는 또 다른 형태의 잘못이다. 만약 잘못이 영혼 깊숙이 침투해 들어간다면 인간은 그 잘못에 굴복하지 않을 수 없다.

가장 죄가 많은 사람으로부터 가장 죄가 없는 사람에 이르기까지, 그리고 가장 평범한 사람으로부터 가장 독특한 사람에 이르기까지, 사람들의 모든 취미는 상황의 결합과 관계가 있다. 또 사람들이 세상의 아름다움에 다가서려는 환경과 관계한다. 각 환경의 특질은, 기질과 과거 생활에 대한 기억, 그리고 종잡을 수 없는 원인에 의하여 발생한다.

세상의 아름다움이나 더 높은 차원에서의 하나님과의 접촉만큼 영혼이 추구하고 있는 것은 없다. 그러나 동시에 영혼은 아름다움으로부터 도망쳐 버린다. 영혼이 어떤 것으로부터 도망칠 때는, 추한 공포 혹은 진실로 참된 것과의 접촉으로부터 도피하고자 할 때뿐이다. 모든 평범성이 빛으로부터 도망쳐 버리기 때문이다. 사실 거의 완전한 덕에 가까운 영혼을 제외한 모든 영혼 속에는 평범한 부분이 훨씬 많다.

이 평범한 부분은 작고 순수한 아름다움이나 순수한 선이 나타날 때마다 공포에 사로잡힌다. 그리하여 육체의 배후에 숨어서 그 육체를 하나의 방패로 이용한다. 호전적인 민족이 침략을 정당화하기 위해 어떤 형태의 구실로든 그 침략성을 은폐할 필요가 있는 것처럼, 영혼의 평범한 부분은 빛으로부터 도망칠 구실을 필요로 한다. 쾌락의 매력과 고통의 공포가 이 구실을 제공해 준다. 그러나 영혼을 지배하는 것은 쾌락이 아니라 절대자이며, 이때의 절대자는 더 이상 매력의 대상이 아니라 혐오의 대상이다.

순수한 아름다움을 지향하는 운동과 그 아름다움으로부터 멀리 달아나는 운동은 서로 구별할 수 없을 정도로 엉켜 있다. 이 두 개의 운동은 육체적인 쾌락을 찾는 데서 결합된다.

어쨌든 인간이 관심을 기울이는 모든 대상은, 다소 곡해되었거나 더럽혀진 이미지 속에 보이는 세상의 아름다움에 대한 배려가 포함되어 있다. 결과적으로 인간생활에서 순수하게 자연적인 부분은 없다. 은총과 인간의 죄는 수많은 형태를 띠고 어디에나 존재한다. 이처럼 불완전하고 무의식적이며 가끔 범죄적이기도 한 아름다움에 대한 탐구와 하나님 사이를 연결 짓는 유일한 것은 세상의 아름다움이다.

세상의 도시와 우주라는, 지상의 경애하는 조국을 스토아학파의 이념과 결합하지 않는 한 기독교는 피와 살을 갖춘 존재는 되지 못할 것이다. 오늘날에는 이해하기 힘든 작은 오해의 결과로 기독교는 스토아 철학과 손을 끊었고, 자신을 추상적이고 분리된 존재로 선고해 버렸다.

예를 들어, 예술이나 과학 분야에서의 아름다움에 대한 고도의 탐구 업적도 실제로는 아름다운 것이 아니다. 단 하나의 진실한 아름다움, 다시 말하면 하나님의 참된 존재를 의미하는 유일한 아름다움은 우주의 아름다움이다. 우주보다 작은 것은 그 무엇도 아름답지 못하다.

완전하다고 불릴 만한 아름다운 예술 작품이 있다면, 우주도 이 예술 작품만큼 아름다운 것이다. 그래서 우주는 목적이나 선을 구성하는 어떤 것도 포함하고 있지 않다. 우주는 우주의 아름다움 자체를 초월한 궁극성을 가지고 있지 않다. 이 우주에 대하여 알려진 유일한 진리는, 우주란 궁극성이 완전히 결여되어 있다는 것뿐이다. 누군가 우주에 궁극성이 있다고 말한다면, 그것은 거짓말이거나 실수에 의한 것이다.

만약 어떤 시에서 이러저러한 단어가 왜 이러저러한 자리에 있느냐고 물을 때 이에 대한 대답이 존재한다면, 이 시는 최고의 시가 아니거나 독자가 그 시에 대해서 아무것도 이해하지 못한 것이다. 만약 시어詩語들의 존재 이유가 어떤 특별한 사상을 표현하기 위해서라든가, 문법적인 관련성을 위해서라든가, 운율을 맞추기 위해서라든가, 행을 완성시키기 위해서라고 말한다면, 그것은 시를 짓기 위한 효과를 추구하는 것이지 진정한 영감은 아니다.

진정으로 아름다운 시에 대한 유일한 대답은, 시어들이 그 자리에 있는 것은 그곳이 가장 적당한 자리이기 때문이라는 말 뿐이다. 이 적당성의 증거는, 시어들이 그 자리에 있어서 그 시가 아름답다는 것이다. 이러한 시는 아름답다. 다시 말해서 독자들은 그 시가 다르게 표현되기를 바라지 않는다.

이런 식으로 예술은 세상의 아름다움을 모방한다. 물건들, 존재들, 그리고 사건들의 적당성은, 이들이 존재한다는 것과 우리들이 그 존재를 바란다는 사실에 있다. 이 존재를 바라지 않는 것은 우주라는 우리의 조국에 대한 모독이며, 스토아 학자가 주창하는 사랑이 부족한 것이다. 우리들은 체질상 이러한 사랑이 가능하도록 만들어져 있다. 이러한 가능성의 이름이 바로 세상에 대한 아름다움이다.

보마르셰(프랑스의 극작가)가 질문한 "다른 것이 아니라 왜 이것을 택하느냐?"에 대한 대답은 없다. 세상은 궁극성이 없기 때문이다. 궁극성의 부재는 필연성의 지배를 의미한다. 사물들은 원인들을 갖고 있지만 목적은 갖고 있지 않다. 신의 섭리에 특별한 계획을 터득하려고 하는 사람들은, 아름다운 시를 희생시켜 원문의 설명에 전념하는 교수들과 같다.

예술에서 이러한 필연성의 지배는 소재의 저항과 임의적인 규칙이다. 운율은 개념의 연속과는 조금도 관계가 없는 단어를 선택하도록 시인에게 강요한다. 시에서 운율의 기능은 아마 우리 생활에서의 불행의 기능과 유사할 것이다. 불행은 우리들에게 궁극성의 부재를 느끼게 한다.

만약 영혼이 사랑의 방향으로 기울어진다면, 우리들은 그 필연성의 냉혹함과 딱딱함을 육체에서 밀어내며 세상의 아름다움에 대하여 더 가깝게 접근하게 된다. 이것은 욥이 경험한 것이었다. 욥은 그의 고통 속에서도 매우 정직했으며, 자기 내부의 괴로움의 진실을 왜곡시키려 하지 않았기 때문에 하나님이 내려오셔서 그에게 세상의 아름다움을 보여 주셨다.

그리스도가 우리들에게 정의로운 자와 정의롭지 못한 자들에게 아무 차별 없이 내리는 비와 태양 빛을 보라고 말씀하신 것은, 궁극성이나 의도의 부재가 세상 아름다움의 본질이기 때문이다. 그리스도는 이러한 아름다움을 우리들에게 모방하라고 명령하신다.

플라톤은 명상을 통하여 우리들 스스로 세상의 아름다움을 닮으라고 했고, 밤과 낮, 계절, 그리고 해마다 계속하여 돌아오는 순환의 조화를 닮은 존재가 되라고 충고했다. 이러한 순환의 조화에서도 의도나 궁극성의 부재는 명백하다. 여기에 순수한 아름다움이 빛을 발하고 있는 것이다.

우주가 조국이라는 것은, 우주가 우리들에게 사랑받고 또 아름답기 때문이다. 우주는 이 세상에서 우리들의 유일한 나라 이다. 이러한 사고방식은 스토아 학파의 지혜의 본질이다. 우리 들에게 천국은 있으나, 어떤 의미에서 천국은 사랑하기 어렵다. 우리들은 천국에 대해 잘 모르기 때문이다. 그러나 한편으로는, 천국을 사랑하기는 쉽다. 우리들은 천국에 대해 상상할 수 있기 때문이다. 우리들은 천국을 사랑한다고 하면서 허구적인 것을 사랑하는 모험을 한다.

만약 허구적인 것에 대한 사랑이 강력하다면, 그것은 모든 미덕을 용이하게 만들지만, 동시에 가치도 없어진다. 여기 지상 의 나라를 사랑하자. 지상의 나라는 참된 것이다. 하나님이 우리 들에게 사랑하라고 주신 것은 이 지상의 나라이다.

이 지상에서 우리들은, 뿌리를 내리지 못하고 망명생활을 하는 이방인처럼 느낀다. 잠자고 있는 동안 선원들에게 납치되 었다가 눈을 떠보니 낯선 땅에 있음을 발견하고 비통한 마음으 로 이타카를 그리워했던 율리시스와 같다. 여신 아테나가 율리시스의 눈을 뜨게 하자, 율리시스는 자신이 이타카에 있음을 깨닫는다. 이처럼 어떤 유혹에도 마음을 빼앗기지 않고 포기하는 일 없이 자신의 조국을 그리워하는 이는 어느 순간 돌연 자기가 조국에 있음을 깨닫는다.

세상의 아름다움을 모방하는 것. 다시 말해서 궁극성, 의도, 차별의 부재에 응답하는 것은 우리들 자신 속에서 의도를 갖지 않는 것, 즉 우리 자신의 의지를 포기하는 것과 같다. 완전히 복종한다는 것은, 하나님이 완전한 것처럼 완전한 일이다.

인간 사회의 노예는 자기 주인에게 복종한다고 해서 주인처럼 되지는 않는다. 오히려 그가 주인에게 복종하면 할수록 그 거리는 더 멀어진다. 그러나 인간이 하나님에게 절대적으로 복종한다면, 그는 전지전능하신 하나님의 완전한 이미지와 닮아간다. 우리들이 하나님을 모방하는 것은 인간이 하나의 인격체라는 사실과 연결되지만, 그 사실 자체는 아니다. 우리들 자신의 인격을 포기하는 능력, 즉 복종의 의미이다.

사람이 신적인 존재에 비교될 정도로 최고의 단계에 올라설 때마다, 우리들은 그에게서 비인격적이고 무명적인 것을 알게 된다. 그의 목소리는 침묵으로 둘러싸인다. 이것은 모든 위대한 예술이나 사상의 작품 속에, 그리고 성자들의 위대한 언행 속에 분명히 나타나 있다.

하나님이 포기에 의하여 자기 자신을 초월하는 이의 신神적 모델이라는 의미에서 보면, 하나님을 비인격적이라고 하는 것은 어떤 의미로는 사실이다. 하나님을 전지전능한 인간으로, 혹은 그리스도의 이름을 빌린 인간으로 생각한다는 것은, 하나님의 진정한 사랑에서 멀어지는 일이다. 그러므로 우리들은 태양 빛을 골고루 나누어 주시는 하나님의 완전함을 숭상해야 한다.

인간은 인격체이기를 포기함으로써 신을 반영하는 존재가 된다. 따라서 다른 사람을 불행에 빠트리고 무기력한 물질 상태로 만드는 것은 매우 무서운 일이다.

충분히 준비가 된 사람을 제외하고는, 인격이라는 특질을 빼앗길 때, 그 인격을 포기하는 가능성 또한 동시에 빼앗기는 것이다. 사랑으로 인격을 포기할 가능성을 갖도록 하는 하나님이 우리들의 자율성을 창조하신 것처럼, 우리들도 다른 사람들의 자율성을 소망해야 한다. 완전히 복종하는 사람은, 모든 인간의 자유 능력을 한없이 귀히 여기는 사람이다.

마찬가지로 세상의 아름다움에 대한 사랑과 동정 사이에는 모순이 없다. 이 사랑은 불행에 처한 사람이 자신의 불행 때문에 괴로워하는 것을 방해하지 않는다. 남의 불행 때문에 괴로워하는 것도 방해하지 않는다. 이 사랑은 고통과는 다른 차원에 있기 때문이다.

세상의 아름다움에 대한 사랑은 보편적이기는 하지만 2차 적이고 종속적인 사랑으로서, 운이 나쁘면 파괴될 수도 있는 귀 중한 가치에 대한 사랑을 포함하고 있다. 진정으로 귀중한 가치 란, 세상의 아름다움을 향해 뻗고 있는 사다리와 같은 것들이다. 세상의 아름다움 자체까지 갈 정도로 멀리 올라간 사람은, 전보 다 더욱더 이 귀중한 가치를 사랑하게 된다.

이러한 진짜 귀중한 가치 중에는 예술과 과학 분야에서 순 수하고 신뢰할 만한 업적이 있다. 더 일반적으로 말하면, 모든 사회 계층을 통틀어 인간생활을 시로 감싸 주는 모든 것들이 포 함된다. 인간은 지상의 시를 통해 뿌리내리고 있다. 이것은 천상 의 빛을 반영하며, 우주라는 나라에게 느껴지는 막연한 유대감 이다.

인간의 나라들은 그 완성의 정도에 따라 국민들의 생활을 시로 감싸 준다. 인간의 나라는 세상이라는 나라의 이미지이며 반영이다. 사실상 이 나라들이 국가의 형태를 띠면 띨수록, 그들 은 스스로를 국가라고 주장하며 더욱더 왜곡되고 더럽혀진다. 그러나 물질적인 면이든 도덕적인 면이든 나라를 파괴하는 것과 인간을 사회적으로 추락시켜 나라에서 쫓아내는 일은, 인간의 영혼과 우주 사이에 존재하는 모든 시와 사랑의 유대를 단절시키는 것이다. 이는 인간을 강제로 추한 공포 속으로 밀어넣는 것과 같다. 이보다 더 큰 범죄는 없다.

우리들 모두는 결국, 이 한정 없는 범죄의 공모자인 셈이다. 이런 사실을 깨닫는다면, 우리들은 모두 피눈물을 흘리지 않을 수 없다.

종교적인 관례에 대한 사랑

제도적인 종교에 대한 사랑에는 하나님이라는 이름이 반드시 들어가지만, 그것 자체는 가시적인 사랑이 아니라 묵시적인 사랑이다. 제도적인 종교에 대한 사랑은, 하나님과의 직접적이고 당면한 접촉을 내포하고 있지는 않기 때문이다. 우리들의 이웃과 세상에 대한 아름다움 속에 존재하시는 것과 똑같이, 하나님은 순수성을 띠는 종교적인 관습 속에 존재하신다.

종교에 대한 사랑이 영혼 속에서 취하는 형태는 우리들의 생활 상황에 따라 크게 다르다. 어떤 상황들은 종교에 대한 사랑이 매우 강력해지기 전에 이 사랑을 죽여 버린다. 어떤 사람들은 불행 속에서 자신도 모르게 종교에 대하여 증오와 경멸을 나타낸다. 성직자들의 잔인함, 오만함, 부패가 인간들에게 수난을 주었기 때문이다.

어렸을 때부터 종교를 싫어하는 환경 속에서 자란 사람들도 있다. 이러한 상황에서도 하나님의 자비에 의하여 이웃에 대한 사랑과 세상의 아름다움을 충분히 강력하고 순수하게 사랑한다면, 영혼을 아주 높은 데까지 고양시킬 수 있다. 보통 제도적인 종교에 대한 사랑은, 자신이 성장한 나라나 집단의 지배적인 종교를 그 대상으로 한다.

종교적인 관습의 미덕을 전체로서 이해하려면, 구세주의 이름을 낭송하는 불교의 전통을 생각하면 된다. 석가모니는 구원 받고자 하는 소망을 갖고 자기 이름을 낭송하면 자기와 같이 고양시키겠다고 맹세했고, 이러한 맹세 때문에 구세주의 이름을 낭송하는 것은 정말로 영혼을 변화시키는 힘을 갖고 있다고들 한다.

종교라는 것은 이러한 하나님의 약속 외에 아무것도 아니다. 모든 종교적인 관례, 모든 의식, 그리고 모든 기도문은 하나님의 이름을 음송하는 하나의 형태이며, 원칙상 진정한 미덕, 다시 말하면 구원의 소망을 갖고 미덕을 수행하는 사람은 누구를 막론하고 구원해 주는 미덕을 갖고 있어야 한다.

모든 종교들은 그들의 특별한 언어로 하나님의 이름을 말한다. 일반적으로 낯선 언어보다는 모국어로 하나님의 이름을 부르는 것이 더 낫다. 특별한 경우를 제외하고는, 외국어로 된 말들을 찾는 노력을 해야 할 때 그 영혼은 완전히 자신을 포기할 수 없다.

모국어가 다루기 어렵고 세계적으로 알려져 있지 않은 작가라면, 타국어를 택하고 싶은 강력한 유혹을 느낀다. 콘래드(폴란드 출신 영문 소설가)처럼 경이적인 성공을 거둔 작가들도 몇 있다. 그러나 이런 사람들은 극히 드물다. 특별한 경우들을 제외하고 이러한 전환은 해를 끼치며, 사상과 문체는 인정을 받지 못한다. 또 외국어를 채택한 작가는 항상 불안을 느끼며, 보통 이상의 수준을 넘을 수 없다.

종교라고 해서 다 주님의 이름을 음송하는 데 적당한 것은 아니라는 말은 사실이다. 틀림없이 어떤 종교는 유달리 불완전한 매개체이다. 예를 들면 유대교는 그리스도를 십자가에 못 박히게 했으며, 로마의 종교는 종교라고 불릴 자격이 거의 없다.

그러나 일반적으로 다양한 종교의 상대적인 가치는 인식하기 매우 어렵고 거의 불가능하다. 그것은 종교라는 것이 마음속으로부터 알려지는 것이기 때문이다. 종교는 일종의 영양분이다. 먹어 보지 않은 음식의 맛과 가치를 감정한다는 것은 어려운 일이다.

종교를 비교한다는 것은 '공감'이라는 놀라운 미덕을 통해서만 어느 정도 가능하다. 외부를 관찰하며 공감에 의해 자기의 영혼을 잠시 이입하면, 다른 사람을 어느 정도 알 수는 있다. 이와 마찬가지로 우리들이 어떤 종교들을 연구할 때, 자기의 신앙을 통해 그 신앙의 바로 중심부까지 가지 않으면 종교의 참다운 지식을 얻지 못한다. 이것은 가장 강력한 의미에서의 신앙으로 이루어진다.

이러한 일은 좀처럼 발생하지 않는다. 어떤 연구자들은 아예 신앙이 없으며, 또 어떤 연구자들은 한 종교만 믿고 다른 종교에 대해서는 이상하게 생긴 조개껍데기에 부여하는 관심밖에 두지 않는다. 이와는 달리, 어떤 이들은 어느 방향으로든지 막연한 종교성을 갖고 있어서 자기들은 어느 종교든지 공평하게 다룰 수 있다고 생각한다.

그러나 고도의 주의력, 신념, 그리고 사랑을 갖고 개개의 종교를 생각하기 위해서는 어느 특정한 종교에 모든 주의와 신념, 모든 사랑을 부여해야 한다. 우정을 베풀 수 있는 사람만이 아주 낯선 사람의 운명에 대하여 마음속으로부터 우러나오는 관심을 가질 수 있는 것과 같다.

인생의 모든 부문에서 만약 어떤 특정한 대상을 지향하지 않는다면 그것은 참된 사랑이 아니다. 사랑은 유추와 이전移轉의 결과로서만 현실성을 잃지 않고 보편성을 띤다.

오늘날 유럽에서, 아니 전 세계적으로 비교 종교에 대한 지식은 거의 무지無知의 상태다. 사람들은 이러한 지식의 가능성에 대한 개념조차도 가지고 있지 않다. 방해가 되는 편견을 갖지 않는다 해도 지식에 대한 개념을 형성하는 것조차 매우 어려운 일이다.

여러 가지 형태의 종교 가운데는, 가시적인 종교상의 차이점들을 부분적으로 보상해 주는 것이 있다. 다시 말하면 가장 날카로운 식별력을 가지고서야 파악될 수 있는, 어떤 은폐된 것과 같은 것이 있다. 모든 종교는 본래 명백하고 묵시적인 진리가 서로 결합된 것이다. 어떤 종교에서는 진리에 대한 묵시적인 동의가 분명한 동의만큼 가치가 있을 수 있으며, 가끔 더 큰 가치를 가질 수 있다. 사람들 마음의 비밀을 알고 있는 사람은, 여러 형태의 신앙의 비밀을 알고 있다. 그는 누가 뭐래도 이 비밀을 결코 누설하지 않는다.

만약 사람들이 하나님의 이름을 말하기에 적당한 종교 속에서 태어난다면, 또한 잘 지도되고 순수한 사랑으로 이 토착적인 종교를 사랑한다면, 자신들의 종교를 포기하는 정당한 동기를 생각해 내는 일은 어렵다. 하나님과의 직접적인 접촉으로 하나님의 의지 자체의 지도를 받기 전에는 말이다. 복종 속에서 변화가 이루어질 경우에만 그 변화는 정당한 것이 된다.

역사적으로 볼 때 이러한 일이 발생하는 것은 사실상 드물다. 최고의 영적인 영역에 도달한 영혼은, 하나의 발판으로 영혼에 봉사했던 전통에 대한 사랑 속에서 확인된다.

만약 자기가 태어난 곳의 종교의 결함이 너무 크다든지, 그 종교가 자기 고향의 환경에서 너무 부패했다든지, 아니면 특수한 상황에 의하여 다른 종교를 채택하는 것은 정당한 일이다. 모든 사람들에게는 아닐지 몰라도, 어떤 사람들에게는 정당한 일이다.

이와는 다른 경우에 종교를 바꾼다는 것은 매우 심각한 결정이며, 다른 사람에게 종교를 바꾸라고 영향력을 행사하는 것은 더 어렵다. 더욱이 피정복 국가에서 공식적인 압력을 가하는 것은 훨씬 더 어렵다.

유럽과 미국에 존재하는 모든 다양한 종교에도 불구하고, 원칙적으로(직접적으로나 간접적으로) 모든 백인종의 토착적인 영혼의 배경을 이루고 있는 것은 가톨릭이다.

종교적인 관례의 미덕은, 악을 파괴하는 결과를 가져오는 완전히 순수한 것과의 접촉에서 비롯된다. 우주의 완전한 아름다움을 제외하고는 그 무엇도 완전히 순수하지 않으며, 우리들은 스스로 완전한 것의 방향으로 멀리 나가기 전까지는 직접 순수함을 느낄 수 없다. 이 전체의 아름다움은 느껴지는 것이지, 느껴지는 대상 안에 포함된 것이 아니다.

종교적인 것들은 느껴지는 개체로 지상에 존재하면서도 완전히 순수하다. 교회는 추하게 보일지도 모르며, 찬송가는 곡조가 맞지 않을지도 모르며, 성직자들은 부패하고, 신도들은 주의력이 없을지도 모른다. 어떤 의미에서 이것은 중요한 문제가 아니다. 그것은 마치 기하학자가 증명을 설명하기 위해 도표를 그리는 것과 같다. 선이 똑바르지 않고 원이 둥글지 않다 해도 큰문제가 되지 않는 것과 같다.

종교적인 것들은 이론적으로나 가설적으로나, 아니면 인습적으로 당연히 순수한 것이다. 때문에 이 순수함은 조건이 없다. 종교적인 것은 어떤 오점에 의해서도 더럽혀질 수 없다. 그러므로 그 종교의 순수성은 오를란도 암말과 같은 방식으로는 순수성을 갖지 못한다. 오를란도의 암말은 모든 미덕을 다 가지고 있지만, 단 하나, 존재하고 있지 않다는 결점을 갖고 있다.

인간의 관습은, 그 관습을 준수하도록 강요하는 원동력이 없다면 쓸모가 없다. 관습 그 자체는 단순히 추상적이고 비현실적이어서 영향력을 끼치지 못한다. 그러나 종교적인 것을 순수하게 만드는 관습은 하나님 자신이 허락하신 것이다. 그리하여 그것은 효과적인 관습이 되며, 자발적으로 움직이는 관습이 된다. 이러한 순수성은 조건 없이 완전하면서도 동시에 참다운 것이다.

이것은 사실 위에 존재하는 진리이다. 증명될 수 있는 것이 아니다. 그것은 경험적으로 증명될 수 있을 뿐이다.

신앙과 사랑이 결여되지 않는 한, 종교적인 것들의 순수성은 아름다움의 형태로 발견된다. 예를 들어 기도문의 말들은 놀라울 정도로 아름답다. 또한 그리스도의 바로 그 입술로부터 나오는 기도의 말들은 무엇보다도 완전하다. 마찬가지로 로마네스크 건축술과 그레고리오 성가 또한 놀라울 정도로 아름답다.

그러나 아름다움이 완전히 박탈당한 부분이 있는데, 거기서는 순수성은 없고 완전히 관습에 의존한다. 건축술·노래·언어와 같은 것들은, 그리스도가 비록 그 말씀들을 선택하셨다 하더라도 절대적인 순수성과는 구별된다. 지상의 우리의 감각에 구체적으로 존재하는 절대적인 순수성은 오로지 관습뿐이다. 중심점에 놓인 이 관습은 성체성사이다.

실제로 그리스도가 성체에 존재한다는 도그마의 부조리는 이 도그마의 미덕을 이루고 있다. 음식을 만진다는 강한 상징을 제외하고는, 빵조각을 하나님과 관련지을 수 있는 것은 아무것도 없다. 이처럼 신의 존재가 관습적인 성격을 띠는 것은 분명하다. 그리스도는 관습에 의하여 그러한 대상 속에 존재할 수 있을 뿐이다. 하나님이 성체성사에 참여하시는 것은 정말로 비밀이다. 우리들 생각의 어떤 부분도 그 비밀에 도달할 수 없기 때문이다. 그러기에 성체 안의 하나님의 존재는 완전하다.

존재하지 않는 완전한 선과 원으로부터 추리된 것이 실제 공학에 효과적으로 적용된다는 것을 놀랍다고 말하는 사람은 아무도 없다. 그러나 이러한 현상을 이해할 수 없다. 신이 성체성사에 존재한다는 현실은 더욱더 놀라운 일이다. 그렇다고 이해할 수 없는 것은 아니다.

어떤 의미에서는, 유추에 의하여 그리스도는 성체 속에 가상적으로 존재한다고 말할 수 있을지 모른다. 이것은 마치 기하학자가 어떤 삼각형에는 두 개의 동일한 각이 있다는 것을 가설적으로 말하는 것과 같다. 중요한 점은, 봉헌하는 사람들의 정신 상태가 아니라 성체의 형태인 것이다. 그것은 성체가 관습과 관계를 갖고 있기 때문이다.

만약 성체가 관습이 아닌 다른 것이라면, 그 일부가 인간적인 것이 되어 완전한 하나님의 것이 될 수 없다. 이 현실의 관습은 피타고라스적인 의미에서 초자연적인 조화이다.

지상에서는 관습만이 순수함을 완성시킬 수 있다. 비관습적인 모든 순수성은 다소 불완전하기 때문이다. 관습이 현실적일 수 있는 것은 하나님의 자비가 보여 준 기적이다.

구세주의 이름을 낭송하는 것에 대한 불교의 가르침도 같은 진리가 내포되어 있다. 이름이라는 것도 하나의 관습이기 때문이다. 그러나 사물과 사물의 이름을 혼동하는 우리들의 사고 습관은 이러한 사실을 쉽사리 잊게 한다. 성체성사는 고도의 관습이다.

그리스도가 인간의 육체를 입고 존재하시는 것은 완전한 순수함이 아닌 다른 것이다. 그리스도는 스스로를 선하다고 말한 사람을 나무라면서 말씀하셨기 때문이다.

"내가 떠나는 것이 너희에게 유익하리라."

그리스도는 성화聖化된 빵조각 속에서 더 완전한 모습으로 존재하신다. 그리스도의 존재는 그것이 비밀이기 때문에 더욱더 완전한 것이다.

성체성사의 관습, 또는 그와 비슷한 모든 것들은 인간에게 필수불가결한 것이며, 완전한 순수성의 존재도 인간에게는 없어서는 안 된다. 인간은 실체적인 것에 주의를 집중할 수 있기 때문이다. 그리고 때로는 완전한 순수성에도 주의를 기울이고 싶어 하기 때문이다. 이렇게 행동함으로써 인간은 이전移轉의 과정을 통하여 자신의 악을 제거할 수 있다. 그러므로 성찬식의 빵은 죄악을 없애 버리는 그리스도인 것이다.

우리들은 모두 내부에 있는 악을 의식하고 있으며, 극도의 공포를 느끼며 그 악을 제거하고 싶어 한다. 우리들은, 외부에서 수난과 죄악이라는 두 개의 다른 형태로 악을 본다. 그러나 우리들 속에서는 이 차이점이 나타나지 않는다. 나타난다고 해도 추상적이거나, 아니면 반성에 의한 것이다. 우리들은 자신의 내부에서 수난도 아니고 죄악도 아닌 어떤 것을 느낀다.

양쪽에 공통된 뿌리를, 두 가지가 구분없이 혼합된 것을, 더러움과 아픔이 혼재된 것을 느낀다. 이것은 우리들 속에 있는 추함이다. 우리들이 수난과 죄악을 느끼면 느낄수록 그것은 더 많은 공포를 가져다준다. 영혼은 이것을 토해 내듯 배척한다. 우리들은 이전移轉의 과정에 의하여 그것을 우리 주위의 사물 속으

343

로 옮겨 놓는다. 그러면 그들은 그 악을 증가시켜 우리들에게 되돌려 보낸다.

이러한 교환을 통하여 우리들 속에 있는 악은 증가하는 것이다. 그리하여 우리가 살고 있는 바로 이 장소와 우리를 둘러싸고 있는 모든 것들은 우리들을 악 속에 감금시키며, 이러한 상황은 나날이 더 나빠지는 것처럼 보인다. 이것은 무서운 고통이다. 이러한 고통 때문에 지쳐 버린 영혼이 더 이상 악을 느끼지 못하면, 그 영혼이 구원받을 희망은 없어진다. 이리하여 환자는 그의 병상에 대하여 증오와 혐오를 느끼게 되며, 죄수는 감방을, 노동자는 그의 공장에 대해 같은 감정을 느끼는 것이다.

이런 상태의 사람들에게 아름다움을 제공한다는 것은 쓸모없는 일이다. 시간의 흐름과 함께 이전의 과정을 통하여 끝내는 망쳐지고 더럽혀지지 않는 것은 아무것도 없으며, 결국 혐오의 대상이 되기 때문이다.

완전한 아름다움만이 더럽혀지지 않을 수 있다. 만약 영혼이 악의 침범을 받는 순간에 완전히 순수한 것으로 주의가 기울여질 수 있어서 악의 일부가 그 완전히 순수한 것으로 이전된다면, 영혼은 악에 의해서 결코 더럽혀지지 않을 것이며 그 악을 우리들에게 되돌려 보내지도 않을 것이다. 이처럼 주의력은 그 순간순간마다 악의 일부를 정말로 파괴한다.

속죄양의 의식에서 유대인들이 일종의 마술을 통하여 성취하려고 했던 것은, 지상에서는 완전한 순수성에 의해서만 실천될 수 있다. 진정한 속죄양은 그리스도이시다.

완전히 순수한 한 존재가 이 지상에서 인간의 형상을 하고 나타났을 때, 그 완전한 존재 주위에 흩어져 있는 최대의 악은 수난의 형태를 띠고 자동적으로 그에게 집중되었다. 로마시대 인간에게 가장 불운하고 큰 죄악은 노예제도였다. 그러므로 그는 노예들의 가장 극단적인 고통인 태형을 받았다. 이 이전은 하나의 신비스러운 방법으로 구원을 이루고 있다.

마찬가지로, 인간이 성별聖別된 빵 속에 존재하시는 그리스도에게로 주의를 기울일 때는, 그의 마음속에 가지고 있는 악의 일부는 완전한 순수성을 향하고 있으며, 그 순수성에 의해 파괴당하게 된다.

그것은 파괴라기보다는 변화이다. 완전한 순수성과의 접촉은, 서로 분리시킬 수 없을 정도로 혼합되어 있는 수난과 죄악을 분리시킨다. 영혼이 이러한 접촉에 의하여 불타 버리면 영혼 속에 있는 악의 일부는 사랑이 침투한 단순한 고통이 된다.

로마제국 전역에 퍼져 있다가 그리스도에게 집중된 모든

악은, 그리스도에게는 단순한 고통에 불과했다. 만약 이 지상에 완전하고 무한한 순수성이 없다면, 다시 말해서 유한한 순수성 밖에 없다면, 우리들은 결코 구원받지 못할 것이다.

형법상의 정의는 이런 사실을 실례를 들어 설명하고 있다. 형법상의 정의는, 원칙적으로 선을 목적으로 하는 순수한 것이다. 그러나 그것은 불완전하고 유한하며, 인간적인 순수함이다. 그러므로 죄와 불행의 혼합과의 부단한 접촉은 순수성을 닳게 하며, 그 자리에 전체 범죄와 거의 똑같은 더러움, 다시 말하면 특정한 범인의 더러움을 훨씬 능가하는 더러움을 남긴다.

인간은 순수성의 수원지水源池로부터 오는 물을 마시지 못한다. 그러나 범죄와 불행이 있는 곳에서 이 샘물이 솟아나지 않는다면, 창조는 잔인한 행위가 되었을 것이다. 만약 선교활동을 하지 않는 나라들에서 2천 년 전 여러 세기 동안에 범죄와 불행이 없었다면, 우리들은 교회가 그리스도 및 성례전을 독점했다고 생각할 수 있을 것이다.

우리들이 어떻게 2천2백 년 전에 십자가에 못 박힌 노예를 생각할 수 있겠는가? 더구나 그 당시에는 그리스도가 안 계셨고, 일체의 성례전이 알려지지 않았다고 해서 우리들이 하나님을 비난할 수가 있겠는가? 우리들이 2천2백 년 전에 십자가에 못 박힌 노예를 거의 생각하지 않는 것은 사실이다.

완전한 순수성으로 눈을 돌려야 된다는 것을 알았을 때, 하나님을 거스르지 않는 한 이 지상에서도 완전한 미덕에 이를 수 있다는 확신을 방해하는 것은, 인생이 한정되어 있다는 사실뿐이다. 우리들은 유한하며, 우리들 내부에 있는 악도 유한하다. 우리들 눈에 보이는 순수성만이 무한하다.

우리들이 그 순수성으로 눈을 돌릴 때마다, 비록 적은 양이긴 해도 그 악이 파괴된다고 하자. 만약 시간이 무제한하다면, 우리들은 언젠가 그 악을 모두 파괴할 것이다. 그렇게 되면 『바가바드기타』에 나오는 구절대로 악의 종말에 도달할 것이다. 우리들은 진리의 주님을 위해 악을 파괴해야 했고, 이집트의 『사서死書』에 쓰여 있는 것처럼 진리를 얻게 될 것이다.

오늘날엔 거의 인식되어 있지 않지만, 기독교의 중요한 진리 중 하나는, 시선이 우리를 구한다는 것이다. 청동뱀을 들어올린 것은, 타락의 심연 속에서 불구의 몸으로 누워 있는 사람들이 청동뱀을 보고 구원받게 하고자 함이었다.

마음이 내키지 않을 때, 성스러운 것에 어울릴 수준으로 영혼을 고양시킬 수 없다고 느끼는 바로 그 순간, 실은 완전한 순수성을 향한 시선이 가장 큰 효력을 발휘한다. 이때 악, 아니면 평범성이 영혼의 표면에 떠올라 불과의 접촉을 통하여 소각될 수 있는 가장 좋은 위치에 있기 때문이다.

그러나 이때 '보는' 행위는 거의 불가능하다. 영혼의 모든 평범한 부분은, 육체보다 더 격렬하게 죽음을 두려워하기 때문에 자신을 보호하기 위해 거짓말을 한다.

거짓말을 듣지 못하게 할 수는 없지만, 이 거짓말을 안 들으려는 노력, 다시 말하면 거짓말을 안 만들려는 순간에 보이는 순수함의 노력은 매우 격렬한 것이다. 그러나 이러한 노력은 일반적으로 알려진 노력과는 다르다. 이것을 표현하는 데는 다른 말들이 필요하지만, 적절한 단어가 없다.

영혼을 구원으로 인도하는 노력은, 보거나 듣는 노력과 같다. 그것은 약혼녀가 자신의 애인을 사랑하는 노력과 같이 주의와 동의의 행위이다. 이에 반해 보통 '의지'라고 불리는 것은 육체적인 노력과 비슷하다.

의지는 본래 영혼의 일부분이다. 의지를 올바르게 사용하는 것은 구원의 필요 조건이지만, 그것은 열등하며 매우 종속적인 데다 소극적인 조건이다. 잡초는 농부의 육체적인 노력에 의하여 뽑히지만, 옥수수를 자라게 할 수 있는 것은 태양과 물뿐이다. 의지는 영혼에 아무런 영향도 끼치지 못한다.

하나님에 대한 우리들의 복종 행위는 수동적인 것이다. 우리가 극복해야 할 어려움이 무엇이든지, 우리들의 활동이 아무리 큰 것처럼 보여도, 영혼에 육체적인 노력과 유사한 것은 존재하지 않는다. 부단한 수난과 주의, 침묵, 기쁨을 통한 부동성만이 존재할 뿐이다. 그리스도가 십자가에 못 박히신 것은, 이러한 모든 복종의 행위에 대한 본보기이다.

모든 활동 중에서 가장 숭고한 이 수동적인 활동은, 『노자』나 『바가바드기타』에 의해 훌륭하게 묘사되어 있다. 여기에도 상반되는 것과 초자연적인 것의 일치, 즉 피타고라스적인 의미의 조화가 있다.

'의지의 노력을 행사하여 선을 추구해야 한다'는 말은, 파괴당하는 것을 두려워한 나머지 우리들 자신의 열등한 부분이 만들어낸 거짓말이다. 이러한 노력은 우리들의 열등한 부분에 조금도 위협이 되지 않으며, 그 노력에 많은 피로와 수난이 따르더라도 그 열등한 부분의 안락함을 감소시키지 않는다. 우리들의 평범한 부분은 피로와 수난이 아니라, 살해되는 것을 두려워하기 때문이다.

매일 더 높이 뛴다면 언젠가는 뒤로 넘어지지 않고 하늘로 곧장 올라갈 때가 올 것이라는 희망을 갖고 계속 도약을 시도하는 사람처럼, 자신들의 영혼을 높이려고 노력하는 사람들이 많다. 이런 일에 사로잡혀 있는 사람은 하늘을 볼 수 없다. 우리들은 하늘을 향해 한 발자국도 내디딜 수 없다. 우리들의 힘을 가지고서는 수직적인 방향으로 여행할 수 없다.

그러나 만약 우리들이 하늘을 오랫동안 쳐다본다면, 하나님은 지상으로 내려오셔서 우리들을 데리고 올라가신다. 하나님은 우리들을 쉽게 올려 주신다. 아이스킬로스(그리스의 비극 시인)는 "신은 노력 없이 과업을 행하신다."라고 말했다. 신의 과업인 구원은 쉬운 일이지만, 이는 우리들의 모든 노력보다도 더 어려운 것이다.

그림(독일의 언어학자 · 동화작가)의 이야기에는 거인 재단사와 왜소한 재단사의 힘겨루기 이야기가 나온다. 거인은 돌을 너무나 높이 던졌기 때문에 그 돌이 내려오는 데는 오랜 시간이 걸렸다. 그러나 왜소한 재단사는 한 마리의 새를 날려 보냈기에 그 새는 결코 땅에 내려오지 않았다. 날개가 없는 것은 아무리 멀리 가더라도 결국은 다시 내려온다.

세속적인 도덕 개념이 부조리한 이유는, 의지는 구원을 가져올 힘이 없기 때문이다. 소위 도덕적이라고 하는 것은, 가장 육체적인 부분에 호소하는 의지에 달려 있을 뿐이다. 이와는 반대로 종교는 내적 욕망에 반응하는데, 구원을 가져다주는 것은 바로 이 욕망이다.

로마인들이 그린 스토아 철학의 풍자화도 육체적인 의지에 호소하는 장면이다. 그러나 진정한 스토아 철학, 다시 말하면 성 요한이나 그리스도 같은 분에게 '로고스Logos(그리스도의 말씀)'나 '프네우마Pneuma(성령)'라는 용어를 빌려 준 그리스인들의 스토아 철학은 순수한 욕망이며, 경건함이고 사랑이다. 그것은 겸손으로 가득 차 있다.

오늘날의 기독교는, 다른 많은 점과 마찬가지로 이런 면에서도 적들에 의하여 오염되었다. 하나님을 찾는 비유는 육체적인 의지의 노력을 암시하고 있다. 파스칼이 이러한 비유를 전파시키는 데 공헌한 것은 사실이다. 파스칼은 몇 가지 오류를 범했는데, 특히 신앙과 자기 암시를 혼동하는 실수를 범했다.

신화, 민간전승의 위해한 상징. 그리고 복음의 비유에서는 하나님이 인간을 찾고 계신다. 인간이 하나님을 찾고 있다는 언급은 없다. 인간은 강요를 받거나 분명한 부름을 받지 않으면 한 발자국도 내딛지 못한다.

미래의 신부 역할은 기다리는 것이다. 노예는 그의 주인이 축제에 참가하고 있는 동안 자지 않고 기다린다. 지나가는 나그

네는 불청객으로 결혼식 축제에 참가하지 않으며, 초청장도 요청하지 않는다. 그는 거의 불시에 들이닥친다. 그저 적당한 옷을 입기만 하면 된다. 밭에서 진주를 하나 발견한 사람은 그 밭을 사기 위해서 자기의 모든 물건을 판다. 그는 진주를 캐내기 위해 삽으로 밭 전체를 파헤칠 필요가 없다. 다만 그가 소유하고 있는 모든 것을 파는 것으로 충분하다.

하나님을 동경하고 그 외의 모든 것을 포기하는 것, 그것만이 우리들을 구원해 줄 수 있다. 구원을 실현하는 태도는, 보통의 다른 형태의 활동과는 다르다. 이런 현상을 표현하는 그리스어는 hypomenê인데, 이것을 patientia(인내)라고 번역하면 안 된다. 이것은 기다림을 뜻하며, 어떠한 충격에도 동요하지 않는 주의 깊고 충실한 부동성을 나타낸다.

이에 대한 가장 훌륭한 예는, 주인이 문을 두드리자마자 문을 열기 위하여 문 옆에서 기다리는 노예이다. 노예는 그의 태도를 고치기보다는 차라리 굶주림과 피로에 죽을 준비가 되어 있을 것이다. 그는 비록 그의 주인이 죽었다는 말을 들어도, 그리고 그 말을 믿는다 하더라도 동요하지 않는다. 또는 그의 주인이 자기에게 화가 나서 돌아와서 그를 때려 줄 것이라는 말을 듣고 그것을 믿는다 해도, 마찬가지로 동요하지 않을 것이다.

적극적인 탐구는, 사랑뿐만 아니라 사랑을 모방한 법칙을 가진 지성에게도 해롭다. 우리들은 기하 문제의 해답이나 라틴어 또는 그리스어 문장의 의미가 마음속으로 들어올 때까지 기다려야 한다. 어떤 새로운 과학적 진리나 아름다운 시구를 얻기 위해서 우리들은 더욱더 많이 기다려야 한다. 직접 찾아 나서면 길을 잃고 만다. 이것은 온갖 형태에 해당되는 현상이다. 인간이 해야 할 일은 그저 기다리면서 악을 피하는 것뿐이다. 인간은 악에 동요되지 않으려는 노력 외에 육체적인 노력을 기울여서는 안 된다. 모든 영역의 진정한 미덕은, 적어도 외견상으로는 소극적인 것이다. 그러나 선과 진리를 기다리는 것은 어떠한 탐구보다도 강렬한 것이다.

의지의 덕과 대조되는 은총의 개념과 지적·예술적인 작품과 대조되는 영감이라는 개념을 들여다보면, 기다림과 욕망의 효율성을 보여 준다.

종교적인 관습은 욕망에 의해서 활기를 찾은 주의로 이루어져 있다. 그러므로 어떤 윤리도 그것을 대신할 수 없다. 그러나 영혼의 평범한 부분은 기도나 성례전에 참가할 때도 자신을 보호할 많은 거짓말을 갖고 있다.

종교가 신의 완전함을 상상하고자 하는 함정을 피하기는

어렵다. 그러나 어떠한 경우에도 우리들은 자신보다 더 완전한 존재를 결코 상상할 수 없다. 이러한 노력은 성찬식의 경이를 무용지물로 만든다.

성찬식에서 소중한 것을 숙고하기 위해서는 지성의 형성이 필요하다. 지성의 형성이란 전적으로 우리들의 경험 밖에 존재하며, 플라톤이 말했듯 '그 외에 바랄 것이 없는' 그 어떤 것이다.

거의 불가피한 최대의 함정은 사회적인 함정이다. 어디서나 항상 사회적인 감정은 신앙을 완전히 모방한다. 다시 말하면, 완전히 사기협잡적인 신앙의 모방을 만들어낸다. 이러한 모방은 영혼의 모든 부분을 만족시키는 커다란 이점을 갖고 있다. 영혼 가운데 선을 동경하는 부분은 이 모방으로 충족된다고 믿게 된다.

평범한 것은 빛에 의해서는 상처를 입지 않기 때문에 아주 여유만만해진다. 이리하여 모두 의견이 일치한다. 영혼은 평화롭게 존재하고 있다. 그러나 그리스도는 자신이 평화를 가져오기 위해서 오진 않았다고 말씀하셨다. 그리스도는 칼을 가져왔다. 그것도 아이스킬로스(고대 그리스의 비극 시인)가 말한 대로 둘로 자르는 칼 말이다.

신앙을 신앙의 사회적인 모방에서 구별하는 것은 거의 불가능하다. 영혼은 진실한 신앙의 일부와 모방된 신앙의 일부를 가질 수 있기 때문이다. 이 구별은 거의 불가능하지만, 아주 불가능하지는 않다. 현재의 상황에서 사회적인 모방을 배척하는 일은 어쩌면 신앙의 존폐가 걸린 문제다.

더러움을 제거하기 위한, 완전히 순수한 존재의 필연성은 교회에만 국한된 것이 아니다. 사람들은 더러움을 가지고 교회에 온다. 그것은 좋은 일이다. 그리스도가 비참한 자들과 버림받은 자들을 위해서 모습을 드러낸다면, 그것은 기독교 정신과 더욱더 부합되는 일일 것이다.

법정에서의 개정은 집행관, 경찰, 피고 그리고 방청객이 참가해야 하며, 기도로 시작되고 기도로 끝나야 한다. 그리스도는 노동이나 연구가 진행되는 어디에든 없어서는 안 된다. 모든 인간은 무엇을 하든 어디에 있든, 매일 그리고 하루 종일 청동뱀을 응시할 수 있어야 한다.

종교란 바라보는 대상 외에는 아무것도 아니라는 것을 공개적으로, 그리고 공식적으로 인식시켜야 한다. 만약 거부한다면, 종교는 교회 안에 갇히거나 그 종교가 존재하는 다른 곳에서 모든 것들을 질식시킬 것이다.

종교는, 인간 영혼의 초자연적인 사랑에 적합한 장소 외의 것을 차지하려고 주장해서는 안 된다. 그러나 많은 사람들이 스스로가 자비의 품위를 저하시키고 있다. 그들은 자비를 그들의 영혼 속에서 너무나 가시적인 자리에 놓기 때문이다.

우리의 하나님은 비밀 속에 거주하신다. 사랑에는 항상 겸손이 수반되어야 한다. 진정한 신앙은 신앙 자체에도 커다란 분별력을 함축하고 있다. 진정한 신앙은 하나님과 우리들 사이에 존재하며, 우리들 자신이 거의 참여하지 못하는 비밀이다.

이웃에 대한 사랑, 세상의 아름다움에 대한 사랑, 그리고 종교에 대한 사랑은 어떤 의미로는 비인격적인 사랑이다. 종교에 대한 사랑은 쉽사리 비인격적인 것이 될 수는 없을 것이다. 종교는 사회의 어떤 부분과 관련을 갖고 있기 때문이다. 종교적인 관습의 성격 바로 그 자체가 이것을 바로잡아야 한다.

가톨릭의 핵심에는 '빵조각'이라는 하나의 작은 무형의 물질이 발견된다. 이 작은 물질을 지향하는 사람은 필연적으로 비인격적이다. 그 빵조각이란 우리들이 그려내고 있는 인간의 몸을 입은 그리스도가 아니며, 그렇다고 우리들이 상상할 때 저지르는 온갖 오류에 지배당하고 있는 신성한 몸을 입은 하나님도 아니다. 그저 가톨릭교 중심부에 있는 물질의 단편이다. 이것이 바로 가톨릭교의 가장 큰 걸림돌이자 가장 놀랄 만한 미덕이다.

직접적이고 개인적인 접촉이 없는 한, 하나님의 사랑은 비인격적인 것이어야 한다. 그렇지 않으면 그것은 상상적인 사랑이다. 하나님에 대한 사랑은 인격적이기도 하지만, 그것은 고차원적인 의미에서 다시 비인격적인 사랑이어야 할 것이다.

우정

순수하면서도 하나님의 사랑을 알리는 인격적이고도 인간적인 사랑이 있다. 이것이 바로 엄밀한 의미의 우정이다.

어떤 인간을 편애한다는 것은 자비와는 분명히 다른 것이다. 자비는 차별을 하지 않는다. 만약 자비가 어떤 특수한 지역에서 풍성하게 발견된다면, 그것은 동정과 감사의 교환이 우연히 그곳에 계기를 마련해 주었기 때문이다. 자비는 모든 인류에게 똑같이 제공될 수 있다.

편애에는 두 종류가 있다. 한 인간에게 어떤 특별한 선을 찾고 있거나, 그 인간을 필요로 하는 것이다. 일반적으로 모든 가능한 애착은 이 둘 중의 하나에 속한다. 무언가에 마음이 끌리는 것은, 그 속에 우리들이 찾고 있는 선이 존재하거나 그것 없이는 지낼 수 없기 때문이다. 가끔 이 두 가지 동기는 서로 일치하기도 하지만, 그렇지 않을 때가 많다. 각 동기는 구별되며 아주 독립적이다.

우리들은 달리 먹을 것이 없다면 맛없는 것이라도 먹는다. 다른 도리가 없기 때문이다. 식성이 좋은 사람은 처음엔 맛있는 것을 찾겠지만, 그는 맛있는 음식이 없어도 잘 지낼 수 있다. 그러나 공기가 없다면 이야기는 다르다. 우리들은 질식하기 전에 공기를 얻으려고 고군분투할 것이다. 이는 공기에서 어떤 선을 찾으려는 것이 아니라, 공기 그 자체가 필요하기 때문이다. 우리들은 아무런 필요를 느끼지 않아도 바다를 찾아간다. 바닷바람이 좋기 때문이다.

적당한 시기에 두 번째 동기가 첫 번째 동기를 대신하는 일이 발생한다. 이것은 우리 인류의 커다란 불행 중 하나이다. 어떤 사람은 특수한 상황을 얻기 위해 아편을 피운다. 그는 이런 상황을 '훌륭하다'고 보기 때문이다. 그러나 시간이 흘러감에 따라 아편은 아편 흡연자를 타락이라는 비참한 상태로 몰고 간다. 그러나 그는 더 이상 아편 없이는 지낼 수 없게 된다.

아르놀프(몰리에르의 희극 『아내들의 학교』 등장인물)는 아네스를 그녀의 양어머니에게서 샀다. 아르놀프는 어린 소녀를 키워 훌륭한 부인으로 만드는 것이 자신에게 이롭다고 판단했기 때문이다. 그러나 시간이 흘러감에 따라 그녀에 대한 애착은 그의 입에서 끔찍한 말을 내뱉게 하는 치명적인 유대가 되었다.

"내 가슴은 내가 죽어버리라는 걸 똑똑히 느끼고 있다."

아르파공(몰리에르의 희극 『수전노』 등장인물)은 처음에는 금을 좋은 것이라고 생각했다. 나중에 금은 자나깨나 신경을 써야 하는 물건이 되었고, 그 금을 상실하면 자기의 생도 없어질 것이라 생각하기에 이른다.

플라톤이 말한 바와 같이, 필요한 것의 본질과 선의 본질 사이에는 커다란 차이가 있다.

어떤 사람에게 선을 찾는 것과 그를 위한 선을 바라는 것 사이에는 아무런 모순이 없다. 그러므로 어떤 사람에게 끌리는 동기가 단순히 선을 구하는 것일 때에는 우정의 조건은 충족되지 않는다. 우정은 초자연적인 조화, 다시 말하면 대립되는 것들의 결합이다.

만약 어떤 인간이 우리들에게 필요하다고 치자. 이때 우리들은 자신의 선을 포기하지 않는 한, 그의 선을 구할 수는 없다. 필요가 존재하는 곳에는 강제와 지배가 있다. 사람은 자기가 원하는 것을 소유하고 있지 않는 한, 그 대상의 지배를 받는다. 모든 사람들에게 중심적인 선은 자신을 자유롭게 하는 선이다.

어떤 우주기계론은 쇠와 같이 단단한 필연성을 가진 애정의 유대로 인간을 결속시킨다. 가끔 어머니의 사랑이 이런 종류이다. 마찬가지로 발자크(프랑스 소설가)의 작품인 『Le père Goriot(고리오 영감)』에서처럼 아버지의 사랑도 그런 종류의 사랑이다. 몰리에르의 작품인 『L'École des Femmes(아내들의 학교)』와 라신의 작품인 『Phèdre(페드르)』에서처럼 가장 강렬한 형태의 육체적인 사랑도 마찬가지이다. 또한 주로 습관의 결과이긴 해도 남편과 아내 간의 사랑도 마찬가지이다. 자식으로서의 사랑과 형제들 간의 사랑이 이런 성격을 갖는 경우는 드물다.

필요에는 여러 등급이 있다. 상실이 에너지를 감소시킨다면, 그것은 어느 정도 필요한 것이 된다. 필요의 정도가 극단일 때의 결핍은 죽음을 초래한다. 이것은 어느 한 존재의 모든 에너지와 결합되어 있을 경우에 발생한다. 이보다는 정도가 낮지만, 손실은 에너지를 다소 감소시킨다. 예를 들어, 식량이 전적으로 결핍되면 죽음을 초래한다. 그러나 식량이 일부 결핍되면, 생명력을 감소시키긴 하지만 생명을 유지시킬 수는 있다.

사랑의 유대를 가장 빈번하게 발생시키는 것은 동정과 습관의 결합이다. 처음에는 탐욕이나 중독보다 선을 추구하지만, 시간이 흘러감에 따라 하나의 필요로 변한다. 그러나 탐욕과 중독, 모든 악덕과 달리 애정의 유대에서는 두 개의 동기, 다시 말하면 선의 추구와 필요를 위한 탐구가 매우 쉽게 공존할 수 있다.

상호 간의 애착이 필요에 의해서만 구성된다면 두려운 일이다. 이 세상에서 이만큼 추하고 두려운 것도 없다. 인간이 선을 추구하고 그 선에서 필요한 것만을 찾는다면, 그때는 무시무시한 것이 존재하게 된다.

인간의 영혼은 거짓말의 완전한 무기고를 갖고 있다. 인간은 이 무기고를 가지고 추함에 대하여 방어하며, 필요성만이 존재하는 곳에서 가짜 선을 상상 속에서 만들어낸다. 바로 이러한 이유 때문에 추함은 악이다. 추함은 거짓말을 강요하기 때문이다.

아주 일반적으로 말하면, 어떤 형태로든지 필요성이 너무나 가혹하게 강요되어 그 가혹함이 상대방의 거짓말의 능력을 뛰어넘을 때 반드시 불행이 존재한다. 그런 의미에서 가장 순수한 영혼이 불행에 가장 많이 노출된다. 영혼의 거짓말 능력을 증가시키는 자동적인 방어 작용을 억제할 수 있는 사람에게는, 불행이 비록 상처이고 어떤 의미에서는 타락일지도 모르지만 악은 아니다.

한 인간이 어느 정도의 필요를 내포하고 있는 사랑의 유대로 타인에게 애착을 가질 때, 자신은 물론이고 타인에게도 자율의 유지를 바라는 것은 불가능하다. 그것은 천성의 기계 작용 때문에 불가능하다. 다만 초자연적인 것이 기적적으로 관여하면 가능해진다. 이 기적이 우정이다.

피타고라스학파들은 말한다.

"우정이란 조화로 만들어진 평등이다."

조화의 존재는 두 개의 상반되는 것, 다시 말하면 하나님이 세상과 인간을 창조하셨을 때 결합하셨던 필요성과 자유이다. 평등이 존재하는 이유는, 각자가 자신은 물론이고 상대방의 자유스러운 동의 능력이 지켜지기를 바라기 때문이다.

어떤 사람이 자신을 다른 인간의 지배 아래 두거나 종속에 동의한다면, 이때 우정의 흔적은 찾아볼 수 없다. 라신(프랑스의 비극 시인)의 작품에 나오는 필라드는 오레스테의 친구가 아니다. 불평등한 관계에서 우정은 존재하지 않는다.

어떤 상호성은 우정에게 긴요한 것이다. 두 당사자들 중의 어느 한쪽의 호의가 결여되어 있다면, 상대방은 강요하고 싶지 않은 자유로운 동의에 대한 존중심 때문에 그 자신의 애정을 억눌러야 한다. 만약 어느 한편에서 상대방의 자율성을 존중하지 않는다면, 상대방은 자존심 때문에 서로를 결합시키고 있는 유대를 끊어야 한다. 이 같은 이유로, 예속에 동의한 사람은 우정을 얻을 수 없다. 가끔 자애의 유대 속에 포함되어 있는 필연성이 어느 한쪽에게만 존재할 때가 있다. 엄밀한 의미에서 이런 경우에는 한쪽에만 우정이 존재한다고 할 수 있다.

필연성이 잠시나마 양측의 자유로운 동의 능력을 보존하려는 욕망에 승리한다면, 우정은 퇴색된다. 인간 만상에서 필요는 불순의 원칙이다. 만약 어떠한 우정 속에서 상대방을 기쁘게 해주려는 흔적이나 상대방을 지배하려는 욕망이 발견된다면, 이 우정은 모두가 불순한 것이다. 완전한 우정에서는 이 두 개의 욕망을 전혀 찾아볼 수 없다. 두 친구는 하나가 되는 데 찬성한 것이 아니라, 다른 인간이라는 사실을 인정하고 그들 사이에 놓인 거리를 존중한다. 인간은 하나님과만 직접적인 결합을 소망할 권리를 갖고 있다.

우정은 자기에게 음식처럼 필요한 사람을 '거리 두고 지켜보기'를 받아들이는 기적이다. 그것은 이브가 갖고 있지 않았던 영혼의 힘을 필요로 한다. 만약 이브가 그 선악과를 보는 순간 배가 고팠음에도 불구하고 한 발자국도 나아가지 않고 무작정 보기만 했더라면, 그녀는 완전한 우정의 기적과 유사한 기적을 수행했을지도 모른다.

자율의 존중에 대한 이 초자연적인 기적과 같은 우정은, 불행이 불러일으킨 순수한 형태의 동정이나 감사와 매우 흡사하다.

어떤 상황이든 대립되는 개념의 조화는 필요와 자유, 혹은 종속과 평등이다. 이 두 개의 상반되는 한 쌍은 동등한 것들이다.

상대방을 기쁘게 해주거나 명령하고 싶어 하는 욕망은, 순수한 우정 속에서는 발견할 수 없다. 이러한 사실에는 완전히 무관심과 같은 것이 있다. 순수한 우정은 두 인격 사이의 유대를 의미하지만, 어떤 의미에서 그것은 비인격적이다. 그것은 공평한 태도를 훼손시키지 않는다. 그것은 어디에나 아낌없이 햇빛과 비를 나누어 주시는 하나님의 완전함을 우리들이 모방하는 것을 방해하지 않는다.

그러나 대부분의 경우에는 상호 조건적이다. 모든 인간은 실제로 필요에 의한 사랑의 유대로 다른 사람들과 결합되어 있다. 때문에 이 사랑을 우정으로 변화시키지 않고는 완전한 것을 향해 나아갈 수 없다. 우정에는 보편적인 것이 있다. 우정은 우리들이 인간 속에 있는 각각의 영혼을 사랑하는 것처럼 한 인간을 사랑할 때 성립한다. 기하학자가 한 가지 도형을 보고 삼각형의 보편적인 속성을 추론하는 것과 같이, 사랑할 줄 아는 사람은 보편적인 사랑을 한 사람에게 쏟는다.

우리들 자신과 다른 사람들의 자율성을 보존하려는 동의는 본질적으로 보편적인 질서에 속한다. 이런 자율성이 한 사람 이상에게서 존중되길 바라는 순간, 우리들은 그 자율성을 모든 사람들을 위해 갈망하게 된다.

만약 사랑하는 두 친구가 애정을 부당하게 사용하여 하나가 된다면, 이 우정은 위에서 말한 힘을 갖지 못한다. 또한 엄밀한 의미에서 본다면, 이때 우정은 존재하지 않는다. 비록 남편과 아내 사이에서 발생하는 것일지라도, 그것은 이른바 간통과 같은 결합이다. 상호의 거리가 없거나 존중되지 않는 곳에서 우정은 존재하지 않기 때문이다.

똑같이 애인으로 생각하는 기쁨을 갖는다는 그 단순한 사실, 아니면 그러한 의견의 일치를 바란다는 사실은 우정의 순수성을 공격한다. 이러한 일은 드물다. 따라서 동시에 순수한 우정도 드문 것이다.

인간 사이에 존재하는 애정과 필요의 유대가 초자연적인 우정으로 변하지 않을 때, 그것은 불순하고 낮은 수준의 애정일 뿐만 아니라 증오와 혐오로 결합된 애정이다. 이것은 『L' École des Femmes(아내들의 학교)』와 『Phèdre(페드르)』에 매우 잘 나타나 있다. 육체적인 사랑이 아닌 다른 사랑에서도 구조는 마찬가지이다. 이것은 이해하기 쉬운 일이다.

우리들은 자기가 의존하고 있는 사람을 증오하고, 우리들에게 의존하고 있는 사람에게 염증을 느끼게 된다. 가끔 애정은 증오와 혐오로 혼탁해질 뿐만 아니라, 그것으로 변하기도 한다. 그 변화는 거의 바로 나타나기 때문에, 애정은 나타날 시간을 거의 갖지 못한다. 필요가 갑자기 자신을 노출시키는 경우가 그렇다. 사람들을 결속시키는 필연성이 감정과 아무런 관계를 갖고 있지 않을 때, 그리고 그 필연성이 단순히 상황에 의한 것일 때 가끔 처음부터 적대감이 나타난다.

그리스도가 제자들에게 "서로 사랑하라."라고 말씀하셨을 때, 그것이 제자들을 규칙으로 묶는 애착은 아니었다. 제자들 간에는 서로 같이 나누고 있는 사상과 생활 습관에 의한 유대가 있었기 때문에, 그리스도는 그 유대가 불순한 애착이나 증오로 변하지 않도록 제자들에게 그 유대를 우정으로 변화시키라고 명하신 것이다.

그리스도는 돌아가시기 바로 직전에 이러한 사실을 새로운 계명으로 주시면서, 이웃에 대한 사랑과 하나님에 대한 사랑이라는 두 개의 계명에 첨가하도록 하셨다. 때문에 순수한 우정은 이웃에 대한 사랑과 같은, 기적과 같은 성질을 지니고 있다. 그리스도는 아마 "두셋이라도 사람들이 나의 이름으로 모이는 곳이면 그곳에 내가 함께 있겠다."라고 말함으로써 기독교적인 우정을 지적하고 싶으셨을 것이다.

순수한 우정은 삼위일체의 우정이며, 하나님이 바로 그 본질인 완전한 우정을 상징한다. 두 사람은 두 사람 사이의 거리를 존중하지만, 하나님이 이들 각각에 존재하지 않는다면 이 두 인간이 하나가 되는 것은 불가능하다. 평행선이 만나는 지점은 무한한 저 앞이다.

묵시적인 사랑과 가시적인 사랑

가장 편협한 가톨릭교도들도 동정과 감사, 세상의 아름다움에 대한 사랑, 종교적 관례에 대한 사랑과 우정 등 이 교회를 인정했던 그 긴 시간들과 나라들의 전유물이라고 단언하지는 않을 것이다. 이들 가운데 순수한 사랑은 드물지만, 이러한 사랑들이 긴 시간들과 나라들에서 더 빈번하게 발견되었다고 말하는 것도 어려운 일이다. 이런 형태의 사랑이 그리스도가 부재하는 곳에서 생긴다고 믿는 것은, 그리스도를 너무나 슬프게 격하시키는 일이다. 그것은 모독과 마찬가지이다. 불경한 것이고, 신성을 모독하는 짓이다.

이런 종류의 사랑은 초자연적인 것이며, 어떤 의미에서는 부조리한 것이다. 또한 어리석음의 절정이다. 영혼은 하나님과 직접적인 접촉을 갖지 않는 한, 이와 같은 사랑은 경험이나 이성에 기초를 둔 어떤 지식으로도 설명할 수 없다. 그러므로 확실성이란 단어가 주저躊躇의 반대를 지적하기 위하여 형이상학적으로 사용되지 않는 한, 어떤 확실함으로도 설명되지 않는다. 따라서 이들 사랑은 어떤 신념도 동반하지 않는 것이 바람직하다.

그것이 지적으로 더 정직한 일이며, 사랑의 순수성을 더 효과적으로 보존하는 길이다. 그 편이 모든 면에서 적합한 것이다. 신념은 하나님에게 부적합한 단어다. 확실성만이 적합하다. 확실하지 않은 것은 그 무엇도 하나님을 맞을 자격이 없다.

준비 기간 중에 이런 간접적인 사랑은 영혼의 상승 움직임, 다시 말해서 일정한 노력을 통하여 위로 향하는 시선이 된다. 하나님은 오랫동안 그래 오신 것처럼, 영혼을 방문하기만 했다. 하지만 그 영혼을 소유하고, 그 영혼의 중심부를 그의 마음속으로 가져가시기 위해서 친히 오신 후에 상황은 달라졌다.

병아리는 껍질을 깨고 '세계'라는 달걀 밖으로 나온 것이다. 이 최초의 사랑은 계속 존재하지만 전보다 더 강렬해지고 전혀 다른 것이 된다. 이러한 모험을 통과한 사람들은 불행한 사람들, 불행에서 구해 주는 사람들, 친구들, 그리고 세상의 아름다움을 전보다 더 깊이 사랑하게 된다. 그러나 이러한 형태의 사랑은 하나님 사랑 그 자체처럼 하강하는 움직임, 다시 말하면 하나님의 빛 속에 스며든 광선이 되었다. 적어도 이것은 우리가 상상할 수 있는 일이다.

이런 간접적인 사랑은 선을 향했던 영혼이 지상의 존재에 대한 태도일 뿐이다. 이 사랑 자체는 선을 대상으로 하지는 않는다. 이 지상에 선은 없다. 따라서 엄밀한 의미로는, 우리들이 관계하고 있는 것은 사랑의 형태가 아니라 사랑에 의해서 고취된 태도이다.

영혼은 준비 기간 동안에는 공허함 속에서 사랑을 한다. 영혼은 참된 것이 영혼의 사랑에 응답하는지 안 하는지는 모른다. 영혼은 그것을 안다고 믿을지는 모르나, 믿는다고 해서 아는 것은 아니다. 이러한 믿음은 도움이 되지 못한다. 영혼이 확실히 알고 있는 것은, 영혼이 굶주리고 있다는 사실이다. 중요한 것은, 영혼은 절규함으로써 그의 굶주림을 나타낸다는 것이다. 울고 있는 아이에게 먹을 것이 없다고 말한다고 아이가 울음을 그치지는 않는다. 아이는 계속해서 울 것이다.

위험스러운 것은, 빵의 유무를 영혼이 의심하는 일이 아니라, 영혼이 거짓말을 함으로써 자신은 배가 고프지 않다고 자신을 설득하는 일이다. 거짓말만이 이 영혼을 설득할 수 있다. 영혼의 굶주림은 믿음이 아니라 확실성이기 때문이다.

우리들 모두는, 여기 지상에서는 진실한 선이 존재하지 않으며, 이 세상에서 선하게 보이는 것은 모두 다 끝이 있고 낡으며, 일단 낡으면 필요성을 적나라하게 노출시킨다는 사실을 알고 있다. 어떤 인간을 막론하고, 그의 인생에서 이 세상에 궁극적인 선은 없다는 것을 분명히 인정했던 정상적인 순간이 있다. 그러나 우리들은 이 진리를 깨닫는 즉시 그것을 거짓말로 은폐해 버린다.

많은 사람들은 이 진리를 직면해 본 능력도 없으면서, 그들의 슬픔 속에서 병적인 기쁨을 찾으며 그 진리를 기꺼이 표현하고 있다. 인간은 비록 한순간일지라도 이 진리를 직면하는 데 치명적인 위험을 느낀다. 이것은 사실이다. 진리를 안다는 것은 확실히 칼보다 더 무서운 데가 있다. 그것은 육체적인 죽음보다 더 무시무시한 죽음을 초래한다. 나중에 그것은 우리들 내부에서 자아를 구성하는 모든 것들을 없애 버린다. 이런 현상을 감수하기 위하여 우리들은 생명 자체보다 진리를 더 사랑해야 한다. 진리를 사랑하는 사람은, 플라톤의 표현을 빌리자면, 영혼의 모든 부분을 들어 덧없는 시간들을 털고 일어서는 이들이다.

그들은 하나님에게로 시선을 돌리지 않는다. 그렇게 하고 싶어도 그들은 완전한 어둠 속에 있으므로 그럴 수 없는 것이다. 하나님 자신은 그들의 얼굴을 올바른 방향으로 향하게 하셨다. 그러나 하나님은 오랫동안 그들에게 모습을 보여 주시지 않았다. 그들은 눈을 다른 곳으로 돌리지 않고 열심히 귀를 기울이면서 꼼짝 않고 있다. 그들은 기다리면서도 아무것도 모르며, 간청과 위협에는 냉담하고, 충격에도 움직이지 않으며, 어떤 격변 속에서도 동요하지 않는다. 만약 오랫동안 기다린 후에 하나님이 이들에게 자신의 빛을 어렴풋이 보이시거나 몸소 자신을 드러내신다 해도 그것은 찰나적인 것이다. 그들은 또다시 조용히 주의를 기울이면서 활동을 정지한 상태로, 자신들의 욕망이 억제될 수 없을 때에만 큰소리로 외친다.

영혼은 하나님이 그 존재를 드러내지 않는 한 하나님의 실재를 믿지 못한다. 그럴 경우에 영혼은 어떤 다른 것에다 하나님의 이름을 붙여 놓는데, 이것이 우상숭배이다. 가끔 하나님을 추상적이고 말로만 믿기도 한다.

이러한 불신앙의 상태가 바로 십자가 성 요한이 말하는 '밤夜'이다. 말뿐인 믿음은 영혼을 뚫고 들어가지 못한다. 만약 하나님을 사랑하는 무신론자가 어떤 곳에 빵이 있는지 몰라 배가 고파 큰소리로 우는 어린애와 같다면, 그 불신앙은 십자가 성 요한

이 말하는 캄캄한 밤과 같은 것일지도 모른다.

빵을 먹고 있을 때, 그리고 그 빵을 다 먹은 후에도 우리들은 그 빵이 참된 것임을 안다. 그럼에도 불구하고 우리들은 빵의 실재에 의심을 제기할 수 있다. 그러나 이러한 의심은 순전히 말로 하는 것이기 때문에 확실성은 손상되지 않으며, 실제로 균형이 잘 잡힌 정신의 소유자에게는 그 확실성이 더 명백해진다. 이와 같은 방법으로 하나님의 존재를 직접 체험한 사람도 그 실재에 충분히 의문을 제기할 수 있다. 이것은 자신의 지성을 건강하게 유지하기 위한 일종의 연습으로서, 순전히 말로만 끝나는 의문이다.

반역죄라고 부를 만한 것은, 하나님은 사랑을 받을 수 있는 유일한 존재라는 사실을 의심하는 일이다. 사랑은 영혼의 시선이다. 사랑은 잠시 멈춰서서 기다리며 귀를 기울이는 것이다.

엘렉트라는 오레스티즈를 찾지 않고 기다렸다. 오레스티즈가 이 세상 어디에도 더 이상 존재하지 않는다는 것을 확신했을 때, 그녀는 주위 사람들에게 돌아가지 않았다. 오히려 미워하고 멀어졌다. 그녀는 실재라는 다른 존재보다는 오레스티즈의 부재가 더 낫다고 생각했다. 오레스티즈는 노예의 상태, 헐벗음, 더러움, 구타, 그리고 수없이 많은 굴욕으로부터 그녀를 구해 주기로 되어 있었다. 그녀는 자신을 위해서 사치스럽고 명예스러운 생활을 택하겠다는 생각은 조금도 하지 않았다. 그 선택은 권력자들과 화해하는 것이었다. 엘렉트라는 오레스티즈를 통해서 오는 것이 아니라면, 부와 높은 신분도 원치 않았다. 그녀가 원했던 것은 오직, 오레스티즈가 없기 때문에 자기도 더 이상 살고 싶지 않다는 것뿐이었다.

그 순간, 오레스티즈는 더 이상 지탱할 수 없게 된다. 그는 자신이 오레스티즈라는 확실한 증거를 제시했다. 엘렉트라는 그를 보고, 듣고, 그에게 손을 댔다. 그녀는 그녀의 구세주의 존재를 더 이상 의심하지 않았다.

엘렉트라와 같은 경험을 한 사람은, 즉 영혼 자체를 보고 듣고 만진 사람은 반영과 같은 간접적인 사랑이 하나님 안에 실재함을 알게 된다. 하나님은 순수한 아름다움이다. 이것은 이해할 수 없는 일이다. 아름다움은 바로 본질로써 느껴지는 것이기 때문이다. 지각할 수 없는 아름다움에 대해 말하는 것은, 정확한 감각을 가진 사람에게는 언어의 오용이다. 이것은 일리가 있는 이야기이다.

아름다움은 항상 기적이다. 그러나 영혼이 느낄 수 없는 아름다움을 포착할 때, 그것이 추상적이 아니라 우리들 귀에 들려오는 노랫소리처럼 참되고 직접적인 아름다움과 같다면 거기에는 두 단계의 기적이 존재한다.

　　하나님은 참된 이웃이시다. 페르소나persona(인격·신격)라는 말은 하나님에게만 적용될 수 있다. 또한 '비인격적인'이라는 단어도 마찬가지이다. 우리가 무기력하게 피 흘리는 살덩어리에 불과하다 해도, 하나님은 우리들을 굽어보신다. 그러나 동시에 하나님은 우리들에게는 모든 사고가 정지된 죽은 몸처럼 보이며, 아무것도 알려지지 않은 불운의 희생자이기도 하다. 이 죽은 몸은 창조된 우주이다. 하나님께 돌아가야 할 사랑, 다시 말해서 완전한 덕에 이를 수 있는 사랑은 하나님이 보여 주신 감사와 동정의 본보기이다.

　　하나님은 또한 참된 친구이시다. 우리들과 하나님 사이의 무한한 거리를 이어 주는, 다시 말하면 평등으로서의 어떤 것이 존재하도록 하나님은 그의 피조물에게 절대적인 동의의 자유를 주셨다. 즉 하나님이 우리들 영혼에게 전해 주신 방향을 우리 마음대로 추구하거나 이탈할 수 있는 자유 말이다.

　　하나님은 또한 우리들이 그의 이름을 올바르게 사용하는 방법을 모르는 범위 내에서 오류와 허위의 능력을 확대하셨다. 우주와 인류에 대해서 뿐만 아니라 하나님 자신에 대해서, 우리가 상상 속에 거짓의 법칙을 행사하는 능력을 갖도록 하셨다. 하나님이 우리에게 이렇듯 무한한 망상의 능력을 주신 것은, 우리들이 사랑을 통해서 그 망상을 포기하는 힘을 갖게 하기 위함이다.

　마지막으로, 하나님과의 접촉은 진정한 성례전이다. 그러나 하나님을 사랑하는 나머지 지상에서의 순수한 사랑을 잃어버린 사람은, 하나님의 진정한 친구가 아니라고 확신해도 좋다.

　이웃, 친구, 종교의식, 그리고 세상의 아름다움은 영혼이 하나님과 직접 접촉했다고 비현실의 수준으로 떨어지지 않는다. 오히려 참되어진다. 전에 이것들은 거의 꿈이었다. 전에는 현실이 존재하지 않았다.

¨시몬 베유를 그리며

인연이란 전혀 예기치 않은 곳에서 그 힘을 발휘한다. 시몬 베유와 나의 인연도 그런 경우의 하나다. 내 인생에 세 번, 나는 그녀를 만났다. 스물다섯, 서른다섯, 그리고 마흔다섯. 처음과 이번은 일로써 만난 것이니 인연이란 말이 거창할지 모른다. 다만 내가 인연의 힘을 운운하는 것은 서른다섯 살에 만난 시몬 베유를 말함이다.

나는 일본에 있었고, 유학생활에 지쳐 있었다. 유일한 재미는 집으로 가는 골목길에 있는 작은 헌책방을 들르는 것뿐이었다. 반지하의 그 책방은 골목과 계단에 100엔 코너를 마련하여 행인들을 유혹하곤 했다. 사실 아직도 내 책장에 꽂혀 있는 소설의 양장본들은 대부분 거기 출신이다.

여느 때처럼 나는 뭐 건질 게 없나 기웃거리며 층계에 엉거주춤 서 있었다. 그러다 발견한 것이 『중력과 은총』이었다. 물론 20대의 내가 시몬 베유를 만난 적이 없다면 그냥 지나칠 수도 있는 제목이었다. 나는 그날 오래된, 그러나 새 책처럼 말끔한 그 책을 가슴에 안았다. 처음엔 향수 같은 것이었다. 참 고생고생하며 만들었단 생각이 젤 먼저 떠올랐으니까. 그래도 그 시절이 그리웠다, 뭐 그런 아릿한 느낌 같은 것이었다.

시몬 베유의 글을 통해 활력을 얻고 싶다거나 하는 생각은 애초에 없었다. 사실 나는 그녀의 글이 생활의 활력을 준다고까지는 말 못하겠다. 그러나 내 삶의 무게가 달라진 탓이었을까. 나는 예기지도 못한 열정에 휩싸였다. 그렇게도 힘들게만 느껴지던 그녀의 열정이 고스란히 내게 와 닿았다.

이 서른다섯 살의 만남이 징검다리가 되어 우연히도 나는 10년 만에 한 번씩 그녀를 만나게 되었는데, 만날 때마다 그녀는 다른 모습을 하고 있었다. 20대의 내게 그녀는 괴팍하고 까다로운 사상가였고, 30대의 내겐 질투가 날 정도로 부러운 문장가였으며, 40대의 내게 그녀는 그저 탄성만을 흘리게 만드는 슬픈 천재였다. 단 하나의 공통점은, 도저히 서른넷(물론 이것은 시몬 베유가 작고할 때의 나이지만, 그녀의 작품이 대체로 30대에 쓰인 걸 감안하여 설정해 본다.)이라고는 느껴지지 않는 그녀의 나이뿐이다.

시몬 베유의 삶이나 작품에 대한 이야기는 하지 않으련다. 이미 T.S. 엘리엇과 체슬라브 밀로즈에 의해 충분히 설명되었으니까. 그리고 그들의 말처럼 구구절절한 설명이 그녀와의 만남을 방해해서는 안 되니까.

다만 독자 여러분께 양해는 구해야겠다. 그녀의 모국어를 구사할 능력이 없는 나는 일어 번역에 의존할 수밖에 없었고, 그것이 자칫 그녀의 뜻과는 다른 단어로 표현되어 있을지도 모르겠다. 그러나 내가 그녀의 말에 귀를 기울였듯 여러분도 시몬 베유의 이야기에 귀를 기울일 수 있다면 그런 것쯤은 문제가 되지 않을 것이다. 감히 내가 번역 제안을 받아들인 것도 바로 그것이 시몬 베유의 힘이라고 믿었기 때문이다.

박진희

박진희

가톨릭대학교에서 국문학을 전공하고, 게이오대학교에서 일본어를, 동경외국어대학교 대학원에서 일본문화를 공부하고 돌아와 번역가로 활동 중이다. 옮긴 책으로는 『죽고 싶은 마음은 사라지지 않겠지만』, 『엄마, 죽고 싶으면 죽어도 돼』, 『나이든 부모를 사랑할 수 있습니까』, 『사이코패스, 정상의 가면을 쓴 사람들』 외 다수가 있다. 지은 책으로는 『나른한 오후의 마들렌』과 일본에서 출간한 『한류스타와 한국어』, 『홀로 떠나는 한국 여행과 회화』가 있다.

시몬 베유 노동일지

초판 발행 2012년 5월 10일
개정1판 발행 2024년 10월 7일

지은이 시몬 베유
옮긴이 박진희

펴낸이 김제구
펴낸곳 호메로스
편집디자인 DESIGN MARE

출판등록 제2002-000447호
전화 02-332-4037   **팩스** 02-332-4031
이메일 ries0730@naver.com

값은 뒤표지에 있습니다.
ISBN 979-11-90741-46-0 (03300)

호메로스는 리즈앤북의 브랜드입니다.

이 책에 대한 무단 전재 및 복제를 금합니다.
파본은 구입하신 서점에서 교환해 드립니다.